Josef Dobrovsky

Geschichte der böhmischen Sprache und älteren Literatur

VERO Verlag

Josef Dobrovsky

Geschichte der böhmischen Sprache und älteren Literatur

ISBN/EAN: 9783737206907

Auflage: 1

Erscheinungsjahr: 2014

Erscheinungsort: Norderstedt, Deutschland

Hergestellt in Europa, USA, Kanada, Australien, Japan
Vero Verlag in Hansebooks GmbH

Geschichte

der

Böhmischen Sprache

und

ältern Literatur,

von

Joseph Dobrowsky,

Mitglied der k. böhm. Gesellschaft der
Wissenschaften.

———————

Ganz umgearbeitete Ausgabe.

——————

Mit einer Kupfertafel.

——————————

Prag 1818,
bei Gottlieb Haase.

§. 1.

Alter und Ursprung der slawischen Sprache; älteste
Sitze der Slawen.

Wenn gleich andere Sprachen ältere geschriebene
Denkmahle aufzuweisen haben, als die slawische, so
kann ihr deßhalb ein gleiches Alter nicht abgespro-
chen werden. Da sich die Schreibekunst in ältern
Zeiten nur allmählich verbreiten konnte, so muß-
te die Sprache eines ganz eigenen Volksstammes
tausend Jahre geredet worden seyn, ehe man An-
laß fand, sie zu schreiben. Dieß ist der Fall
mit der slawonischen Sprache, deren Ursprung
man eben so wenig historisch nachweisen kann,
als einer jeden andern sogenannten Muttersprache.
Der griechische Geschichtschreiber Prokop, welcher
der Slawen unter dem Namen σκλαβηνοι zuerst
erwähnet, wußte von der Sprache der Slawinen
und Anten nichts anders zu sagen, als daß sie
sehr barbarisch (ατεχνως βαρβαρος) wäre. Da-
mit wollte er eben nicht sagen, die slawonische

4

Sprache sey nicht so gebildet, biegsam und wohl=
klingend als die griechische, sondern sie sey dem
Griechen unverständlich, etwa in dem Sinne, in
welchem Stolberg (im IV. B. seiner Reisen S.
385) von der Sprache der Wenden in Krain
sagte, daß sie den Deutschen völlig unver=
ständlich sey. Das βαϱβαϱϵς der Griechen ist
bei den Slawen Cžud, Wlach, Niem.
Cžud sind bei ihnen fremde Völker, vorzüglich
aber finnischer Abkunft, Wlach gallische, itali=
sche, und Niem besonders deutsche Völker. Die=
jenigen aber, die eine ihnen verständliche Sprache
reden, Völker von einerley Worte (Slowo) sind
ihnen Slowane. Unter diesem allgemeinen Na=
men werden seit der Mitte des 6ten Jahrhunderts
alle slawischen Stämme, Serben, Chrowaten, Le=
chen und Czechen u. s. w. begriffen.

Der russische Nestor, der böhmische Dalimil
und Pulkawa und alle andern, die den Mythus
von Babel historisch deuteten, wollen die slawo=
nische Sprache schon unter den durch die allge=
meine Sprachenverwirrung entstandenen 72
Stammsprachen gefunden haben. Allein schon
Aeneas Sylvius bestritt diese Meinung nicht zwar
mit Gründen, aber doch mit feinem Spotte.
Pabst Johann VIII., da er vernahm, daß der

mährische und pannonische Erzbischof Method in
barbarischer, d. i. in flawonischer Sprache die
Messe lese, hatte zwar anfangs (im J. 879) die=
sen Gebrauch verbothen, bald darauf aber die
Erfindung der flawonischen Buchstaben belobet
und den Gottesdienst in der flawonischen Sprache
aus dem Grunde gestattet, weil Gott nicht nur
der hebräischen, griechischen und lateinischen, als
der vorzüglichen Hauptsprachen, sondern auch al=
ler übrigen Sprachen Urheber sey. „Nec sane
(sanae) fidei vel doctrinae aliquid ob-
stat, so spricht er in dem Briefe an den Herzog
Swatopluk vom J. 880, sive missas in ea-
dem sclavonica lingua canere, sive sa-
crum evangelium vel lectiones divinas
novi et veteris testamenti bene transla-
tas et interpretatas legere aut alia hora-
rum officia omnia psallere, quoniam qui
fecit tres linguas principales, Hebraeam
scilicet, Graecam et Latinam, ipse cre-
avit et alias omnes ad laudem et glo-
riam suam." So unphilosophisch auch der
Ausdruck „eine Sprache schaffen" von
Gott gebraucht, seyn mag, so räumte er der fla=
wonischen Sprache doch hiermit den Vorzug ei=
nes gleichen Alterthums ein, wogegen im Grun-

de nichts einzuwenden iſt. Nur bleibt uns ihr wahrer Urſprung noch immer unbekannt.

Nach G. E. Kirchmayers Hypotheſe von einer gemeinſchaftlichen Urſprache, aus welcher mehrere europäiſche Sprachen entſtanden ſeyn ſollen, wäre auch die ſlawoniſche Sprache eine Tochter ſeiner celtoſcythiſchen Matrix, wie er dieſe Urſprache zu nennen beliebt. Im Grunde aber heißt dieß eben nichts anders, als: im Slawoniſchen giebt es Wörter, die theils mit celtiſchen, theils mit ſcythiſchen übereinkommen. Einzelne Wörter entſcheiden hier nichts. Auch indiſche Wörter laſſen ſich in Menge im Slawoniſchen finden. Wer möchte ſogleich das Indiſche für die Mutter des Slawoniſchen halten? Hier muß viel weniger auf das Materielle, auf den rohen formloſen Stoff, der mehrern ganz verſchiedenen Sprachen zur Grundlage dienen kann, geſehen werden, als auf das Formelle, worauf ungleich mehr ankommt. Selbſt diejenigen, die über den Urſprung der ſlawoniſchen Sprache eigene Unterſuchungen angeſtellt haben, konnten noch wenig Befriedigendes darüber vorbringen. Dolci, ein Dalmatiner, glaubt, ſie ſey mit der alten illyriſchen einerley, ſo wie Katancsich die kroatiſche mit der alten pannoniſchen für einerley hält. Bei-

der Voraussetzungen haben keine andern Gründe
für sich, als gezwungene Erklärungen einiger illy-
rischen alten Namen aus dem Slawonischen.
Der ragusinische Graf Sorgo will sogar das
Etymon griechischer und lateinischer Götternamen
daraus herleiten. Eben so grundlos ist die Be-
hauptung, daß das Getische und Sarmatische,
das Ovid zu Tomi erlernet hat, slawonische
Mundarten gewesen seyn sollen. Um diese Zeit
und selbst noch einige Jahrhunderte später wohn-
ten keine Slawen in den römischen Provinzen
über der Donau. Nach Kärnten und Krain ka-
men sie als Untergebene oder Verbündete der
Avaren nach dem J. 568, nachdem die Longo-
barden nach Italien gezogen waren, und Panno-
nien den Avaren überlassen hatten. Nach Dalma-
tien und Servien unter dem Kaiser Heraklius in der
ersten Hälfte des 7ten Jahrhunderts. Um eben
diese Zeit kamen sieben Geschlechter (Stämme) nach
Bulgarien, denen die Bulgaren als Eroberer im J.
679 andere Gegenden zur Wohnung anwiesen.
Kurz, die Byzantiner reden ganz bestimmt von
der eigentlichen ehemaligen Heimath der Slawen,
die nicht weit von den nördlichen Ufern der Do-
nau gelegen war. Von den Mündungen der Do-
nau erstreckten sie sich, wie Jordanes bezeuget

bis an den Dneſtr, von da über den daciſchen Ge=
birgen bis an den Urſprung der Weichſel. Allein
auch dieſe Länder, die ſie nicht eher beziehen konn=
ten, als nach dem Abzuge der Gothen im 4ten
Jahrhunderte, ſind nicht ihre urſprünglichen Sitze.
Ehedem hielt ich ſelbſt dafür, daß die Slawen
ſchon im erſten Jahrhundert an der Weichſel ſaßen,
indem ich die Visula des Pomponius Mela, beim
Plinius Vistula, beim Jordanes Viscla, böhm.
und polniſch Wisla, für die älteſte uns bekannte
ſlawiſche Benennung erklärte, und deſſen Etymon
aus dem Slawoniſchen abzuleiten ſuchte. Allein
die Ableitung von wiseti, hängen, ſcheint mir
jetzt zwar nicht ſo ungereimt wie dem ſel. Hanke,
doch aber gezwungen, und die von is, vis, das in
mehrern alten Sprachen Waſſer bedeutet, wo=
von auch die Weſer (Visurgis), die Iſer und ſelbſt
der Iſter ihre Namen erhielten, viel natürlicher
zu ſeyn. So hätten alſo die Slawen den alten
Namen dieſes Fluſſes ſchon vorgefunden, und ihn
in der Ausſprache nur ein wenig verändert. Da
K. Konſtantin ſchon βισλα ſchreibt, ſo ſcheint er
den Namen aus ſlawiſchem Munde vernommen
zu haben.

Sollten die Slawen etwa erſt mit den einbre=
chenden Hunnen oder bald nach ihnen aus Aſien nach

Europa herüber gekommen seyn? Oder saßen
sie schon längst, als Nachbarn der Gothen, hin=
ter den Lithauern am obern Dnepr und der obern
Wolga? Das letztere machen manche gothische
Wörter, die im Slawonischen zu finden sind,
wahrscheinlich. Auch das Zeugniß des Gothen
Jordanes bestätigt es. Denn diesem zufolge soll
schon vor dem Einbruche der Hunnen der gothische
König Hermanrik nebst andern Völkern auch
W e n d e n bezwungen haben. Jordanes ist der
erste, der die Slawen W e n d e n und W i n d e n
nennt, weil er sie zu seiner Zeit da fand, wo
ehemals des Tacitus Venedae saßen. Eben so
legt er ihnen den geographischen Namen A n t e n
bei, weil sie jene Gegenden am schwarzen Meere
bezogen haben, wo ehedem vor ihnen A n t e n
wohnten. Spätere Byzantiner nannten sie auch
G e t e n, nicht etwa darum, daß sie getischen Ur=
sprungs wären, sondern ihrer damaligen Sitze we=
gen, die vormals Gothen und noch früher auch
Geten eingenommen haben. So weit wir in äl=
tere Zeiten hinaufsteigen können, saßen die sla=
wischen Stämme gerade da, wo Plinius den
S e r b e n ihre Wohnplätze anweiset. Wenn wir
also annehmen, daß dieß die alte allgemeine Benen=
nung der Slawen war, so wird es begreiflich, wie

sie sich bei zwey ganz verschiedenen Stämmen, dem
südlich = serbischen in Servien, und dem nördlich=
serbischen in der Lausiß, bis auf den heutigen
Tag erhalten konnte. Hier nun stehen zu blei=
ben, ist rathsamer, als sie in wüsten uns unbe=
kannten Gefilden der alten scythischen Welt ver=
geblich zu suchen. Wenigstens ist keine Benennung
unter den vielen scythischen Völkern, die Herodot
aufzählt, den Slawen angemessen. Vielmehr kling=
en die wenigen scythischen Wörter, deren Bedeu=
tung wir wissen, gar nicht slawisch. Nur ein
unkritischer Dolci konnte spati, schlafen, mit
dem scythischen Spu, Auge, vergleichen, weil
man mit zugemachten Augen schlafe. Auge und
Schlafen, welche Vergleichung! Unverkennbar
ist s-p (sop) die Wurzelsylbe von dem slawi=
schen Worte spati und zugleich von dem lateini=
schen sopire, sopor. Wer würde wohl deß=
halb die Lateiner von den Slawen, oder umgekehrt
die Slawen von den Lateinern ableiten wollen?

Wenn also der Pole Kleczewsky und An=
dere geradezu behaupten, die slawonische Sprache
sey scythischen Ursprungs, was haben wir dabey
gewonnen? Nichts anderes, als was wir eben
schon wissen, nämlich, daß die slawonische Spra=
che einem ganz eigenen im Norden wohnenden

II

Volke angehöre. Dieß ergibt sich auch schon aus
der Vergleichung derselben mit der lithauischen
Sprache, deren sehr nahe Verwandtschaft einige
zu der irrigen Meynung verleitete, daß sie selbe
für eine reine slawische Mundart erklärten. Un-
ter den vielen Sprachen der scythischen Welt kön-
nen wohl die lithauische und slawische auch begrif-
fen gewesen seyn. Allein dann ist der Satz: die
slawische Sprache ist scythischen Ursprungs, ganz
dem Satze gleich: die slawische Sprache ist sla-
wischen Ursprungs. Und so wären wir in der Er-
gründung der Abstammung der slawischen Völker
und ihrer Sprache auf diesem Wege um keinen
Schritt weiter gekommen.

§. 2.

Verhältniß der slawischen Sprache zu andern Sprachen.

Blos aus der Vergleichung der ersten zehen
Zahlen ergibt es sich, daß die slawonische Spra-
che mit den semitischen keine Verwandtschaft habe.
Daher mußten Frenzels Versuche, slawische
Wörter aus dem Hebräischen herzuleiten, ganz
mislingen. Viel ähnlicher sind die slawischen Zahl-
wörter den indischen, und eine nicht unbeträcht-

liche Anzahl von andern Wörtern sind auch im Samskrdamischen anzutreffen. Allein ungeachtet dieser auffallenden Aehnlichkeit in einzelnen Wörtern sind die indischen, so wie die finnischen, tatarischen und andere asiatischen Sprachen, wenn man auf den ganzen Bau derselben Rücksicht nimmt, mit dem Slawonischen viel weniger verwandt, als das Lateinische, Griechische und Deutsche mit eben demselben. Denn die ganze Einrichtung der slawischen Sprache ist europäisch. Sie unterscheidet drey Geschlechter, sie hat die Pronomina possessiva zu förmlichen Adjectiven ausgebildet, sie setzet die Präpositionen nicht nur den Nennwörtern vor, sondern bildet vermittelst derselben zusammengesetzte Verba. Dem Lateinischen kommt sie schon dadurch näher, daß sie den Gebrauch der Artikel nicht kennt. Doch ist, ungeachtet der vielen gemeinschaftlichen Wurzelsylben, die Verwandtschaft dieser zwey Sprachen nicht so groß, daß man mit Levesque die Lateiner für eine alte slawische Colonie ansehen könnte. Höchstens darf man annehmen, um sich diese Erscheinung zu erklären, daß die Sprachen der in Illyrien, Pannonien, Thracien, Dacien wohnenden alten Völker von der Art waren, daß sie einerseits ins Lateinische und heutige Walachische, andererseits ins Lithauische und sonach mit-

telbar auch ins Slawonische eingriffen. Diejeni=
gen, die das Slawonische als eine aus dem Grie=
chischen entstandene Sprache darstellten, haben
sich erstens durch die slawonischen Buchstaben, die
Cyrill, der Erfinder derselben, der größern Anzahl
nach aus dem Griechischen borgte, zweytens durch
die beträchtliche Menge von griechischen Wörtern,
die man in die slawonischen Kirchenbücher auf=
nahm, täuschen lassen. Nach dem Gelenius, bef=
sen Lexicon symphonum den ersten Versuch
von Vergleichungen ähnlicher Wörter aus der la=
teinischen, griechischen, deutschen und slawonischen
(eigentlich böhmischen) Sprache enthält, hat auch
Martinius in seinem etymologischen Wörterbuche
der lateinischen Sprache slawische Wörter häufig
auf lateinische und griechische Wurzeln zurückge=
führet. Vollständigere Vergleichungen des Sla=
wonischen (neuen Illyrischen) mit dem Celtischen
und Deutschen hat in neuern Zeiten der gelehrte
Däne Temler, des Russischen mit dem Deut=
schen Soltau, des Illyrischen mit dem Gothi=
schen Graf Sorgo, angestellt, so wie Ihre
in seinem schwedisch = gothischen, Frisch und
Adelung in ihren deutschen Wörterbüchern das
Slawonische zur Erläuterung deutscher Wörter
oft genug anführen. Allein aus bloßen Verglei=

chungen ähnlicher Wörter läßt sich über das wahre
Verhältniß der slawischen Sprache zu andern noch
kein richtiges Urtheil fällen, wenn man nicht zu=
gleich auch auf die Formen der Wörter und den
ganzen Bau der Sprachen besondere Rücksicht
nimmt.

§. 3.

Kurzer Abriß der slawonischen Sprache.

a) Nach ihrer Materie.

In der slawischen Sprache hat jeder Laut
zweyerley Bestimmung, je nachdem er entweder
als Materie, oder als Form betrachtet wird. Als
Materie d. i. als roher Stoff bildet er einzeln,
oder in Verbindung mit einem zweyten, dritten,
auch vierten Laute die ersten Wurzelsylben, wie
o, po, ot, pri, pred, blesk, deren Aufzäh=
lung in die Grammatik, oder in das Wörterbuch ge=
hört. In Rücksicht der Vocale hat der slawische
Mund keinen weiten Umfang. Er kennt kein ä,
ö, ü. Hingegen hat er ein gedoppeltes i, ein fei=
neres (böhm. und poln. i, russ. иже) und ein grö=
beres, böhm. und poln. y, russ. jery: biti schla=
gen, byti seyn. Er hebt selten mit einem rei=
nen a, nie mit einem e an, sondern gibt dem a

oft, denn e immer den Vorschlag j: jaje Ey,
jasti essen, jest ist, lat. est. Das o im An=
fange sprechen zwar die meisten Stämme rein aus,
wie in oko Auge, aber der Lausitzer Wende spricht
w o, das auch der Böhme in der gemeinen Rede=
sprache thut, wenn er gleich in seiner Schriftspra=
che das reine o noch immer beybehält: on er für
won. Der Kroate spricht wieder den Vocal u
nie rein aus, weil er ihm ein v vorsetzt: vuho
Ohr für uho (ucho) u. s. w.

Bemerkenswerth sind die vielerley Bestim=
mungen des i, wenn es wie j ausgesprochen wird.
Es dient den Vocalen nicht nur am Anfange, son=
dern auch nach verschiedenen Consonanten zum
Vorschlage: biel oder bjel weiß, miaso oder
mjaso Fleisch, niem oder njem stumm. Nach
Vocalen bildet es Diphthonge: daj, stoj. Wenn
es nach gewissen Consonanten verschlungen wird,
so mildert es die Aussprache derselben: koň (für
konj) Pferd, bud' verkürzt aus budi, jest (für
jesti) ist, griech. εστι. Daher wird des ver=
schlungenen i wegen der russische Infinitiv mit
dem mildernden jer bezeichnet. Auch der Slowak
thut dieß: dat' geben, stat' stehen, chodit' ge=
hen, für dati, stati, choditi. Die Slawen
lechischen Stammes verändern in diesem Falle das

t in ć: dać stać. In Rücksicht der Consonan=
ten langt der Slawe mit den Lippenlauten w, b,
p aus und entbehrt in ursprünglich slawischen
Wörtern den Laut f. Man vergleiche wru mit
ferveo, bob mit faba, bodu mit fodio, pe-
ru mit ferio, plameň mit flamma, piščá-
la mit fistula, piesť mit Faust u. s. w. Selbst
wenn er fremde Wörter aufnimmt, verändert er
oft das f. Aus F a r b e machte der Böhme bar-
wa, aus Stephan Štiepan; das gothische fana
ist bei den Böhmen und Polen páu.

Seine 6 Sibilanten z, ž, s, š, c, č, un=
terscheidet er genau, und liebt sie so sehr, daß er
nicht nur seine drey Gurgellaute g (oder h), ch,
und k, sondern auch d und t nach bestimmten
Regeln des Wohlklanges in analoge Sibilanten
verwandelt. Man wird also auch zima mit
hiems, wezu mit veho, zrno (zerno) mit
granum, žrati mit $\gamma\varrho\alpha\omega$, syr mit $\tau\upsilon\varrho\sigma\varsigma$,
plešči (plece) mit $\pi\lambda\alpha\tau\alpha\iota$, jucha mit jus,
jusculum, čist mit castus vergleichen dürfen.
Eben so ležeti mit liegen, zlato mit Gold,
srdce (serdce) mit Herz, cerkew mit Kirche.
Unter den drey Gurgellauten (g, ch, k) gilt sein
glagol entweder für g ($\gamma\alpha\mu\mu\alpha$) oder für h nach
Verschiedenheit der Mundarten. Für goniti,

gora, glawa, grad, ſpricht der Böhme, Mäh=
re und Slowak honiti, hora, hlawa, hrad
aus, an die ſich der Oberlauſitzer Wende anſchließt.

Betrachtet man den Sylbenbau in Wörtern,
die aus mehrern Conſonanten beſtehen, ſo wird
man finden, daß der Slawe mehrere Conſonanten
lieber vor, als nach dem Vocal verbindet. Man
vergleiche brada mit Bart, breg Uſer mit Berg,
mleko mit Milch, lgati mit lügen, prasia
(prase) mit porcus u. ſ. w. Da dem Grie=
chen die Conſonantenfolge sl in dem Worte Slo-
wan fremd war, ſo nahm er ſich die Freyheit
ein κ oder ϑ dazwiſchen einzuſchalten: σκλαβη-
γος, Ϭλαβος. Der Niederſachſe, Schwede, Dä=
ne, Engländer ſprechen und ſchreiben richtiger
Slave für Sclave.

Da l und r zwiſchen zwey andern Conſonan=
ten der Sylbe genug Haltung geben, und zugleich
Stellvertreter der Vocale ſeyn können, ſo ſind
Sylben ohne Vocale, wie wlk, chlm, srb,
srp nicht ungewöhnlich. Doch ſchaltet man hier
in neuern Mundarten das euphoniſche o oder e
gern ein: wolk, cholm, serp, böhmiſch
wlk, srp, aber nicht mehr chlm, ſondern
chlum.

b) Nach ihren Formen.

Die einfachen Laute, als Form betrachtet, dienen zu Ableitungen, d. i. zu Bildungen der Redetheile aus der formlosen Stammsylbe, und zu Biegungen (Declinationen und Conjugationen). Da ich auf meine Abhandlung über den Ursprung und die Bildung der slawischen Sprache (vor Tomsa's böhmischem Wörterbuche), auf den Aufsatz über die Bildsamkeit der böhmischen Sprache (vor dem Deutsch böhmischen Wörterbuche), endlich auf das Lehrgebäude der böhmischen Sprache verweisen darf, so begnüge ich mich, nur so viel, als zur Vergleichung mit andern Sprachen nöthig zu seyn scheint, hier auszuheben.

Functionen der Vocale. 1. Zur Bezeichnung des weiblichen Geschlechtes an allen biegsamen Redetheilen dienen die Vocale a, ia, des sächlichen o und e: on, ona, ono und weš, wsia, wse. Im Plural ist i dem männlichen, y und ia dem weiblichen, a dem sächlichen Geschlechte eigen. Im Dual ist a der männliche, ie der weibliche und sächliche Ausgang: dwa, dwie.

2. Alle Vocale dienen zur Bezeichnung verschiedener Casus: bog, boga, bogu, bože, bozie, Plur. bozi, bogy.

3. Die meisten bezeichnen auch verschiedene Zeitformen an den Verbis. Die erste Person des Indicativs im Singular u und ju: slowu sluju. Den Imperativ i: nesi, daj. Im Gerundiv das Präsens y oder a: nesy oder nesa. Das einfache Präteritum in der zweyten und dritten Person e, u, ie, i, a: nese, kopnu, vidie, chodi, kopa.

Functionen der Consonanten. 1. w, vermittelst eines Vocals an die Stammsylbe angehängt, bildet Substantiva und Adjectiva (in aw, ow, iw). An den Verbis Gerundiva Präterita: vidiew, chodiw, kopaw.

2) ba, so viel als wa, und oba sind Ableitungssylben der weiblichen Substantive: mlatba; zloba, chudoba.

3. m (om, em, am, ym, im) ist die allgemeine Bezeichnung des Dativs im Plural: im, ihnen, krawam, den Kühen, dobrym rabom, den guten Knechten.

Des Dativs der Adjective (omu, emu). Des männlichen und sächlichen Instrumentals im Singular (om, em, ym). Des Locals an Fürwörtern und Adjectiven (om, em). Der Adverbien in mo.

An den Verbis bezeichnet em, im die erste Person im Plural: kopajem, vidim. Hier hängen aber andere Mundarten noch ein y oder e oder o an, weil sie im Singular den Ausgang em für u, und im für iu, und am für aju angenommen haben. Die irregulären jesm', jam (jem), wiem, dam, imam haben im Plural auch my: jesmy, jamy, wiemy, damy, imamy. Im Präterito ist om allein üblich: vidiechom. Das Präsens des Participii passivi om, em: nesom, kopajem, womit die griechische Termination ομενος zu vergleichen ist. Der Grieche hat hier zwey slawische Bildungssylben om und en verbunden.

4. n (an, en, in) bildet Substantiva, Adjectiva. Vermittelst an ist der allgemeine Völkername Slowan, auch Slowian abgeleitet. Zu Prokops Zeiten mag die Form in üblich gewesen seyn, weil er σκλαβηνος schrieb. So ist serblin ein Servier von dem Stammworte Serb.

An den Verbis das Part. pass. Präteritum en, an: nesen, kopan.

5. l (el, al) bildet Substantiva und Adjectiva: žatel, swietel. An den Verbis das Par-ticipium Activum Präteritum: nesl, vi-diel, chodil, kopal, woran, so wie am Passivo der Geschlechtsunterschied Statt findet: nesl, nesla, neslo; nesen, nesena, neseno.

6. r (ar') dienet blos zur Ableitung einiger Substantive und Adjective: dar, mytař; mokr, mokra, mokro von mok.

7. t (ot, et) bildet Substantive, so wie at, it Adjective: skrežet, böhm. škřehot.

An den Verbis bezeichnet t die 3te Person: neset, chodit, im Plural nesut, chodiat. Dieses t fiel in neuern Mundarten weg, daher böhmisch nese, nesau, chodj für chodit und chodiat. te die 2te Person im Plural: nesete, chodite, im Präterito nesoste, chodiste. Hierin also ist die slawische Bil-dungssylbe der Griechischen ετε ähnlicher als der lateinischen atis, etis, itis. Ferner be-zeichnet t auch das Part. Pass. Präteritum: wit gewunden, von wiju. Und ti den In-finitiv: nesti, stydnuti, widieti, cho-diti, kopati. Die Dienstlaute st siehe unter s.

8. z mit ň verbunden bildet Abstracta: kazň, bojazň, böhm. bázeň. Eben so s mit ň: piesň, böhm. pjseň.

9. ž mit vorhergehendem e dienet blos zur Bildung einiger Substantive: lupež.

10. s mit t verbunden, nimmt den Vocal o vor sich auf (ost') und bildet so wie stwo, stwie Abstracta: milosť, diewstwo, lakomstwïe.

11. š bildet Comparative: menšij. An den Verbis ši die 2te Person des Präsens im Singular neseši, chodiši. In den neueren Mundarten fiel das i nach š längst weg. Die Sylbe ši nimmt auch das weibliche Geschlecht des Gerundivi Präteriti an, še im Plural bezeichnet alle drey Geschlechter: widiewši nachdem sie gesehen hatte, widiewše nachdem sie gesehen hatten. ša für chu die 3te Person im Plural des Prät. nesoša sie trugen.

12. š mit č verbunden, weiblich šči, im Plural šče, bildet das Präsens des Gerundivs: nesušč, nesušči, Plur. nesušče; chodiašč, chodiašči, chodiašče. In neuern Mundarten der 1ten Ordnung ist blos č (im Illyrischen ch, ein feinerer Sibilant) für šč üblich. Im Böhmischen und Polnischen ver-

tritt c die Stelle des šč oder č. Für das alt-
böhmische nesuc, nesuci, nesuce, cho-
diec, chodieci, chodiece, ist nesauc
u. s. w. chodje u. s. w. üblich.

13. išče, böhmisch iště, bezeichnet an den Sub-
stantiven einen Ort, Raum, eine Ausdehnung:
ognišče Feuerheerd, kopišče Spießstange.

14. c (ec, ica, ce) bildet Substantiva, auch
Diminutiva: konec, diewica, solnce,
böhm. slunce Sonne. Agnec entspricht dem
lat. agnus. An den Verbis im Böhmischen, Pol-
nischen das Präsens des Gerundivs, s. oben
šč N. 12.

15. č (ač, eč, ič) sind Ausgänge der Sub-
stantive tkač für tkalec böhm. tkadlec, der
Weber. ič (für išč) bildet auch Diminutiva.

16. go bezeichnet den Genitiv an dem Pronomen:
togo, iego, so wie am Adjective mudrago,
böhm. mudrého. Die süblichen Mundarten
versetzen ago und sprechen mudroga.

17. ch (och, uch, ucha) bildet Substantiva:
čech der Volksname der Böhmen, von četi,
anfangen; pastuch Hirt, böhm. pastucha.
Bezeichnet den Local des Plurals durch alle
Declinationen: w nich, boziech, die-
wach, milostech, bielych u. s. w.

An den Verbis die 1te Person im Singular des Präteriti: neƨoch, widiech, chodich, kopach. Im Plural (chu) die dritte Person: widiechu, chodichu, kopachu. S. oben ša N. 11.

18. k (ek, ok, ik) bildet Substantiva (auch Diminutiva) und Adjectiva: čelowiek Mensch, böhm. člowěk, piesok, böhm. pjsek Sand; sladok, sladka, sladko, tiažek böhm. těžek. griešnik Sünder, welik groß.

19. sk (skyj) Adjectiva: diewičesk pol Mädchengeschlecht, nebeskyj himmlisch.

Dieß mag nun zureichen, um die verschiedenen Formen der slawischen Sprache mit den Formen der griechischen, lateinischen, deutschen und jeder andern Sprache vergleichen zu können. Diese Vergleichung wird noch durch folgende Bemerkungen erleichtert werden.

a. Den Gebrauch des Artikels haben nur germanisirende Mundarten, die wendische in beyden Lausitzen und die windische in Kärnten, Krain, Steyermark, angenommen. Man verwendet dazu das demonstrative Pronomen ton, ta, to, windisch ta, ta, to. Andere

Mundarten kennen ihn eben so wenig, als der Lateiner.

b. Die slawischen Declinationen sind eben deßhalb vollständiger, als im Griechischen und Lateinischen. Für den Singular hat der Slawe 7 Casus, für den Plural aber nur 6, indem der Nominativ zugleich den Vocativ vertritt. Im Dual lassen sich nur 3 Casus unterscheiden: Nom. dwa, dwie, Gen. dwoju (dwu), Dat. dwiema, indem hier der Accusativ dem Nominativ, der Local dem Genitiv, und der Sociativ oder Instrumental dem Dativ gleich sind. Ungeachtet der vielen Casus unterscheidet der Slawe an den weiblichen Nennwörtern im Plural den Accusativ nicht vom Nominativ, da es doch der Grieche und Lateiner thun. Den Deutschen trifft dieser Vorwurf doppelt, indem er auch den männlichen Accusativ dem Nominativ gleich macht.

c. Die Adjectiva, da sie einen unbestimmten und bestimmten Ausgang haben, werden auch nach zweyerley Muster gebogen. Die unbestimmten richten sich nach den Substantiven: blag, blaga, blagu, u. s. w. Die Bestimmten nach dem Pronomen: malyj, malago, malomu u. s. w.

d. In der Steigerung der Adjective, welche ver=
mittelst des angehängten ij oder šij geschieht,
vertritt im Altslawonischen der Comparativ
auch den Superlativ. Neuere Mundarten
bilden den Superlativ, indem sie dem Com=
parativ die Partikel naj vorsetzen: najmen-
šij, böhm. neymenšj. Da der lat. Aus=
gang issimus aus si und mus zusammen=
gesetzt ist, so floß die Sylbe si aus derselben
ältern Quelle, aus welcher das slaw. ši ent=
sprungen ist.

e. Durch die Endsylben u, eši, et, im Plural
em, ete, ut, oder iu, iši, it, Pl. im,
ite, iat werden die Personen im Präsens be=
zeichnet. Im Präterito aber nach Verschie=
schiedenheit der Formen durch och, e, Plur.
ochom, oste, ochu; iech, ie, Plural
iechom, ieste, iechu; ich, i, u. s. w.
ach, a, u. s. w. Endigt sich die Stamm=
sylbe auf einen Vocal, so bekommt die 1te
Person nur ein ch: dach, pich, obuch,
indem da, pi, obu schon die 2te und 3te
Person bezeichnen. Im Plural chom, ste,
chu: dachom, pichom, obuchom, das-
te, piste, obuste, dachu, pichu, obu-
chu.

f. Periphrastische Präterita verbinden das Hülfs=
wort jesm', jesi, jesť mit dem Partici-
pio activo Präterito: kopal jesm', ich
habe gegraben; smiel jesi, ausus es.
Wird biech damit verbunden, so entsteht
das Plusquamperfectum: kopal biech ich
hatte gegraben. Wird aber bych damit
verbunden, so erhält man das Imperfectum
des Optativs: kopal by er würde graben.

g. Das einfache Futurum ist entweder das pri-
mitive Verbum selbst, wie budu (ero, fiam),
oder es wird vermittelst nu gebildet: bodnu,
oder aber vermittelst einer Präposition: obu-
ju, izuju. Das periphrastische besteht aus
dem Infinitiv und dem Hülfswort budu, oder
chošču: budu kopati; in einigen neuern
Mundarten auch budu kopal. Allein bu-
du kopal ist eigentlich das Futurum exactum
anderer Sprachen, und entspricht dem lat. Fu-
turo des Conjunctivs.

h. Das Passivum wird entweder mit sia (se)
umschrieben: spaset sia, salvabitur, oder
man verbindet die Hülfswörter mit dem Par=
ticipio passivo: spasen byst', spasen bu-
det u. f. w.

i. Da es dem Slawen an iterativen und fre=
quentativen Formen nicht fehlt, so konnte er
gar leicht das Verbum soleo, ich pflege,
entbehren. So ist bywati das Frequenta=
tivum von byti; und nositi, lamati, ku-
powati sind Iterativa von nesu, lomiti,
kupiti.

k. Die Adverbia qualitatis werden meistens ver=
mittelst ie gebildet: podobnie u. s. w. Fast
eben so der Lateiner: caste, plene.

l. In der Fügung (Syntaxis) nähert sich der
Slawe mehr dem Griechen und Lateiner, als
dem Deutschen. In der Wortfolge hat er
viel Freyheit. Die verneinende Partikel ne
setzt er dem Verbo vor, selbst wenn schon ei=
ne andere Verneinung im Satze steht. In
negativen Sätzen gebraucht er den Genitiv an=
statt des Accusativs. Nur die ersten vier
Zahlwörter betrachtet er als Adjective, alle
übrigen als Substantive, daher nach ihnen
das regierte Wort im Genitiv stehen muß:
osm sot (set) 800. Alter bemerkte zwar
richtig in seinem Aufsatz über den Gebrauch
des Dativs anstatt des Genitivs, daß auch
im Slawischen der Dativ für den Genitiv öf=
ters gesetzt wird, aber das allgemein aus=

gesprochene Urtheil: Gewiß keine Sprache hat
die Vorzüge und so viel Analogisches mit der
griechischen Sprache als die slawische, kann
nur unter sehr vielen Einschränkungen gelten.
S. seine Miscell. S. 37.

m. Unter den Partikeln, die dem Nennworte
vorgesetzt, und vermittelst welcher auch zu=
sammengesetzte Verba gebildet werden, sind
o, u, w, wy, po, na, za, s (su),
ob, ot (od), iz, wz (woz), bez, pro,
pre, pri, pod, nad, raz (roz), pred
wahre Präpositionen; nur radi, dielia
(dlia) sind Postpositionen. Wy und iz
sind gleichbedeutend. Wydati, wyliti sa=
gen der Böhme und Pole, izdati, izliti,
die südlichen Slawen. Der Russe gebraucht
beydes wy und iz. Roz spricht der böh=
mische und polnische Mund, raz aber der
russische und serbische. Dieser geringe Unter=
schied nebst einigen andern Merkmalen begrün=
det die Abtheilung der slawischen Sprachen
in zwey Ordnungen.

§. 4.

Munbarten der flawischen Sprache.

Zur bequemern Uiberſicht ſtellen wir die Merk=
mahle beider Ordnungen neben einander.

I.	II.
1. raz : razum	roz : rozum
raven	roven
rabota	robota
rastu	rostu
2. iz : izwedu	wy : wywedu
izwoliti	wywoliti
izbrati	wybrati
3. mošči *Infin.*	moci
nošč, noč	noc
nesušči, nesuči	nesuci
obraščen, obračen	obračen
4. ralo	radlo (d *epenth*)
salo	sadlo
prawilo	prawidlo
moliti	modliti
5. zemlia (l *epenth*)	zemia
postawlen	postawen
kupliu	kupiu (kupim)

So wie eine Völkerschaft aus mehrern einzel=
nen durch das Band gemeinschaftlicher Abstam=
mung verbundenen Geschlechtern besteht, so ist
auch die Sprache eines Volkes als das Aggregat
von mehreren Sprecharten zu betrachten. Ver=
schiedene slawische Stämme konnten, ungeachtet der
Verbindung durch eine gemeinsame allgemeine
Sprache, doch nicht ganz einerley Mundart reden.
Es mußte- also schon im grauesten Alterthum
nach Verschiedenheit der Stämme auch mehrere
Mundarten geben. Prokopius unterscheidet schon
im 6ten Jahrhundert Anten und Slawinen.
Nach seiner Aussage redeten sie zwar einerley
Sprache, aber gewiß nur in dem Sinne, in welchem
auch noch heut zu Tage Böhmen und Pohlen,
oder Russen und Servier, so fern sie nämlich alle
slawonisch sprechen, einerley Sprache reden. Wenn
man bedenket, daß schon im 7ten Jahrhunderte
Kroaten und Servier, die in die entvölkerten Pro=
vinzen des byzantinischen Reiches über die Donau
wanderten, als zwey Stämme von einander ge=
nau unterschieden werden, so darf man die nörd=
lichen Serben in Meißen und in der Lausitz, als
Nachbarn und nächste Geschlechtsverwandte der
Czechen, mit den südlichen Serben (den heutigen
Serviern) noch weniger vermengen. Man darf

diese, wenn sie gleich ehedem auch im Norden an den Karpaten saßen, nicht von jenen unmittelbar ableiten. Sie konnten sich auch damals nur mittelbar berühren, weil zwischen ihnen noch andere, nämlich die lechischen Stämme lagen. Eginhard nennt unter den Völkern, die Karl der große bezwang, Weletaben, Soraben, Abotriten, Böhmen; er legt ihnen aber nicht mehr einerley, sondern nur eine ähnliche Sprache bey. Sein gewählter Ausdruck lingua quidem pene similes deutet doch offenbar auf Verschiedenheit der Mundarten hin. Alle slawische Mundarten, so viel ihrer heute geschrieben oder gesprochen werden, lassen sich, wenn man sie nach den angegebenen Merkmahlen untersuchet, unter diese zwey Ordnungen bringen. Zur ersten gehört 1) das Russische, 2) das Altslawonische, 3) das heutige Slawonische oder Illyrische (in Bulgarien, Servien, Bosnien, Dalmatien), 4) das Kroatische und 5) das Windische in Krain, Kärnten, Steyermark, nebst der Varietät des Windischen im Eisenburger Comitat.

Zur zweyten Ordnung gehören 1) das Slowakische, 2) das Böhmische, 3) das Wendische in der Oberlausitz, 4) das Wendische in der Niederlausitz, 5) das Polnische mit der schle=

fifchen Varietät. Bloß der Nachbarschaft und
dem häufigen Verkehre mit den Polen ist es zu=
zuschreiben, daß der Ruffe auch die Partikel **wy**
neben iz aufnahm, daß er rospis für raspis
schreibt, da er doch sonst in allen andern Zusam=
menfetzungen nicht roz, sondern raz ausspricht.
Auch im Gebrauche des o für a nähert er sich
dem Polen: gorod, kolos, soloma, Polnisch
grod, klos, sloma, wo doch selbst der Böh=
me mit den füdlichen Slawen das a noch beibe=
hielt: hrad, klas, slama. Das Slowaki=
sche macht gleichsam den Uibergang sowohl vom
Böhmischen, als vom Polnischen in das Windische
und Kroatische. Das Wendische steht zwischen
dem Böhmischen und Polnischen in der Mitte,
neigt sich aber in Rücksicht des tiefern Vocals o
und der häufigern Sibilanten (für d, t) doch
mehr zum Polnischen, wenn es gleich den lechi=
schen Rhinesmus nicht kennt. Der Wende spricht
mit andern Slawen ruka, nicht renka.

§. 5.

Böhmische Sprache.

Herrn Anton Puchmayer verdanken wir eine
ziemlich vollständige Vergleichung der böhmischen
Sprache mit der russischen, die er in seinem böh=

C

misch = ruffischen Prawopis angestellt hat. Dieß
Werklein könnte wohl andern zum Muster dienen,
die Lust oder Beruf haben, ähnliche Sprachver=
gleichungen anzustellen, wenn gleich die Absicht,
das mit ruffischen Buchstaben geschriebene Böhmi=
sche auch Ruffen lesbar und verständlich zu ma=
chen, nie erreicht werden dürfte. Vor ihm hat
auch Christoph von Jordan in seinen Origini-
bus slavicis, und Papanck in seiner hist. gen-
tis Slavae das Böhmische und Slowakische mit
dem Kroatischen verglichen, um die Abstammung
der Böhmen von den Kroaten wahrscheinlicher zu
machen. Allein das Böhmische als Sprache der
2ten Ordnung weicht vom Kroatischen, das zur
1ten Ordnung gehöret, noch immer zu sehr ab,
als daß man die alte, von beiden verfochtene Mei=
nung von einer Wanderung des Stammvaters
Czech oder der Czechen überhaupt aus Kroatien
nach Böhmen wahrscheinlich finden könnte. Viel=
mehr muß, weil auch historische Gründe dafür
streiten, die böhmische Sprache für eine besondere
Mundart eines alten eigenen slawischen Stammes,
der etwa seit 550 nach und nach von der Weichsel
bis nach Böhmen vordrang, angesehen werden.
Sie ist nicht etwa, wie Leonh. Frisch in seinem
5ten Programm wähnte, ein Mischling, der aus

einer Vermengung des servischen, kroatischen und
bulgarischen Dialektes entstanden sey. Frisch
läßt erstens die Servier nordwärts nach Böhmen
ziehen, wo doch in der Stelle des K Konstantin,
die er anführt aber ganz unrichtig übersetzt, aus=
drücklich gesagt wird, daß die Servier ehedem im
Norden über Ungern hinaus gewohnt hätten. Da
Konstantin den kroatischen Stamm vom serbischen
unterscheidet, so dürfen wir den czechischen Stamm,
der im Norden zurückblieb und schon früher gegen
Westen vorgedrungen war, weder mit dem kroati=
schen, noch mit dem serbischen vermengen. Dann
läßt Frisch, von Dubravius irre geleitet, auch ei=
ne kroatische Kolonie nach Böhmen wandern, da
doch umgekehrt die Kroaten aus Groß = oder
Weißkroatien, das im Norden an den Karpaten
lag, nach Dalmatien gezogen sind. Endlich nimmt
er mit Stransky an, daß die im bulgarischen
Dialekte abgefaßte griechische Liturgie zu gleicher
Zeit mit dem Christenthum in Böhmen Eingang
gefunden habe. Wenn auch diese Voraussetzung
nicht ganz falsch wäre, wie sie es in der That
ist, so dürfte man ja doch den bulgarischen Dia=
lekt der Kirchenbücher nicht von dem altserbischen
unterscheiden. Denn die liturgische Sprache ist
die altserbische, und heißt nur bulgarisch, weil sich

auch die Bulgaren dieser Liturgie bedienen. Aber
setzen wir auch, daß Herzog Boříwoy in Mähren
von Method getauft worden sey, daß er einen
slawischen Priester mit sich nach Böhmen brachte,
so konnte doch der Einfluß der Kirchensprache nicht so
groß gewesen seyn, daß durch dieselbe aus der
vorhandenen Redesprache eine ganz andere Mund-
art entstanden wäre. Aus zwey oder auch drey
Sprachen der ersten Ordnung kann zwar ein neuer
Mischling entstehen, aber nie eine Mundart der
zweyten Ordnung, so wie die Vermischung der
polnischen und böhmischen nie eine Mundart her-
vorbringen wird, welche die Merkmahle der er-
sten Ordnung an sich trüge.

Wollte man nun das Eigenthümliche und
Charakteristische der böhmischen Sprache mit we-
nigen Zügen entwerfen, wie ich es in der Vorre-
de zu meinem Lehrgebäude der böhmischen Spra-
che versucht habe, so dürfte man nur die Mund-
arten der zweyten Ordnung, nämlich das Polni-
sche und Wendische, mit ihr vergleichen. Das
Slowakische würde ohnehin, wenn man geringere
Verschiedenheiten der neuern Sprache weniger
beachtete, mit dem Altböhmischen zu einer Mund-
art zusammen schmelzen. Die alten Böhmen
können das au, in aud, saud und andern Wur-

zeln, im Accusativ: mau milau, im Instru=
mental: s krásnau pannau, in der 3ten Per=
son des Plurals: berau, eben so wenig, als der
Slowak, der in allen diesen Fällen das gedehnte
ú dafür beibehält. Dasselbe gilt auch von der
Auflösung des ý in ey, wie es die neuern Böh=
men häufig thun: beywati, beyk, mleyn
für býwati, býk, mlýn. Auch für ay in
nay, day etc. hat man das engere ey einge=
führet, wo der Slowak beim Alten blieb. Hierher
gehört auch das i anstatt u oder iu: lidé anstatt
ludé. In dem eigenen Namen der heiligen Her=
zogin Ludmila hat sich lud für lid noch erhal=
ten. Für pigi, segi, milugi, spricht selbst der
gemeine Mann in Böhmen noch immer pigu, se-
gu, milugu, wenn gleich in Schriften die fei=
nern Ausgänge in i schon seit 400 Jahren vor=
kommen. Der Accusativ zemu für zemiu, der
im XIten Jahrhundert in Spitihniews Urkunde
zu finden ist, setzt nothwendig den Nominativ
zemia für das heutige zemie voraus. Cosmas
schreibt noch im 12ten Jahrhundert msa (lies
mźa). Die neuere Sprache liebt in solchen Fäl=
len nach ź und andern flüssigen Consonanten e
für a. Für unser swinĕ, nedĕle, dusse,
hört man in Mähren häufig swinia, nedĕla.

duſſa. Die Luboſsa, Lubuſsa bei Coſmas
iſt die Libuſſe nach neuerer Ausſprache. Vor
dem 13ten Jahrhunderte kommt in Urkunden noch
kein h für g vor, d. i. man ſchrieb Dragomir,
Praga, nicht Drahomir, Praha. Auch ſchrieb
man in ältern Zeiten Borivoy für Borziwoy,
und es iſt ſchwer zu beſtimmen, wann die ſäu-
ſelnde Ausſprache des feinern r bei den Böhmen
oder Polen ihren Anfang nahm. Der Slowak
und die Wenden in der Lauſitz kennen ſie noch
jetzt nicht, wenn gleich der Oberlauſitzer und der
Slowak das h wie die Böhmen für g ge-
brauchen.

§. 6.

Schriftarten der Slawen.

Vor der glücklichen Erfindung des ſlawoni-
ſchen Alphabets Az, Buki, Wiedi, Glagol
dobro etc. durch den Philoſophen Conſtantin,
ſonſt auch Cyrill genannt, war wohl die Schreib-
kunſt den Slawen ganz unbekannt. Der Gebrauch
der Runenſchrift an der Oſtſee, worüber die von
Maſch erläuterten Obodritiſchen Alterthümer
nachzuleſen ſind, reicht nicht ſo weit hinauf, daß
man behaupten könnte, die heidniſchen Prieſter

zu Rhetra und an andern Orten hätten die Na=
men ihrer Gottheiten schon lange vor Cyrill mit
Runen geschrieben. Sie mögen selbe erst im 9ten
oder 10ten Jahrhunderte den Dänen oder Schwe=
den abgeborgt haben. Unser Stranfky träum=
te sogar von einer ruthenischen (altruſſiſchen)
Schrift, die bei den heidnischen Böhmen gebräuch=
lich gewesen sey. Allein es konnte vor der Erfin=
dung des cyrillischen Alphabets, das einige ruthe=
nisch, andere bulgarisch nennen, keine ältere ru=
thenische Schrift vorhanden seyn, da die Russen erst
im 10ten Jahrhunderte flawonische Kirchenbücher
und Buchstaben kennen lernten. Die Glagoliten
in Dalmatien gaben in der ersten Hälfte des 13ten
Jahrhunderts vor, sie hätten ihre Buchstaben
(glagoli) von ihrem vermeintlichen Landsmanne,
dem Kirchenlehrer St. Hieronymus erhalten. Da=
her nannten sie auch ihre Bukvica das hierony=
mische Alphabet. Der sel. Dobner, da er als
ein gründlicher Geschichtsforscher wohl wußte, daß
zu jener Zeit an der Gränze von Pannonien und
Dalmatien, weit und breit um Stridon herum,
wo Hieronymus geboren war, noch keine Sla=
wen wohnten, wollte doch der neuern glagoliti=
schen Schrift zur Ehre eines höhern Alterthums
verhelfen. Er meinte nämlich, Cyrill, da er Er=

finder eines neuen Alphabets war, könne nicht die
sogenannten cyrillischen, weil sie augenscheinlich,
bis auf einige wenige, griechisch wären, sondern
müsse die glagolitischen Buchstaben erfunden ha=
ben. Die cyrillisch = slawonischen aber hätten die
Anhänger der griechischen Kirche, die Bulgaren,
Servier oder Russen, aus dem griechischen und
glagolitischen Alphabets zusammen gestoppelt.
Man darf aber die zwey slawonischen Alphabete
nur mit einiger Aufmerksamkeit gegen einander
halten, so wird das Grundlose dieser Hypothese
sogleich in die Augen fallen. Unverkennbar sind
die Vorzüge des ursprünglichen cyrillischen, der
ältern Sprache ganz angemessenen Alphabets vor
dem verkürzten glagolitischen, das offenbar nach
der jüngern dalmatischen Mundart gemodelt ist.
Zu geschweigen daß man kein älteres Buch mit
glagolitischer Schrift aufweisen kann, als den
Psalter, den Nicolaus von Arbe im J. 1222
abgeschrieben hat, da hingegen viel ältere Bücher
mit cyrillischer Schrift in großer Menge noch vor=
handen sind. Dieser Schrift bedienten sich von
jeher (seit 860) die Bulgaren, Servier und seit
der Taufe Wladimirs auch die Russen und alle
andere Slawen, die ihre Liturgie nach dem grie=
chischen Ritus verrichten. Erst nach 350 Jahren

verfiel ein Dalmatier auf den Gedanken, auch
für die Anhänger der lateinischen Kirche das rö=
mische Missal ins Slawonische zu übersetzen und
einzuführen. Zum Behuf der neuen Liturgie
schien es ihm rathsam, um das aus cyrillischen
Büchern Geborgte besser zu verheelen, auch neue
Buchstaben zu erkünsteln, und sie, um ihnen
leichter Eingang zu verschaffen, dem großen Kir=
chenlehrer und Bibelübersetzer Hieronymus zuzu=
schreiben. Da sich gleich anfangs mehrere Geist=
liche zu diesem patriotischen Zwecke vereinigt ha=
ben mochten, so kam auch das Brevier hinzu, in
welches sie den Psalter nach der bereits vorhande=
nen cyrillischen Uibersetzung aufnahmen, und nur
die Stellen, wo er von der Vulgata abwich,
abänderten. So verbreitete sich auch allmählich
der falsche Ruf von einer dalmatischen Bibelüber=
setzung, die den h. Hieronymus zum Urheber
habe.

Die Slawen in andern Gegenden, die aber
in ihrer Sprache viel später zu schreiben anfingen,
mußten sich mit dem lateinischen Alphabete so gut
behelfen, als sie konnten. Wenn Griechen und
Lateiner slawische Namen richtig schrieben, so ge=
lang es ihnen nur dann, wenn sie selbe gut auffaß=
ten, und für die einzelnen Laute in ihrem Alphabe=

te angemeſſene Buchſtaben fanden. Prokop ſchrieb den Namen Slowan oder Slowin σκλαβηνος, andere Byzantiner σϑλαβος. Sie trafen es hier ungefähr ſo, wie die Oeſterreicher, wenn ſie die mähriſchen oder ungriſchen Slowaken Schlawaken nennen. Den Vocal o in der Sylbe Slow haben ſie für ein a genommen. So ſchrieben ſie auch Kelagastos, Ardagastos, Piragastos, wo der ſlawiſche Mund für gast gewiß gost ſprach. K. Conſtantin ſchreibt noch im 10ten Jahrhundert ζακανα für zakon. Jordanes ſchreibt Viscla für Visla, Conſtantin aber βισλα. In der Hist misc. C. XXIV. kömmt im J. 805 der Name eines bulgariſchen Geſandten an Kaiſer Michael vor, der Dragomir hieß. Auch den Namen der böhmiſchen Herzogin Dragomir ſchrieb unſer Coſmas ſo, nach neuerer Ausſprache Drahomira. In den fränkiſchen Annalen wird der feſten Burg Dewen an der Mündung der March unter dem Namen Dovina gedacht. Da er daſelbſt durch puella erklärt wird, ſo iſt dafür Devina zu ſchreiben, weil diewina oder diewin von diewa abgeleitet dieſe Bedeutung wirklich hat. Beim Biographen des Bamberger Biſchofs Otto im 12ten Jahrhunderte heißen die heidniſchen Tempel, die an den Enden (d. i. Quartieren, Vierteln) der Stadt standen, Concinae, wobei er an das lat. continere dachte, weil er fand, daß auch andere slawische Wörter den lateinischen ähnlich seyen. Wer da weiß, daß konec im Slawischen Ende heißt, daß auch in Rußland die Städte in solche Enden (konci) eingetheilt waren, der kann keinen Augenblick anstehen, Concina wie končina zu lesen. Mich nimmt es Wunder, wie mein sel. Freund Fortunat Durich (Bibl. slau. p. 87) bei Colomezza, das er aus einem Diplom Ludwigs vom J. 832 in diesem Zusammenhange anführt: usque ad medium montem, qui apud Winidas Colomezza vocatur, an kolo, Rad, und meža, oder meza denken konnte, da die Winden in Oesterreich den Berg wohl nicht anders als cholmec (böhm. chlum, chlumec) genannt haben. Mit schwerer auszusprechenden Wörtern hatte man noch größere Noth. Dessen ungeachtet versuchten es eifrige Geistliche hier und da das Nöthigste zum Unterrichte des Volkes mit lateinischen Buchstaben zu schreiben. Dieß thaten zwey Merseburger Bischöfe, Boso vor dem J. 971, und Werner vor 1101, und der Aldenburger Priester Bruno ums Jahr 1156. Vom erstern sagt sein Nachfolger

Ditmar ausbrücklich: slavonica scripserat verba. Er lehrte die Slawen in ihrer Sprache das kyrie eleison singen, die aber darüber spotteten, weil sie es in kri olsa (d. i. w kri olsa, im Gesträuche die Erle) verbrehten. Vom Werner heißt es in der Chronik der Merseburger Bischöfe: libros schlavonicae linguae sibi fieri jussit, ut latinae linguae charactere idiomata linguae Schlavorum exprimeret. Der Priester Bruno von Albenburg hatte schon bei seiner Mission geschriebene Reden (sermones) in slawischer Sprache, wie es Helmond (Chron. Slav. l. 1. c. 83.) bezeuget. Leider aber hat sich davon aus diesen Gegenden nichts erhalten. Allein zu München war man so glücklich, in einer alten Handschrift, die Jahrhunderte lang im Stifte Freisingen aufbewahret war, drey kurze slawische Aufsätze aus dem Xten oder XIten Jahrhunderte im krainisch = windischen Dialekte zu entdecken. Hr. D. ließ eine Anzeige davon nebst einigen Proben in den neuen Lit. Anzeiger (1807 Nr. 12) einrücken. Durch Hrn. Jak. G. auf diese wichtige Entdeckung aufmerksam gemacht, wünschte ich nichts sehnlicher, als genaue Abschriften von allen drey Stücken zu erhalten. Nicht lange darnach verschaffte mir Herr Gr. Franz von St.

bequeme Gelegenheit, die Handschrift an Ort und Stelle einsehen zu können. Die Abschriften, die ich davon nahm, säumte ich nicht sprachkundigen Krainern mitzutheilen, die sich nun mit einer kunstgerechten Erklärung dieser alten Denkmahle ihrer Landessprache rühmlich beschäftigen. Wenn man dem Hagek glauben dürfte, so hätten schon die heidnischen Herzoge in Böhmen ihre Schreiber (pisak) gehabt, und Libusse hätte ihre Prophezeihungen mit slawonischen Buchstaben schon im 7ten Jahrhunderte verzeichnen lassen. Allein vor Einführung des Christenthums, d. i. vor 845 ist an keine Schreibekunst, und vor dem Cyrill, d. i. vor 860 an kein slawonisches Alphabet zu denken. Daß Cyrills Bruder der slawische Erzbischof Method zu Budeč in Böhmen, das bereits unter dem Regensburger Kirchensprengel stand, eine slawische Schule gestiftet habe, ist ein ganz neu erfundenes derbes Mährchen. Selbst in Mähren blieb Method, auch nachdem Pabst Johann VIII. dessen Rechtgläubigkeit anerkannt hatte, von dem ihm untergeordneten Bischofe Wichin nicht unangefochten. Gleich nach seinem Tode bekam Mähren lauter lateinische Bischöfe, und der slawische Ritus, dem der lateinische in Mähren und Pannonien ehedem an vielen Orten hatte wei=

chen müssen, verschwand gar bald in ganz Mähren.

Nach Hageks Erzählung brachte der Bischof Adalbert, als er von Rom nach Böhmen kam, das slawische kyrie eleison, auf Pergament geschrieben und mit Noten versehen, mit. Diesen alten Gesang mag wohl der heilige Bischof seinen Böhmen empfohlen haben, wenn er ihn gleich nicht selbst schriftlich verfaßt hat. Außer den zwey Schenkungen, die in dem Spitignewlschen Stiftungsbriefe der leitmerißer Kollegiatkirche in böhmischer Sprache vorkommen, und außer einzelnen böhmischen Wörtern, die in mehrern Urkunden des XI. XII. XIIIten Jahrhunderts anzutreffen sind, hat sich aus den frühern Zeiten bis zu uns herab nichts erhalten, als das Fragment einer gereimten Legende, das wir unten anzeigen und ganz mittheilen werden.

§. 7.

Schicksale der slawischen Liturgie in Böhmen.

Es ist gar nicht erweislich, daß in Böhmen, das seine Bekehrung deutschen Priestern zu verdanken hat, je der Gebrauch der slawischen Schrift

eingeführt war. Ich habe meine Meynung hier=
über schon in der böhm. Lit. B. 2. S. 218, in
den Abhandlungen einer Privatgesellschaft B. V.
S. 300, und in dem Literar. Magazin St. 2.
S. 52 und folg. geäußert, und mit Gründen un=
terstützt. Zwar brachte der h. Prokop um das
J. 1030 einige slawische Mönche, von welchen
er sich in der Cyrillischen Schrift und slawischen
Kirchensprache unterrichten ließ, zusammen, und
baute ihnen das bekannte Kloster zu Sazawa.
Allein bald nach dem Tode des heil. Mannes (er
starb 1053) beschuldigte man die guten Mönche,
der slawonischen Sprache wegen, einer Ketzerey
(dicentes, sagt der Mönch von Sazawa, per
sclauonicas literas haeresis secta hypo-
crisisque aperte irretitos ac omnino per-
uersos), und man brachte den Herzog Spiti=
hniew bald dahin, daß er den Abt Vitus mit den
übrigen Mönchen im J. 1055 aus dem Lande
jagte, und einen Deutschen zum Abte daselbst ein=
setzte. Wratislaw war ihnen geneigter, als sein
Bruder. Da er 1061 zur Regierung kam, ließ
er sie aus Ungern, wohin sie sich geflüchtet hat=
ten, wiederum zurückkommen. Unter seinem
Schutze blieben sie in ihrem Kloster mehr als drey=
ßig Jahre ungestört. Hätte der König Wratislaw

seine Absicht, den slawonischen Ritus, wie es
scheint, an mehrern Orten in Böhmen einzufüh-
ren, erreicht, so würde dieß auf die Cultur der
böhmischen Sprache großen Einfluß gehabt haben.
Allein der Pabst Gregor VII. war hierin uner-
bittlich. Wratislaw bekam auf seine Bitte eine
abschlägige Antwort, und mußte sichs gefallen
lassen, seine bessern Gründe mit schlechtern wider-
legt zu lesen. Quia vero Nobilitas tua,
schreibt der Pabst im J. 1080 an Wratislaw,
postulauit, quo secundum sclauonicam
linguam apud vos diuinum celebrari annu-
eremus officium, scias, nos huic petitioni
tuae nequaquam posse fauere. Ex hoc
nempe saepe volventibus liquet, non
immerito sacram scripturam omnipotenti
Deo placuisse quibusdam locis esse oc-
cultam, ne si ad liquidum cunctis pate-
ret, forte vilesceret et subiaceret des-
pectui, aut praue intellecta a mediocri-
bus in errorem induceret Neque enim
ad excusationem juuat, quod quidam re-
ligiosi viri (die Mönche zu Sazawa, denen zu
Gunsten sich Wratislaw an den Pabst gewendet
hatte,) hoc, quod simpliciter populus quae-
rit, patienter tulerunt aut incorrectum

dimiserunt, cum primitiua ecclesia multa dissimulauerit, quae a sanctis Patribus postmodum, firmata christianitate & religione crescente, subtili examinatione correcta sunt. Unde ne fiat, quod a vestris imprudenter exposcitur, auctoritate beati Petri inhibemus, teque ad honorem omnipotentis Dei huic vanae temeritati viribus totis resistere praecipimus. Wratiſlaw ſchützte zwar die Mönche zu Saʒawa, ſo lange er lebte. Allein der Wunſch des Volkes, eine ſlawoniſche Meſſe auch ferner und an andern Orten hören zu dürfen, konnte nicht erfüllt werden, weil ihn der Pabſt für unvernünftig und der Böhmen Begehren für eine Verwegenheit erklärte. Da nun die ganʒe Geiſtlichkeit den Grundſätʒen ihres Oberhauptes getreu blieb, ſo war es eher zu erwarten, daß ſie den Herʒog Břetiſlaw zur Vertreibung dieſer Mönche, um das Aergerniß ganʒ zu heben, bereden würden, als daß ſie dem Verlangen der Laien nachgegeben hätten. So geſchah es auch. Břetiſlaw vertrieb die ſlawiſchen Mönche abermal, und ernannte den Břewniower Probſt Diethard zum Abte, der das Kloſter mit lateiniſchen Büchern verſah, indem er nur ſlawoniſche vorgefunden hatte, die

D

aber nach und nach gänzlich zerstreuet und vertil=
get wurden. Eine so schöne Anstalt unterlag also
dem Neide der lateinischen Klerisey. Kosmas der
Geschichtschreiber, der damals lebte, verräth seine
Abneigung nicht nur gegen den König Wratislaw,
sondern auch gegen die slawischen Mönche und ihre
Liturgie auf eine besondere Art. Im ersten Bu=
che, wo er die Stiftung des prager Bisthums er=
zählt, concipirte er einen Brief, den die Prinzes=
sin Mlada vom Pabste Johann XIII. an ihren
Bruder Boleslaw überbracht haben soll. Da
setzt er denn ausdrücklich zu der ertheilten Bestä=
tigung des Bisthums die Bedingung hinzu: ve=
rum tamen non secundum ritus Bulgaricae
gentis vel Ruziae aut Sclauonicae lin=
guae, sed magis sequens instituta et de=
creta apostolica. Er legt hier schon dem
Pabste Johann XIII. in den Mund, was erst
zu seiner Zeit im J. 1080 Gregor VII. dem
Wratislaw verboten hatte. Denn um das Jahr
970 wäre so eine Klausel ganz unnöthig gewesen,
da die Böhmen den slawonischen Ritus in ihrem
Lande nicht hatten. Auch hätte Johann XIII
der Russen, deren Großfürst damals noch nicht
getauft war, nicht erwähnen können.

Wohl hätte die lateinische Klerisey, die dem
Volke doch wenigstens die Evangelien in der Volks=
sprache erklären mußte, von den slawonischen Bü=
chern, worin die Uibersetzung der Evangelien und
Episteln zu finden war, sehr guten Gebrauch ma=
chen können. Allein es zeigt sich nirgends eine
Spur, daß sie es wirklich gethan hätten. Es
scheint vielmehr, daß in den frühern Zeiten jeder
Geistliche nach seiner Fähigkeit die lateinischen
Evangelien seines Missals, so gut er konnte, aus
dem Stegreife übersetzt und so dem Volke vorge=
tragen habe.

Wenn D o b n e r das Alter der böhmischen
Bibelübersetzung über das XIIIte Jahrhundert
hinauf setzen will, so gehören dazu viel stärkere
Gründe, als bloße Vermuthungen. Wer kann,
frägt Dobner, so leicht hier glauben, daß dieses
so nothwendige und heilsame Werk in so späte Zei=
ten habe verschoben werden können, da wir lange
vorher durch mehrere Jahrhunderte schon eine un=
zählige Menge von der weltlichen Klerisey hatten?
Antwort: jeder, der da weiß, wie die lateinische
Klerisey damals und noch später über diesen Punct
dachte.

Karl IV. stiftete ebenfalls für slawonische
Benedictiner im Jahre 1347 ein Kloster zu Eh=

D 2

ren des heil. Hieronymus, Cyrill und Method ꝛc.
auf der Neustadt Prag, Emaus genannt. Sie
flüchteten sich aus Kroatien und suchten Schutz bei
Karln. Dieser nahm sie gnädig auf, und bat
beym Pabste Klemens VI. um Erlaubniß, ihnen
ein Kloster erbauen zu dürfen. Der Pabst erlaub=
te es, und so wurden die Mönche in ihr Kloster
eingeführt, wo sie ihre Messen und horas sla=
wonisch sangen. Daher die Benennung w ſlowa=
nech, im Kloster der Slawen. Karl hatte hier=
über ein großes Vergnügen, so daß er ihnen von
Zeit zu Zeit neue Schenkungen machte. Er war
ganz entzückt, einem Heiligen von slawischer Ab=
kunft (wie man ihn überredete,) in seinem König=
reiche ein Ehrenmahl errichtet zu haben : Ob reue-
rentiam et honorem, sind die Worte des
Stiftungsbriefes, gloriosissimi Confessoris
Beati Jeronymi Strydoniensis, Doctoris
egregii et translatoris interpretisque exi-
mii sacrae scripturae de hebraica in lati-
nam et slauonicam linguas, de qua siqui-
dem slauonica nostri regni Boemiae idio-
masumsit exordium primordialiter et pro-
cessit. Und ferner: vt ipse in dicto regno
velut inter gentem suam et patriam per-
petuo reddatur gloriosus. In einem Schen=

kungsbriefe vom J. 1349 heißt es, er müße vor=
züglich auf jene Bedacht nehmen, die mit ihm
durch das sanfte Band der Muttersprache enger
verbunden wären (qui nobis natalis linguae
dulci et suaui mansuetudine connectun-
tur). In einem andern vom J. 1352 sagt er
sogar, daß durch die Gegenwart dieser Glagoli=
ten selbst die böhmische Sprache an Glanz gewin=
ne, (conspicimus et boemicae nostrae lin-
guae decores amplioris claritatis honori-
bus decorari), in wiefern nämlich die Böhmen
an dem Vorzuge und der Ehre, in slawonischer
Sprache Meße lesen und hören zu dürfen, Theil
nehmen konnten. Ferner wies Karl im J. 1356
dem Schreiber Johann, der die nöthigen litur=
gischen Bücher (libros legendarum et cantus
nobilis linguae slauonicae) für die Mönche
schrieb, einen jährlichen Gehalt an. Er wohnte
auch im J. 1372 in Gesellschaft vieler Fürsten
und Bischöfe der feyerlichen Einweihung dieses
Klosters bey.

Allein, so vielen Antheil auch die Böhmen
an dieser Anstalt nehmen mochten, so leicht sie
sich (selbst den Johann Huß nicht ausgenom=
men) bereden ließen, den heil. Hieronymus für
ihren Landsmann und für den Erfinder der gla=

golitiſchen Schrift und für den Uiberſetzer der ſla=
woniſchen Bibel zu halten; ſo wenig Gebrauch
konnten und wollten ſie von den glagolitiſchen Let=
tern und den liturgiſchen Büchern machen. Denn
ſie hatten bereits ſeit hundert Jahren mit latei=
niſchen Lettern in ihrer Landesſprache geſchriebene
Bücher mancherley Inhalts, ſogar einige bibliſche
Bücher; ihre Sprache hatte auch ſchon einen ge=
wiſſen Grad von Cultur erreicht, daß ſie nicht
mehr nöthig hatten aus ſlavoniſchen Büchern ih=
re Literatur zu ſchöpfen. Ich habe die böhmi=
ſche Uiberſetzung jener Zeit in ſehr vielen Stellen
mit der ſlawoniſchen Kirchenverſion der Ruſſen
und Glagoliten fleißig verglichen, und nicht die
geringſte Spur davon entdecken können, daß die
Böhmen ihre Uiberſetzung daraus gemacht, oder
verbeſſert, oder wenigſtens einige paſſendere Aus=
drücke daraus entlehnt hätten.

So leicht es auch geweſen wäre, die bibli=
ſchen Bücher der alten ſlawoniſchen Uiberſetzung
ins Böhmiſche umzuſchmelzen, ſo wollten die
Böhmen doch lieber ihre eigene älte Verſion nur
nach der allgemein angenommenen lateiniſchen Vul=
gata, aus welcher ſie urſprünglich gefloſſen war,
nach und nach auch bei ſpätern Recenſionen ver=
beſſern. Ich kann nicht umhin, hier Alters

Behauptungen (Uiber Georg. Literatur S. 285)
zu rügen. Seine Sätze sind: „Die erften böh=
mifchen Uiberfetzer der Bibel haben höchſt wahr=
fcheinlich aus der flawifchen Kirchenüberfetzung,
die fie aus glagolitifchen Handfchriften der Miſſa=
len, Brevieren, Pfalter kennen konnten, fehr
bei ihrer Arbeit fich beholfen. — Später ift diefe
erfte böhmifche Uiberfetzung nach der Vulgata
freylich überarbei et worden, und zwar fo über=
arbeitet, daß man faft allgemein die Vulgata für
die Quelle anfieht, aus der die böhmifche Uiber=
fetzung gefloffen ift." Ferner: „Die böhmifchen
Kalender find nicht nach dem Lateinifchen ge=
macht worden; fie erkennen ein glagolitifches Mu=
fter." Unmöglich kann mein fel. Freund die alte
böhmifche Uiberfetzung mit den biblifchen Stücken,
die die Glagoliten in ihren Büchern lefen, auf=
merkfam verglichen haben. Worauf foll fich wohl
feine Behauptung gründen? Etwa auf den Zu=
fatz 1 Kor. X, 17: a gednoho kalicha, et
de vno calice?

Alter meinte, (S. 98) da die Vulgata
lieſt: de uno pane participamus, ohne diefen
Zufatz, fo hätten die Böhmen diefes nicht aus der
Vulgata nehmen können. Allein aus den cyril=
lifchen und glagolitifchen Büchern konnten fie die=

fen Zufag ebenfalls nicht nehmen, da er auch da
nicht zu lefen ift. Man vergleiche nur die aus
einer flawifchen Handfchrift und aus der Oftro=
ger Bibel (S. 271) angeführten Terte. Wuß=
te denn Alter nicht, daß gerade lateinifche Hand=
fchriften den Zufag: et de uno calice, häu=
fig lefen? Und er fcheint es felbft eingeftehen zu
wollen, da er S. 271 meinen Auffag über den
erften Tert der böhmifchen Bibelüberfegung und
Ungar's allgem. böhm. Literatur (der Bibeln)
citiret, in welchen Schriften gerade das Gegen=
theil von dem, was er vermuthete, gefagt wird.
Aus der Aehnlichkeit der alten böhmifchen Kalen=
der mit dem glagolitifchen hätte Alter nicht
fchließen follen, lezterer fey das Mufter der er=
ftern gewefen. Beide floffen aus einer Quelle,
dem lateinifchen Kirchenkalender, und beide find
von einander ganz unabhängig, fo wie die böh=
mifche Bibelüberfegung von der flawonifchen gar
nichts geborgt hat, als etwa den 151ten Pfalm,
der in derjenigen Handfchrift der böhmifchen Bi=
bel vom J. 1416 gefunden wird, die von den
Brüdern des flawifchen Klofters in Emaus her=
rühret.

Die alten Kroaten ftarben nach und nach
aus, und man nahm geborne Böhmen ins Klo=

ſter auf. Dieſe ſchrieben aus Mangel einer gan=
zen ſlawoniſchen Bibel die vorhandene böhmiſche
(gut gemerkt b ö h m i ſ ch e, nicht ſ l a w o n i ſ ch e)
Bibelüberſetzung mit glagolitiſchen Buchſtaben ab,
wovon unten ein Band angezeigt werden ſoll.
Später, denn ſie traten zur Partey der Utra=
quiſten über, haben ſie den ſlawoniſchen Gottes=
dienſt mit dem lateiniſchen und was die Geſänge
betrifft, mit dem böhmiſchen vertauſcht.

Von ihren ſlawoniſchen Schriften kann ich
nur weniges anführen:

1. Ein Azbukividarium (Azbukownak)
oder Alphabetum S k a u o r u m, auf ei=
nem Pergamen in dem großen Buche zu Stock=
holm, das aus Böhmen dahin kam. Dieß
Alphabet ließ Abt D i w i ß (von Břewniow)
aufſetzen. Da er 1409 ſtarb, ſo mag es um
das J. 1400 geſchrieben ſeyn. Die Züge der
glagolitiſchen Buchſtaben ſind nicht ſo ſchön, als
in der Bibel. Die Namen der Buchſtaben,
denen auch ihr Zahlenwerth beigeſetzt iſt, ſind
nach damaliger böhmiſcher Orthographie ſo ge=
ſchrieben: Az, buky, widi, glagole, do=
tro, geſt, zzywnte, zela, zemla, yzze, i,
ge, kako, ludy, myſlyte (und noch einmal
myſlyte über einer zweyten Figur), naſſ, on,

pokoy, rezy, ſlowo, trdo (anſtatt twrdo)
uet (für uk), frt, chyr, ot, ſſtya, ci, czrw,
ſſa, ger, yat, yus. Bei ger ſteht neben der
Figur zur Erklärung titl, neben yat ya, bei
yus yu. Schwerlich wird man irgendwo ein
älteres glagolitiſches Alphabet finden. Das Al-
phabetum rutenum auf einem kleinern Stücke
Pergamen iſt ohne Erklärung, und die Schrift=
züge ſind viel ſchlechter.

2. Ein Fragment von 2 Pergamenblättern aus
einem Miſſal. S. meine Glagolitica S. 54
und 78, nebſt der Schriftprobe auf dem Titel=
kupfer.

Wo mögen wohl die ſlawoniſchen Bücher hin=
gekommen ſeyn, die noch in der erſten und zwey=
ten Hälfte des 16ten Jahrhunderts, auch wohl
noch ſpäter daſelbſt vorhanden waren. Bohuſlaw
Bilegowſky, ein utraquiſtiſcher Prieſter, ſagt in
ſeiner böhmiſchen Chronik von der Beſchaffenheit
des chriſtlichen Glaubens der drey Parteyen (Nürn=
berg 1537), Kaiſer Karl habe ihnen auch Bü=
cher mit ſlawoniſchen Buchſtaben verſchafft, und
nennet die Bibel, den Pſalter, Miſſale und Ge=
ſangbücher ausdrücklich, wie ſie ſelbe noch zu ſei=
ner Zeit hätten. Zgednal y knihy literami ſlo=
wanſkými pſané, biblij, žaltáře, mſſaly, a gi=

né k zpjwánij, gakož pobneß ge magij. Unter
der Bibel kann er freylich nur einige einzelne
biblische Bücher, oder die mit glagolitischen Buch=
staben geschriebene böhmische Bibel verstanden ha=
ben. Auch Lupacius bezeuget, daß das Kloster
noch 1584 mit slawonischen Büchern versehen
war, wiewohl sie den Gottesdienst nicht mehr in
slawonischer Sprache hielten. Eodem Slavi,
sagt er beim 29. März, sunt a Caesare in-
troducti, qui Slavonica lingua sacrum
concelebrabant. Extantque etiamnum
hodie ibidem libri hoc ipso idiomate con-
scripti etc. Dasselbe versichert auch Paproc=
ky in seinem Diadocho Th. 2. S. 363, wo
er einige Zeilen daraus, in Holz geschnitten, an=
führet. Die Wörter sind böhmisch, die Buchsta=
ben glagolitisch. Allmählich gewöhnten sich also
die kroatischen Mönche an die böhmische Sprache,
weil sie nach der Hand auch geborne Böhmen auf=
nahmen. So scheint auch das Mstum pictu-
ratum, aus welchem Dobner die Abbildun=
gen der ersten Herzoge entlehnte, das Werk eines
Bruders aus diesem Kloster zu seyn, weil die
Namen der Herzoge mit glagolitischen Buchsta=
ben darunter stehen. Selbst Balbin will noch
in diesem Kloster glagolitische Schrift als Knabe

gesehen und gelesen haben. Quales literarum notas in coenobio Slavorum Pragae pueri quondam legebamus, sagt er in seiner Epit. hist. S. 77, woran man fast zweifeln sollte. Im heutigen Kloster, in welches Ferdinand II. die Benedictiner von Montserat im J. 1624 einführte, ist von slaw. Denkmahlen nichts mehr übrig, als ein altes Copiarium lateinischer und böhmischer Urkunden, in welchem S. 90 die Worte Hleday wedcskach zemsstich theils mit böhmischen, theils mit glagolitischen; die Worte aber Tuhan pro Čachowic blos mit glagolitischen Lettern, das h ausgenommen, welches böhmisch ist, geschrieben sind. S. meine Abh. über das Alter der böhm. Bibelübersetzung im 5ten B. der Abhandl. einer Privatgesell. S. 312 und die dazu gehörige Kupfertafel.

Die Bekanntschaft der Böhmen mit diesen slawischen Mönchen war für sie nicht ganz ohne Nutzen. Magister Huß ward durch die Benennungen ihres Alphabets auf den Gedanken geleitet, auch den Buchstaben des lateinisch = böhmischen A B C nicht gerade dieselben, aber doch ähnliche Namen zu geben. Er verband die einzelnen Wörter zu einem belehrenden Satze: A= bude . cele čeledi dano u. s. w. Weß=

halb es ein catechetisches Alphabet heißen kann.
S. unten seine Schriften.

Durch das Beispiel dieser Mönche sind die
Böhmen aufgemuntert worden, die Liturgie in
böhmischer Sprache, wenigstens zum Theile, ein-
zuführen. Sie verachteten geradezu die lateinische
nicht, allein ein großer Theil der utraquistischen
Böhmen glaubte, der Gottesdienst, wo das Volk
den Priester verstünde, müsse erbaulicher seyn,
als derjenige, wo dieser von dem größten Theile
der Zuhörer nicht verstanden würde. Sie brach-
ten ihr Verlangen mit einer Art von Zutrauen
und Freymüthigkeit dem Kirchenrath zu Basel
1437 vor, (quatenus vestrae paternita-
tes dignentur permittere ad minus Evan-
gelia, Epistolas et symbolum in vulgari
in Missis et ecclesiis eorum populo ad ex-
citandam devotionem libertari, legi et
decantari); und unterstützten ihre Bitte damit,
daß es ja von der Kirche schon ehedem erlaubt
worden wäre, selbst in Böhmen in der slawischen
Sprache Messe zu lesen; (nam in nostro lin-
guagio sclavico ex indultu ecclesiae olim
ab antiquo in vulgari suo exercetur), in
Dalmatien, Kroatien, (etiam in regno no-
stro) bei den Slawen in Emaus.

Auch unsere Philologen wußten von der Kenntniß der slawonischen Sprache guten Gebrauch in Erklärung veralteter, oder dunkler böhmischer Wörter zu machen, davon ich zwey Beispiele nennen kann. Eins vom Jahre 1397, in welchem Johann von Holeschau, ein Břewniower Benedictiner, seinen Kommentar über das bekannte böhmische Lied des h. Adalberts zu Ende brachte; das zweyte vom J. 1587, in welchem Matthäus Philonomus, der dem Kloster in Emaus kurze Zeit als Abt vorstand, ein kleines etymologisches Werkchen zu Prag in 8. unter dem Titel herausgab: Knjžka slow česťých wyloženýych, obkuď swůg počátek magj, totiž gaký gegich gest rozum, d. i. Erklärung böhmischer Wörter, woher sie ihren Ursprung, und was sie für einen Sinn haben. Ersterer führt aus der Messe der Slawen in Emaus die Worte an: aganczze bozy wzemle grechi mira, day nam mir, d. i. agnus Dei, qui tollis peccata mundi, da nobis pacem, um zu beweisen, daß mir auch Welt bedeute. Für vzemle richtiger vzemlej (tollens) lesen die neuern Glagoliten in ihrem Missal ki wzemleš, qui tollis.

Philonomus beruft sich oft auf die slawonische Uiberseßung mancher biblischen Stellen,

wie er sie in den glagolitischen Büchern zu sei=
ner Zeit noch lesen konnte, und fügt noch am
Ende seines sehr seltnen und schätzbaren Werkchens
7 Psalmen aus einem slawonischen Psalter bei,
die er mit böhmischen Lettern abdrucken ließ. Der
sel. Dobner, der der böhmischen Bibelüberse=
tzung ein unglaublich hohes Alter beilegen wollte,
hielt diese Psalmen, aus zu geringer Kenntniß
beider Sprachen, für böhmisch, und gründete seine
Behauptung von dem Ursprunge der böhmischen
Uibersetzung aus der slawonischen darauf. Allein
slawonische Psalmen, mit böhmischen Lettern abge=
druckt, bleiben noch immer slawonisch, und dürfen
mit den böhmischen nicht vermengt werden.

Der Einfluß der altslawonischen Kirchensprache
auf die Kultur der böhmischen war also ganz unbe=
trächtlich, oder besser zu sagen, der Gebrauch der sla=
wischen Sprache und Schriftarten (die zwey Klöster
ausgenommen) war den alten Böhmen so unbe=
kannt, daß sie beim Gottesdienste, auf Münzen,
in Urkunden sich nie einer andern Sprache und
Schrift als der lateinischen bedient haben, bis sie
endlich anfingen, ihre Landessprache, deren Ge=
schichte wir nun verfolgen wollen, dazu zu ge=
brauchen.

§. 8.

Perioden der Kultur der böhmischen Sprache.

Der ganze Zeitraum der Geschichte der böh=
mischen Sprache zerfällt in sechs Abschnitte. 1.
Von der Einwanderung der Czechen bis auf ihre
Bekehrung zum Christenthum. 2. Von der Ver=
breitung des Christenthums bis auf den König
Johann. 3. Von diesem bis auf Hussen oder
K. Wenzels Tod. 4. Vom Anfange des Hussi=
tenkrieges bis auf die Verbreitung der Buchdru=
ckerkunst in Böhmen, oder bis auf Ferdinand I.
5. Von dieser Zeit an bis auf die Schlacht am
weißen Berge 1620. 6. Von der Vertreibung
der Nichtkatholischen bis auf unsere Zeiten.

Erste Periode.

(J. 550 — 845)

Wenn sich gleich in allen slawischen Dialek=
ten Spuren einer viel frühern, freylich nur an=
fänglichen Kultur der ganzen Nation in ihren al=
ten Wohnsitzen finden lassen, so war doch der
ganze Umfang ihrer Begriffe und Kenntnisse nicht
sehr beträchtlich, und ihre Sprache mußte daher
auch ihren Begriffen angemessen seyn. Etwa seit

550 hob sich derjenige Stamm der 2ten Ordnung, zu welchem die Slowaken, Mähren und Böhmen gehören, aus ihren Sitzen an der Weichsel und bezog die Slowakey (Slowansko), d. i. die Gegenden am Gran und Wag, das Land an der March (Morawa), und Böhmen, von den neuen Ankömmlingen Čechi, čcská zemie genannt. Uiber den Namen Čech habe ich eine eigene Abhandlung geschrieben, die Pelzel der 3ten Ausgabe seiner Geschichte von Böhmen im J. 1782 vorgesetzt hat. Ich billige noch immer die Ableitung des Namens čech, von četi (jetzt počjti, načjti, zaćjti), anheben, anfangen. Da die Böhmen am weitesten vordrangen, so konnten sie mit Recht von den an der March und in Schlesien zurückgebliebenen die e r s t e n und v o r d e r n genannt werden, wenn sie diesen Namen nicht etwa doch von einem Stammvater erhalten, und schon viel früher geführt haben. Nebst diesem ächt slawischen Namen kommt noch in auswärtigen Annalen der Name eines böhmischen Heerführers Lecho vor, der im J. 805 in einer Schlacht blieb. Lech war zu Dalemils Zeiten noch immer ein Appellativ, das er für einen freyen, edlen, tapfern Mann gebraucht davon auch die Polen Lechen heißen, beim Nestor

E

liach, daher das Adjektiv liacky̆, lechisch, d.
i. polnisch. Bei der Gelegenheit, als Karls des
großen Heere tiefer ins Land einbrangen, beka=
men die westlichen Slawen einen Begriff von ei=
nem mächtigen Könige, den sie ehedem nicht zu
nennen wußten, und nannten von Karl einen
deutschen König Král, so wie die Deutschen ihr
Kaiser von Caesar entlehnten.

Wenn man die Veränderung der tiefern Vo=
cale in höhere, die Diphthonge ey anstatt ý,
und au anstatt ú, die Aussprache des glagol
wie h, des feinern r wie rz und ähnliche Klei=
nigkeiten abrechnet, so war die böhmische Spra=
che, ihrem Bau und wesentlichen Eigenschaften
nach, schon damals die heutige. Wodurch sie als
Sprache der 2ten Ordnung von den Mundarten
der 1sten Ordnung unterschieden war, ist §. 4. 5.
angegeben worden. Dazu kann man noch ver=
schiedene Formen rechnen, als ten für t, toj,
ptak anstatt ptica, Vogel, studna, studnie
für studenec, Brunn; ferner die Wörter hwiez-
da für zwiezda, Stern; kwetu, kwiet
für cwietu, cwiet, blühen, Blüthe. Selbst
einige Wurzeln mögen die Böhmen schon damals
nicht mehr gekannt haben, daher prawice für
das ältere desnica, lewice für šuica, pul-

noc für siewer. Wie sehr, oder wie wenig
das Böhmische von dem Polnischen schon damals
abwich, ist schwer zu bestimmen; doch scheint die
Einschaltung des t zwischen s und r uralt zu seyn:
straka für sraka, polnisch sroka. Der Böh=
me spricht weyce (ehedem wayce), der Pole jaje,
im Plur. jayka, jayca. In andern Stücken
weicht vielmehr der Pole, als der Böhme, von an=
dern Mundarten ab.

Aus dieser Periode kennen wir nur noch die
eigenen Namen der Berge und Flüsse, Städte und
Schlösser, der ersten heidnischen Herzoge, wie sie
uns Cosmas im 1ten Buche seiner Chronik aus
der Sagenwelt aufbewahrt hat. Dergleichen sind
die Flüsse und Bäche: Labe die Elbe, Ogra die
Eger, Wltaua die Moldau, Msa (d. i. mža)
die Mies, Belina die Biela, Bruznica die
Bruska im Hirschgraben. Zwar sind die Namen
der drey ersten Flüsse ursprünglich deutsch, allein
die Böhmen gaben ihnen eine slawische Form.
So nannte man die March, Maraha, im Sla=
wischen Morawa.

Die Berge: Rip (d. i. rzip) der Georgen=
berg, Ofseca, Ofsiek, Meduez, von med-
wied, Bär; Pripek, Petrin, mons nimis
petrosus, sagt Cosmas: qui a petris dicitur

Petrin. Unmöglich kann der heutige Lorenzen-
berg von einem lateinischen Worte seine Benen-
nung damals erhalten haben. Sie scheint viel-
mehr neuer zu seyn, wo man schon den Namen
Petr kannte. Die Länder-, Städte-, Völkerna-
men: Luca, latine pratum, eine Gegend des
heutigen sazer Kreises, daher die Einwohner da-
selbst Luczane hießen. Zribia hat eine latei-
nische Form, weil Cosmas lateinisch schrieb, und
muß wohl srbsko das Serbenland geheißen ha-
ben; zribin ein Serbe ist wieder der Form nach
slawisch, nur muß die Sylbe zrib wie srb gele-
sen werden. Turzko der eigene Name eines Ge-
fildes, von Tur. Praga, jetzt Praha, die
Hauptstadt, von prah, ehedem prag, Schwelle.
Libufsin, eine Stadt, die Libufsa erbaute.
Dewin (diewin), cui a virginali vocabu-
lo inditum est nomen, sagt Cosmas. Zur
Erläuterung dient eine Stelle aus den fränkischen
Annalen, wo auf das J. 864 erzählt wird, Kö-
nig Ludwig habe den mährischen Herzog Rasti-
cen in einer Stadt belagert, welche Deuina
hieß, quae lingua gentis illius Douina (lies
Deuina), id est, puella dicitur. Leuigra-
dec, eine kleine Burg am linken Ufer der Mol-
dau. Dragus, eine alte Stadt in der Gegend

von Poſtelberg. Hurasten, die alte Benen‍nung von Wiſsegrad, ab arbustis traxerat nomen. Wirklich wird für chrast im altſla‍woniſchen chwrast geſchrieben. Tethin, The‍tin, ein Schloß, das Teta erbaute. Stadici, ein Dorf, jetzt stadice im Plural. Die Perſo‍nen-Namen: Croh, Crocco, deſſen drey Töch‍ter: Kazi (eine alte weibliche Form, wie mati, dci), Tetha (auch Tetka), Lubuſsa, wor‍aus Libuſſe geworden iſt, von dem Stammworte lubiti, liubiti, liuby, mit der weiblichen Bil‍dungsſylbe uſa. Die prager Herzoge: Premizl, Nezamizl, Mnata, Voyn (Vogin, Vo‍gen), Vnizlau (Unezlau), Crezomizl, Neclan, Goztiuit, und endlich der Herzog der Luczanen, und zugleich die von ihm ſo genannte Stadt Wlastizlau. Daß man im 12ten Jahr‍hunderte die Bedeutung von une, unij, nicht mehr wußte, ſchließe ich aus der in der Dresdner und Wiener Handſchrift vorgenommenen Verän‍derung des Namens Unezlau in Vitozlau, der dem alten Abſchreiber verſtändlicher ſeyn mußte. Une heißt im altſlaw. melius, beſſer, und unij, der beſſere, daher iſt Uneslaw ſo viel als der beſſere Ruhm. Boriwoy, als der erſte chriſtliche Her‍zog, macht nun den Uibergang zur zweyten Periode.

§. 9.

Zweyte Periode.

(J. 845 — 1310.)

Schon im Jahre 845 ließen sich vierzehn
böhmische Fürsten taufen, deren Namen wir nicht
wissen. Doch kommen auf das J. 872 in den
Fuldner Annalen 5 Fürsten (duces) mit ihren Na=
men vor, nämlich Zwentislaw, Witislaw, He=
riman, Spoitiman, Moyslaw, worunter vier
unstreitig slawisch sind, und etwa nur Spoitiman
einer Berichtigung bedarf. Man lese Spitimir.
Für Zwentislaw möchte ich Swatoslaw se=
tzen, weil es kaum glaublich ist, daß die Böh=
men sollten swenty für swaty gesprochen ha=
ben. Mit dem Herzog Boŕiwoy kam die christ=
liche Religion auf den Thron. Seine kurze Re=
gierung nach seiner Taufe machte, daß er für das
Christenthum weniger thun konnte, als sein Sohn
Spitihniew that, den die ältesten Legenden vom
heil. Wenzel als den Urheber und ersten Beförde=
rer der christlichen Religion in Böhmen rühmen.
Die nach dem Tode Swatopluks in Mähren ent=
standenen Unruhen veranlaßten den Herzog Spiti=
hniew, im J. 895 mit dem deutschen Reiche in ge=
nauere Verbindung zu treten, und so erhielt Böh=

men seine ersten christlichen Lehrer aus Deutschland.
Die ersten Kirchen wurden in Burgen oder Ka=
stellen gebauet; man denke hier an die zu Hrabetz
von Bořiwoy erbaute Kirche des heil. Clemens,
daher der böhmische Name Kostel, Kirche.

Der heil. Wenzel ward von einem Priester
zu Budeč, unweit Prag, wo Spitihniew eine Kir-
che erbauet hatte, in der lateinischen Sprache un=
terrichtet. Da er zur Regierung kam, ließ er
aus Sachsen, Schwaben und Bayern Priester
nach Prag kommen. Diese, weil sie Deutsche wa=
ren, und den Gottesdienst in lateinischer Sprache
verrichteten, machten die Böhmen mit zwey Mit=
teln bekannt, ihre noch arme Sprache mit neuen
Ausdrücken für neue Begriffe zu bereichern. Man
nahm von nun an fremde Wörter auf, dergleichen
biskup, oltář, křjž, papež, kláffter, kůr, mffe,
ornát, kapsa, komže, křeft, mnich, geptiffka,
birmowati, orobowati und mehrere andere sind.
So entstand das Wort cyrkew aus Kirche, das
aber südlichen Slawen schon eher bekannt seyn
mochte. Man bildete auch nach dem Muster der
lateinischen und deutschen Sprache neue Wörter
aus böhmischen Wurzeln. So entstanden byt,
bytnoft essentia, swátoft sacramentum, tro=
gice trinitas, očiftec purgatorium, požřetebl=

noſt prouidentia, pobezřelý suspectus, dworn̄ý curiosus, (man dachte hier an curia, dwůr), zlořečiti maledicere, předſewzetj propoſitum, Vorſatz, dobrodinj beneſicium, maſopuſt carnis privium, wſſemohaucý omnipotens, miloſrdný misericors, malomyſlný pusillanimis, kleinmüthig, bezbožný gottlos, bohabogný gottesfürchtig, dobrowelnē freywillig, twrdoſſigný hartnäckig, okamženj Augenblick, wſſeobecný allgemein u. ſ. f. Manche andere Wörter, die ſchon vorhanden waren, bekamen durch Uibertragung auf einen andern Gegenſtand neue Bedeutungen: Knēz ehedem ein Fürſt, Herr, dann ein Prieſter, neben welchem ſich das alte P o p noch lange erhielt. Kázati, ſa g e n, dann auch p r e d i g e n. Páſti, weiden, spasti, böhm. ſpaſyti saluare.

Im 9ten Jahrhunderte mußten die chriſtlichen Böhmen ſchon mit den Benennungen der Wochentage bekannt werden: neděle, pondělj, auch pondělek, vterý und vterek, ſtředa, čtwrtek, pátek, ſobota. Da die ſüdlichen Slawen eher getaufet worden, ſo verbreiteten ſich dieſe Benennungen von dort aus oſt = und weſtwärts, daher die auffallende Uibereinſtimmung. Den Sonntag, als den Ruhetag, an dem ſie nicht arbeiten ſollten,

nannten die Missionäre nediela, den Montag
den Tag nach dem Sonntage, ponedieli, ver=
kürzt, pondělj, den Dienstag den zweyten, von
wtory, böhm. uterý, die Mittwoche středa, in
andern Mundarten sreda, d. i. die Mitte, den
Donnerstag den vierten, von čtwrtý, den Frey=
tag den fünften, von pátý, den Sonnabend oder
Samstag sobota von Sabbatum. Die Sla=
wen hätten also in Görres Mythengeschichte der
asiatischen Welt (S. 23 in der Note) nicht den
Völkerschaften, die die Wochentage nach den sie=
ben Planeten benennen, beygezählet werden sollen.
Die Benennung und Eintheilung derselben bey
den Slawen ist offenbar christlichen Ursprungs.

Zweifelhaft ist es, ob auch die slawischen
Benennungen der Monate: leden, vnor, březen,
duben, u. s. w. so alt seyn mögen. Daß aber
die Geistlichen in jedem slawischen Lande beflissen
waren, dem gemeinen Volke das Vaterunser in
einer verständlichen Uibersetzung vorzubethen, dar=
an ist doch nicht zu zweifeln. Wir können zwar
keine Formel aus dem 9ten oder 10ten Jahrhun=
derte vorlegen; da aber zu vermuthen ist, daß
man damit keine beträchtlichen Veränderungen vor
dem 14ten Jahrhunderte vorgenommen, so will
ich die älteste Formel, die ich in Handschriften fand,

mit einigen Varianten hieher setzen und sie mit der altslawonischen vergleichen.

Otcze naſſ genz gſy nanebeſyech a).

1. oswyet se gmye twe.
2. przyd kralowstwo twe.
3. bud wola twa yako wneby takez wzemy.
4. chleb naſſ wezzdayſſy day nam dnes.
5. a otpuſt nam dluhy naſſye yako y my otpuſſtiemy swym dluznykom,
6. a neuwod nas wpokuſſenye
7. ale zbaw ny otezleho Amen.

Varianten.

a) wnebeſyech, in caelis.
1) twee gmie, dein Name.
2) twe kralowstwye, dein Reich.
3) twa wuole, dein Wille.
   nanebi y nazemi. Verkehrt: wzemy y naneby.
5) wyny, wynnykom für dluhy, dluznykom iſt neuer.
   odpuſſcziemy, ſſcz iſt älter als ſt; odpuſtyeme iſt neuer.

dluznykom naſsiem, debitoribus nostris,
für swym dl. unſern Schuldigern.

6) neuwody, der alte Imperativ mit i, hier
mit y, daher der verkürzte n e v w o ß.

7) wiswuobod nas, in der Dresdner Bibel,
ein neuerer Verſuch, für zbaw ny, mit
dem alten Accuſativ ny für nas.

Man ſetze priidi für przid, budi für bud,
otpusti für otpust, dlgy, dlžnikom für dlu-
hy, dlužnikom, neuwodi, für neuwod,
zbawi oder izbawi für zbaw, zlego für
zleho, ſo erhält man die Formel der frühern
Jahrhunderte. Sie erkennt zwar die lateiniſche
für ihr Original, aber doch mit Rückſicht auf
deutſche Uiberſetzungen. Von der altſlawiſchen
(cyrilliſchen) Uiberſetzung, die aus dem Griechi=
ſchen gefloſſen iſt, weicht ſie in mehrern Ausdrü=
cken ab. Dieſe hat carstwie für kralow-
stwie, nasuščstwnyj für weždajši, osta-
wi, ostawlajem für otpust, otpuštiemy,
napast für pokušenie, ot lukawago für
ot zleho. Geringere Abweichungen ſind die Op=
tative in der 3ten Perſon da swiatitsia, da
priidet, da budet für die Imperative oswieť,
przič, buď, ferner die Form iže für jenž
w wedi von wedu für uwoď von wodili,

i für a in der 5ten und 6ten Bitte, wiewohl zwey alte Handschriften auch y vor neuwod anstatt a lesen; no (n·) für ale. Da die südlichen Slawen schon vor Cyrill bethen gelernet haben, so mußten sie auch vor ihm eine Uiberseßung des Vaterunsers haben, die sich mündlich fortpflanzte, und man darf nicht glauben, daß alle andern Uiberseßer die cyrillische zum Grunde gelegt hätten. Das dalmatische ot neprijazni ist gewiß älter als das cyrillische ot lukawago, napast hat selbst Cyrill beybehalten.

Zehntes Jahrhundert.

Dem heil. Adalbert, dem zweyten Bischofe von Prag, einem gebornen Böhmen, schreibt man ein böhmisches Lied aus dem zehnten Jahrhundert zu. Wenn Cosmas erzählt, das Volk habe bey dieser oder jener Gelegenheit krlesn gesungen, so scheint doch kein anderes Lied gemeint zu seyn, als das Adalbertische Krleß, Krleß, Krleß, das man noch heut zu Tage bey öffentlichen Prozessionen zu singen pflegt. Selbst bey der Einseßung des ersten Bischofes Ditmar soll das Volk krlessn (kyrie eleison) gesungen haben. Auf diese Art wäre das Lied noch älter, und Adalbert hätte es nicht verfaßt. Nach einer alten Handschrift ın der öffentlichen Bibliothek zu Prag unter Y. I. 3. 83, welche einen lateinischen im J. 1397 ge= endigten Kommentar eines Benedictiners von Brew= now über dieses Lied enthält, den zwar schon Bolelucky 1668 in Rosa bohemica, jedoch mit vielen Fehlern herausgab., lautet es. so:

Hospodyne pomiluy ny
Ihu Xpe pomyluy ny.
Ty ſpaſe wſseho mira
Spasyz ny y uslyſſ
Hospodyne hlaſsy naſſye.
Day nam wſsyem hospodyne
Zzizn a mir wzemi
  Krles Krles Krles.
Domine, miſerere nostri,
Jeſu Christe, miſerere nostri.
Tu Salvator totius mundi
Salva nos, et exaudi,
Domine, voces nostras.
Da nobis omnibus, Domine,
Saturitatem et pacem in terra.

Eine Raubnißer Handschrift aus dem XVten Jahrhunderte weicht nur in der Orthographie ab: Sonst lieſt ſie im 4ten Vers vſlyſſizz für uslyſſ.

So klein dieses alte Denkmal iſt, so viele veraltete Wörter und Formen kommen darin vor;

die jedoch auch in spätern Werken noch gefunden werden. Ny im Accusativ anstatt nas hat auch noch Pulkawa. Žižn, fertilitas, kommt einigemal bei Dalemil vor. Die im XIVten Jahrhunderte noch übliche Redensart žizné leto, fertilis annus, führt selbst der alte Ausleger zur Erklärung des Wortes žizn an. Der jüngere Ausleger schrieb über zžizn sufficientiam temporalium et necessariorum, darunter aber zywnost. Hajek, der dieses Lied auch in seiner Chronik abdrucken ließ, hat žižeň für žižň, andere haben žižu daraus gemacht, beides unrichtig. Im dritten Verse las Hajek tys spasa, d. i. tu es salus. Allein ty spase ist der Vocativ von spas, salvator, wofür wir jetzt Spasytel sagen. Der Raudnitzer Ausleger schrieb auch spasyteli bei. Mir, Welt, ist in dieser Bedeutung längst veraltet. In alten slawischen Handschriften und selbst beim Nestor heißt die Welt, das Weltall, wesmir, daher wäre ty spase wsseho mira zu übersetzen, du Heiland der Welt. Für pomiluy sagen wir seit Jahrhunderten smiluy se. Uiberhaupt hat der Text dieses Liedes mehr Aehnlichkeit mit dem alten slawonischen Kirchendialekt, als irgend ein anderes böhmisches Denkmahl. Sollte es wirklich vom

h. Adalbert herrühren, und nicht älter seyn? Cos=
mas, der so oft des Gesanges Krlessn Erwäh-
nung macht, sagt nirgends, daß es vom heil.
Adalbert herrühre. Dessen ungeachtet war die
Tradition von dem Urheber dieses Liedes schon im
XIIIten Jahrhundert allgemein. Die erste aus=
drückliche Erwähnung des heil. Adalberts, als des=
sen Verfassers, geschieht beim Fortsetzer des Cos=
mas auf das Jahr 1260. In der Schlacht, in
welcher Ottokar über den K. Bela siegte, sangen
die Böhmen dieses Lied, und machten die ungri=
schen Pferde scheu: Bohemi valido in coe-
lum clamore excitato, canentes hym-
num a S. Adalberto editum, quod popu-
lus singulis diebus dominicis et aliis fe-
stivitatibus ad processionem cantat etc.
Sonst geschieht auch Erwähnung von diesem Liede
bei demselben auf das J. 1249, wo man es bei
der feyerlichen Einführung K. Wenzels I. in die
Schloßkirche gesungen hat: populo ac Nobi-
libus terrae, qui tunc aderant, Hospo-
din pomiluy ny resonantibus. Und wie=
derum auf das J. 1283, wo er ebenfalls den
ersten Vers davon anführet, ohne jedoch den Ver=
fasser zu nennen.

Eilftes Jahrhundert.

Aus dem eilften Jahrhunderte haben wir kein anderes Denkmahl aufzuweisen als die einzelnen böhmischen Wörter, welche in lateinischen Urkunden zerstreut vorkommen. Das älteste und erheblichste Stück sind zwey kleine Sätze in dem Spitihniewischen Stiftungsbriefe der Kollegiatkirche zu Leitmeritz um das J. 1057, welche am Ende desselben in böhmischer Sprache geschrieben stehen: „Pavel dal iest ploſſkovicih zemu. Wlah dal iest doleaſſ zemu bogu i ſſvatemu Scépanu ſſe dvema duſsnicomā Bogucea a ſsedleav." Zemu im Accusativ steht hier noch für zemi, weil das u erst später in i überging, so wie noch die Slowaken duſſu anstatt duſſi sagen. Bogu ist unser Bohu. Die lateinischen Schreiber wählten meistens das g, um unser h auszudrücken, wie man noch Praga für Praha schreibt. Das slawonische Glagol ist eigentlich ein Mittellaut zwischen g und h. Und selbst die Russen sprechen ihr glagol in manchen Wörtern fast wie ein h aus. Dvema ist unser dwěma, der Dual von dwa. Duſſnicoma, ist der Dual von Duſſnjk; animator, ein Seel = Knecht, welches Wort auch

unter den Slowaken üblich gewesen seyn muß,
weil es auch in Diplomen Ungrischer Könige vor-
kommt.   Scepan ist ščepan, jetzt štěpán,
zu lesen.   Plofskovicih steht im Local des
Plurals, ih gilt also ich.   Wlah ist unser
Wlach.

Die sechserley Zölle, die die Schiffe auf der
Elbe bei Luthomiric (in spätern Zeiten Lito=
měřice, Leutmeritz) entrichten mußten, heißen in
der Urkunde:

Homuthne, d. i. chomutné von chomut, cho=
maut, ein Kommet.

Othodne, d. i. otchodné, von ot und choditi,
abgehen.

Otroce, d. i. otroče oder otročj, von otrok,
Knecht, Leibeigner, mancipium.

Gostine, d. i. hostinné, von hostina, host,
ein Gast, fremder Kaufmann.

Grrnecne, d. i. hrnečné, von hrnec, ein
Topf.

Sitne, d. i. žitné, von žjto, Korn, Getraide.

Noch sind die Benennungen gewisser Ge=
fälle und Strafgelder zu bemerken, als:

Sswod, d. i. swod, die Einführung, wenn
es, wie es scheint, hier mit zwod einerley ist.

Glava, d. i. hlawa, Kopf.

F

Narok, d. i. Narek, Beschuldigung.

Nedoperne, d. i. nedoperné, von ne, und doperu, nicht völlig erschlagen.

Grrdost, d. i. hrdost, sonst auch pých, Frevel. Vergleicht man damit noch einige Ortsnah= men, als: Sytenicih, d. i. w žitenicých, Ser= nossieceh, d. i. w žernosieceh u. s. w., so zeigt sich schon eine bestimmtere Orthographie. Breza, ein Ort, Zlaton (zlatoñ), Kozel, Rozroy, drey Mannsnamen, schreiben die Böh= men auch später mit z. Der Name eines Man= nes Cis ist gewiß čjž zu lesen. Daher ward oben die Präposition se mit zwey ss geschrieben, damit man se nicht etwa wie že lese. Nur s und ss, c und č wußte man nicht gehörig zu unter= scheiden. Das r, wenn es zwischen zwey Con= sonanten ohne Vocal steht, wird hier, so wie noch später, verdoppelt.

Auch im Wratislawischen Stiftungsbriefe der Kollegiatkirche am Wissehrad um das J. 1088 kommen viele böhmische Namen und Wörter vor. Wir wollen folgende herausheben, ordnen, und mit Anmerkungen begleiten:

Bogdan, Bogumil und Bohumil, Namen der Personen. Unser h kommt hier schon ein= mal vor; das g aber ist noch gewöhnlicher.

(Brod) na brode, die Furth bei Tetin an der Mies. Wir schreiben jetzt na brodě.

Casnici, cum caliciariis, qui dicuntur Casnici. Uiber dem C vor a ist im Originale ein Punkt, folglich c wie unser č zu lesen, von čaſſe, calix, welches später čeſſe und čjſſe geschrieben ward.

(Dubec) w dubci, ist der Lokal von Dubec.

(Hvala) w Hvalah, das h gilt hier für unser ch, w Chwalách, ein Dorf.

(Kacigora) na Kacigore, nach heutiger Schreibart na Kačjhoře, auf dem Entenberg.

(Kamenmost) w Kamenemoste, d. i. w kamenném moſtě, in der steinernen Brücke.

(Knaſawez) w Knaſawezi, zusammenge- setzt aus Knas, Fürst, Herr, sonst kněž, und wez, Dorf, jetzt wes, im Lokal wſy. Man merke hier z anstatt s.

Lubgost, Lubica, erſteres ein Mannsname, das zweyte ein Ort. Später ging das u (iu) in i über: libhoſt, libice.

Modlibogh, ein Mannsname, hier steht gh für h. Noch ist zu merken, daß das d epen- theticum längſt üblich war. Der Böhme und Pohle ſagt modliti, wo andere Sla- wen moliti ſprechen.

F 2

Rudnici, cum aliis ministerialibus, qui vulgariter dicuntur Rudnici; von ruda. Rudnik ist noch im Polnischen üblich, und bedeutet einen Arbeiter in Bergwerken.

Svinar, cum porcario, qui dicitur Svinar; jetzt swiňák; die erstere Form in ar oder ař hat noch der Pohle und Kroate.

Tona, stagnum, quod dicitur tona, jetzt tůně, alt toňa, ein Tümpfel.

Wlk, d. i. Wolf, ein Mannsnahme. Noch jetzt gibt es viele Sylben, wo das l zwischen zwey Consonanten den Vocal entbehren kann.

(Zagradne) zagradnego XVI. okau, jetzt zahradné, eine Abgabe vom Garten; da aber mel vorausgehet, so ist die Rede vom Bienengarten. Okau kann wohl nichts an= ders seyn als okow, Eimer, sonst wiedro

Zwölftes Jahrhundert.

Beim Fortsetzer des Kosmas steht auf das J. 1128 nach dem Worte Novembris in der prager Handschrift: et sclavonice Prosince. Prosynec ist nun freylich die Benennung eines Monates, allein nicht des Novembers, sondern bei den Böhmen des Dezembers, bei andern Sla= ven des Januars.

In dem Schenkungsbriefe Sobieslaw's vom
J. 1130 im Archive des Wissehrader Capitels,
davon ich das Original einzusehen das Glück hat=
te, (nach dem sehr fehlerhaften Abdruck bei Ham=
merschmidt in seiner Gloria Wissegr. ecclesiae
S. 135 durfte ich mich nicht richten) kommen
einiger bekanntern Städte Namen vor, die, wie
folget, geschrieben sind. Pragae, Wisegrad,
Satči, d. i. w žatči, (der Punkt über dem c
ist eigentlich im Original ein mit c verbundenes s)
Sedlcih (s ist hier unser s), Lutomericih,
Belinae, Dačine, d. i. Děčin, das heutige
Tetschen, Bolezlavi, Camenci, Gradci,
Opočnae, Hrudimi, Kurimi, Pilzni, Lu-
bici, Wratne. Ferner Csazlavi mit Cs für
unser č. Die Einschaltung eines i in den Sylben
ohne Vocal, wie hier in Pilzni für Plzni,
kommt auch in Wirsevicih anstatt Wrsevi-
cih vor. In den ältern Handschriften des Cos=
mas findet man zwatoplik (plik für plk, spä=
ter pluk), dlygomil (dlygo für dlgo, spä=
ter dluho), und Drisimir für Držimir. Aus
demselben Diplome bemerke ich noch die Stelle:
vaccam sterilem, quae vulgari locutione
Jalouica dicitur, wofür Hammerschmidt Jalo-
wice nach heutiger Orthographie abdrucken ließ.

Die Schreibart nadworze müßte die Gesetze
Sobieslaws II. bei Dobner (Annal. VI. 523)
verdächtig machen, wenn schon im Original ein rz
stünde. Der jüngere Copist erlaubte sichs hier
nadwore mit rz zu schreiben.

Als der König Wladislaw das Aufgeboth zu
dem berühmten Zuge nach Mailand ergehen ließ,
ertönte ganz Prag von Gesängen der jungen mu=
thigen Ritterschaft. In eorum cantibus et in
eorum sermonibus Mediolani resonat ob-
seſſio, sagt Vincentius auf das J. 1158.
Daß die meisten böhmisch gesungen haben, daran
ist wohl nicht zu zweifeln. Allein niemand hielt
es der Mühe werth, auch nur ein Lied schriftlich
auf die Nachwelt zu bringen.

In der Urkunde, die Dobner in Kupfer ste=
chen ließ, wird Bechin schon mit ch geschrie=
ben. So auch Chreno d. i. Chren, nicht
aber Oldrih. Die Namen Gaul d. i. Hawel,
Glupen, Blego, Dulgomil beweisen noch im=
mer den Gebrauch des g für h. Z gilt zwar für un=
ser z als in Zawisa, d. i. zawiſſa; aber auch für
s als in Zezema, d. i. Sezema, Zobizlaus.
So wird Zlawon, d. i. Slawoñ, mit z und
die Endsylbe zlaw noch immer mit z geschrie=
ben: Bolezlav, Boguzlav, Sdezlaus;

auch mit zz: Sc1zzlav. Ones ist wohl wie
Oneš zu lesen, und Ciec (100 Jahre später
Czieczo) wie čeč, und Csta wie čta oder
č ta. In den Präpositionen pred, pri: Pred-
bor, Pribizlaus, wird das r noch ohne z ge=
schrieben.

Der Selauer Chronist auf das J. 1175
wußte eine Stadt im Mailändischen nicht latei-
nisch zu nennen, er nennt sie daher böhmisch,
cujus nomen boemice Suffina. Offenbar
ist dieß eine Uibersetzung von Sicca.

Auf das J. 1179 nennt er das Schlachtfeld
bei Wissehrad, wo Herzog Friedrich über den
Sobieslaw siegte Boisse. Vermuthlich schrieb
der Chronist Boisce, weil der Name Sstěpan
in alten Urkunden Scepan geschrieben wird. Un=
ser bogissté spricht der Slowak noch bogissce aus.

Uiber die Ernennung Friedrichs, eines Sach=
sen, zum Bischofe von Prag, äußert der Selau=
er Chronist seine Unzufriedenheit. Er glaubt,
die böhmische Klerisey würde einen der Landes=
sprache nicht kundigen Ausländer, wenn ihn die
Königin nicht unterstützt hätte, nicht selbst ge=
wählet haben. Man rechnete also damals die Kennt=
niß der böhmischen Sprache unter diejenigen Eigen=
schaften, die ein Bischof in Böhmen besitzen sollte.

Dreyzehntes Jahrhundert.

Die Könige von Böhmen Přemysl Ottokar I., Wenzel I., Ottokar II. und sein Sohn Wenzel II. begünstigten die Städte, die großentheils mit deut= schen Handwerkern und Künstlern besetzt wurden, auf eine solche Art, daß ihr Wohlstand sichtbar zunahm. Der Handel, zu dessen Beförderung die Könige verschiedene Freyheitsbriefe ertheilten, erweckte den Geist der Thätigkeit; diese erzeugte Uiberfluß und nährte die Künste. Durch Gesetze, die zu der Zeit die vornehmsten Städte schriftlich aufsetzen ließen, ward Ruhe und Ordnung in denselben hergestellt. Der Adel war reich und mächtig, und der königliche Hof so glänzend, daß er nach dem kaiserlichen der erste in ganz Deutschland war. Die deutsche Sprache beliebte der Hof und der Adel, und sie war das Mittel, wodurch die Nachahmung der Deutschen, die in Künsten und Wissenschaften die nächsten Muster waren, erleichtert worden ist. Man lernte nun die Werke der deutschen Dichter kennen, und fand Geschmack daran. Unter den Minnesängern ist Kunig Wentzel von Beheim in dem Golda= fischen Verzeichnisse (in I. G. Eccardi hist. stud. etym S. 165.) der Reihe nach der vierte. Von ihm steht ein Gedicht in der Manessischen

Sammlung (Zürch 1758, 4). Dieß war Otto=
kars Vater, Wenzel der I., der 1253 starb. Der
unglückliche Zawisse aus dem Rosenbergischen Ge=
schlechte, der K. Wenzels II. Mutter heurathete,
und 1292 den Kopf verlor, soll im Kerker viele
artige Lieder verfertigt haben.

Hagek sagt ausdrücklich, daß er im weißen
Thurm allerley Lieder verfertigt habe; denn er
sey gelehrt genug, und ein vortrefflicher Sänger
gewesen. (Tu mnoho rozličných pisnj složil, neb
byl muž dosti včený a wyborný zpiewák). Bal=
bin will sie noch in alten Handschriften gefunden
haben, ohne doch zu bestimmen, in welcher Spra=
che sie abgefaßt waren. (Ubi multas lepi-
dasque in fortunae suae solatium cantiun-
culas, quas in manuscriptis codicibus
saepius inveni, composuit. Epit. hist.
p. 296.) Es ist fast nicht zu zweifeln, daß
diese Lieder in deutscher Sprache verfaßt waren.
Diese Beispiele reizten nun auch die Böhmen zur
Nachahmung, zu ähnlichen Versuchen in ihrer
Muttersprache, wenn es gleich auch in frühern
Zeiten an kleinern Volksliedern nicht fehlen konnte.
Von nun an erscheinen aber schon größere Werke,
die wir gleich anzeigen wollen.

Aus Urkunden, die aus dem 13ten Jahr=
hunderte in Menge vorhanden sind, ließe sich ein
ganzes Glossarium alter böhmischer Wörter sam=
meln. Ich beschränke mich auf einzige zwey. In
dem Freyheitsbriefe, den Přemyſl Ottokar im
J. 1225 der Stadt Königingrätz verlieh, (ſ. die
Geschichte dieser Stadt von C. J. von Bienen=
berg, worin er in Kupfer geſtochen vorkommt,)
wird zwar Gradec noch mit G geschrieben, aber
andere Wörter schon mit H, als: Hroznata,
Bohuſe, Holac, Riwin de Zahornic,
Stoghnev (ſonſt Stoygneu). Die Dienſtbar=
keiten, Narez, Nocleh genannt, beweiſen, daß
man dem r und c noch kein z anhing. Dieß ge=
ſchah erſt viel ſpäter. Ich erwähne dieſes Um=
ſtandes abſichtlich, weil ich hiermit dasjenige, was
ich in Rückſicht der böhmischen Paläographie und
Sprachkunde in meinem Versuche über den Břew=
niower Stiftungsbrief vom J. 993 geſagt habe,
zurücknehme, da ich auch aus andern Gründen der
beſtrittenen Urkunde dieß Alter nicht mehr einräu=
men kann. S. mein Liter. Magazin von Böh=
men, St. III. 174.

In den älteſten, der Brüner Landſchaft im
J. 1227 gegebenen Landrechten, die im J. 1237
der mähriſche Fürſt Ulrich auch in dem Lunden=

burger Gebiethe einführte, kommen folgende Be=
nennungen vor: Narok, Zok (d. i. fok) Dru-
ho (ohne lateinische Endung druh), Zwod
(nach älterer Schreibart in den Brüner Rechten
zuod), Powod, Zlubni zud (d. i. flibný fud)
Wiboy, Hirdozt, Wrez, Pohonce, Po-
mocne, Nestoyte, deren Erklärung Dobner
in der Geschichte Ulrichs (in den Abhandl. der
böhm. Gesellf. der Wiff. Th. II.) so gut er da=
mals konnte, gegeben hat. Der Zupane wird
im Eingange der Urkunde erwähnet, und das Ž
mit S ausgedruckt: Suppani.

Die Orthographie der frühern Jahrhunderte
kann man am richtigsten und leichtesten nach dem
eigenen Namen, wie sie in den ältesten Nekrolo=
gien geschrieben werden, beurtheilen. Das Ne=
krologium des ehemaligen Benedictiner Klosters
Podlazic bei Chraft, das ich aus dem großen Bu=
che zu Stockholm, wohin es aus Böhmen gekom=
men ist, vor vielen Jahren abschrieb, enthält eine
sehr große Menge von böhmischen Namen derjeni=
gen Personen, die im 10ten, 11ten, 12ten und
im 13ten Jahrhunderte bis etwa 1230 gelebet
haben. Die verschiedenen Formen derselben, ihre
Zusammensetzung, selbst die Orthographie dienen
dazu, uns von der Ausbildung der Sprache in

frühern Zeiten, aus denen uns andere Denkmahle mangeln, einen richtigen Begriff zu machen. Die Auszüge daraus mögen indessen die Stelle eines Onomastici bohemici vertreten.

Reine Wurzelwörter sind: Ban, Bauor, Ben, Cac, Cen, Drob, Hual, Mah, Man, Meh, Muc, Nah, Ozel, Pan, Pest, Quet, Seber, Sen, Suig, Sut, Stir, Taz, Tes, Vac, Verc, Zlat, Zuer.

Desgleichen mit Präpositionen: Bezded, Meziles, Nacas, Nadey, Naruz, Nauoy, Nevſir, Obezd, Omizl, Pabir, Podgrad, Podles, Premil, Pribek (Přibiek, Přibjř) Smil, Vteh, Zastup, Zauid, Zmil.

Männliche und weibliche Namen mit der Endung a, seltner mit e: Baba, Bda, Caſce, Caſſa, Casta, Caua, Crne, Cunta, Cutra, Deua, Diua, Dula, Duſſe, Glupa, Haia, Hrapa; Jana, Ilta, Jura, Krala, Leua, Luca, Male, Meſſa, Mika, Mila, Nina, Olga, Oſſua, Peka, Pula, Quaza, Rada, Sda, Sara, Sera, Slaua, Strada, Suece, Teba, Teha, Tota, Vara, Vgra, Vſſa, Zlava, Zuda. Mit Präpositionen: Bezdeda, Necraſſa, Nedoma, Nerada, Neroda, Opale, Podiua, Presobe.

Zahlreich sind die vermittelst der diminuti=
ven Bildungsſylben ek , ka , ik und ec abge=
leiteten Namen.

Männliche auf ek : Belek , Banek , Bi-
nek , Blizek , Bolek , Bonek , Buhek, Ca-
stek , Crnek , Dobrek , Dragek , Drſek,
und Driſek (lies Drʒek), Dulek , Gezdek
Godek, Gostek, Hrapek, Janek, Lazek,
Louek , Lubek , Lutek , Marek , Maſſek,
Mislek, Mladek, Mogek, Mutiſſek, Mu-
cek, Ninek, Palek, Paſſck, Petrek, Pi-
uek, Polek, Placek, Prauek, Quetek,
Racek, Radek, Radoſſek , Scitek, Sco-
rek, Sluſek, Stirek, Sudek, Suecek,
Teſſek, Trebek, Vecek, Vitek, Vlcek
und Vlicek (lies Wlček), Voyek, Zlauek,
Zluſek (lies Sluʒek). Druſco iſt mit der la=
teiniſchen Endung o verſehen, anſtatt Druſek.
Pilunk ſcheint fremd zu ſeyn.

Weibliche auf ka , womit aber ca abwech=
ſelt : Belca, Benka, Bicka, Cauka, Crab-
ca, Crnca und Crnka, Danika (etwa Dan=
ka) Darka, Decka, Deuka, Dobka, Do-
brocka, Drafca, Drufca, Gneuca, Hel-
ca, Ladka, Marka und Marca, Nedelka,
Otroca (von Otrok), Picka, Piſeka, Rad-

ka, Raska, Sobka, Sobotka, Sbiska, Sperka, Sudka, Teſca, Trebca, Turca, Vecka, Vlicenca (lieſ Wlčenka), Vnca, Zorka, Zouka, Zudka, Zuinka (in beiden letztern iſt z wie unſer ſ zu leſen). In Rayca iſt wohl ca nicht wie ka, ſondern wie unſer ca zu leſen. S. die Bildungsſylbe ica, ice.

Männliche auf ik: Boſik, Batik, Bicik, Cstik, Deuik, Gostik, Janik, Jurik, Kralik, Kraſik, Louik, Marcik, Pacik, Paulik, Petrik, Radik, Ratik, Sdik, Sobik, Sulik, Tomik, Thomik, Vaurik, Voyk, Zlaunik. Mit ic werden geſchrieben: Deuic, Jauic, Milic, Proſic, Quaſic, Sobic. Sollte hier ic nicht etwa, wenigſtens in Milic, wie ič geleſen werden? Man kennet ja einen berühmten Mann aus dem 14ten Jahrhundert, der Milič hieß.

Männliche auf ak: Vorak. Andere werden mit ac geſchrieben: Bradac (lieſ Bradáč), Criſac (lieſ Křižáč), Crucac, Gostac, Hualac, Lstac, Malac, Modlac, Ruac (lieſ Rwáč). Das ac am Ende iſt alſo zweydeutig, da es wie ák und áč geleſen werden kann. In Misloc, Rihoc iſt wohl oc unſer ok.

Männliche auf ec: Benec, Bilec, Comolec, Crupec, Dobec, Drasec, Gneuec, Golec (daher ist unser Holeček), Ladec, Malec, Milec, Omizlec, Paulec, Petrec, Radec, Scorec, Znanec.

Weibliche auf ica, ice, ce: Batice, d. i. Schwesterchen (von Batja Bruder), Bratrice (von Bratr), Budica, Cernice, Dalice, Deuice, Golice (unser Holka), Malica und Malice, Milica, Pecice, Pozica, Pupce, Rayca, Rihce, Sirce, Siznce, Susice, Vince, Volice.

Männliche auf uh: Miluh.

Weibliche auf iha, uha: Benediha (von dem männlichen Beneda), Sdiha, Sduha, Streziha, Sudiha, Vogiha, Voliha, Voyha. Vergleiche die weiblichen auf ihna, ehna, ohna.

Vermittelst der Sylbe ey oder eg: Boseg, Boleceg, Gosteg, Mileg und Miley, Radeg und Radey, Vlastey, Vliteg. Auch Mali.

Vermittelst an, ana, ane: Boian, Cacana, Cakan, Cekana, Cicane, Cohan, Crisan, Crisana, Dobrane, Doman, Dragan, Milouan, Piscana, Radouan, Sdan,

Stan, Suliana. Die Endung am ist gar sel-
ten: Nagoram.

Vermittelst en, weiblich ena: Borena,
Bozen, Branena, Bratrena, Cogen, Cras-
sena, Crfcen, Cstena, Danena, Dobren,
— ena, Dragouen, Duffen, Gelena, Gla-
zen, Gosten, — ena, Hoten, Hualena,
Jurena, Marena, Miren, — ena, Mnen,
Modlena, Mrizena, Mstena, Obiden,
— ena, Odolen, Petrena, Pomnen, Pro-
tinen, Puten, Quaffen, — ena, Raden,
Sedlena, Senena, Sestrena, Sobena, Sue-
cena, Trpen, Velena, Vlastena, Volen,
Vracen, — ena, Zorena.

Vermittelst in, ina, ine: Kalina, Lbi-
na, Mutine, Polanin, Sgina, Scorina.

Vermittelst on, one: Bratron, Brzon,
Caston, Craffon, Dobron, Gneuon, Gr-
don, Milon, Mladon, Otrone, Pinone,
Quaffon, Queton, Radon, Sdon, Sko-
ron, Suaton, Trebon, Trgone, Turidon
(lies Twrdon), Vezlon, Vlcon, Zuaton.
In allen diesen Wörtern ist on, one, wie oñ,
oñe zu lesen.

Vermittelst un, una: Bogun, — una,
Perun.

Weibliche vermittelst na: Blasna, Bosna, Bresna, Cohna, Crifna, Decna, Deuna, Drasna, Radna, Ratna, Sehna, Sizna, Strehna, Strezna, Tehna, Vacna, Vecna.

Und ehna, ihna, ohna, uhna: Bolehna, Bozehna, Bratohna, Crnohna, Dobrohna, Malehna, Milehna und Milohna, Petruhna, Radohna, Sedehna, Suatohna, Vacehna, Vadihna.

Die Ableitungsformen eš, ša, še, oš, iš, iša, uš, uša (uše) waren sehr beliebt: Benes, Boges, Dobes, Mares, Peres, Zles. Borfe, Domaffe, Gostfa, Lucffe, Ratffe, Trebsa.

Dedos, Dobros, Jaros, Lubos, Lucos, Vicos, Zlauos, Zuos. Ostas steht einzeln da. Boris, Branis, Budis, Bulis, Diuis, Dragis, Gostis, Gostiffe, Grabiffa, Janis, Kanis, Lauriffa, Malis, Modlis, Mutis, Mstis, Petris, Stanis, Stoifa, Vratis, Zauiffe.

Boguffe und Boguza, Bratrufs und Bratrufse, Janus, Malus, Petruffe, Radus. Bei den Russen ist doch auch Boris (mit s) gebräuchlich, und in Boguza steht wahrscheinlich

G

z für unſer s, daher Bogusa zu leſen. Im Polniſchen iſt die Form uſia ſehr übl'ch.

Nicht weniger die Bildungsſylben a'a (eta) und ota, ost, osta, ut, uta, für Mannsperſonen:

Benata, Boiata, Bonata, Bozeta, Coiata, Cstata, Crnata, Doſſata, Gneua-ta, Godata, Golata, Gostata, Gotata, Groznata, Honata, Hualata, Jurata, Kna-ta, Krata, Marata, Milata, Mizlata, Poz-data, Pucata, Quaſſata, Royata, Sdata, Sedlata, Sirata, Siznata (lies žižňata), Sluſata, Suoiata, Teſſata (lies Tĕ́ſſata, von tĕ́ch), Trebata, Tuorata, Vaurata, Vis-seta, Vlaſſata, Vrbata. Endlich auch eines in ita: Vouita.

Janota, Kraſſota, Krecota, Mahota, Milost, Milosta und Milota, Mladota, Radost, Radosta und Radota, Srpota.

Boguta, Borut, Roscuta, Strelut.

Für Weibsperſonen aber aua Brzaua (dreyſylbig), Cstaua (lies Čſtawa, Čtawa von čeſt), Cuuaua, Dobraua, Dubraua, Gas-saua, Godaua, Hlupoua (etwa für Chlu-pawa), Hrapaua, Lubaua, Miraua, Mla-daua, Petraua, Pozaua, Plugaua, Que-taua, Sdaua, Sibaua, Siraua, Siznaua

(lies Žižnawa), Sudaua, Tihaua, Tre-
baua, Vestaua, Vlkaua, Vltaua, Ziz-
naua, Zlugaua, Zobaua, Zoraua, Zua-
taua. In Ziznaua ift das erſte ź = ž, das
zweyte = z, in Zlugaua, Zuataua iſt z = s.
Die Sibilanten z, ž, s, š waren nach der da=
maligen Orthographie noch nicht genau beſtimmt.

Andere Ableitungsformen ſind viel ſeltner,
nämlich l, el, la, ula: Vstal, Vikel, Ba-
tela, Debla, Deuula, Gisla, Medla,
Hrastla, Hrebele. Adla, Perhta ſind
wohl fremd.

er, ar, or: Dnepr, Hraber (für Chrabr
tapfer) Sestere. Begar, Mukar, Piscar.
Mramor, Smogor. So iſt Beneda von
Ben, Radau von Rad; Ostoy, Raduy
ſind Imperative, Mileyß der Comparativ von
Mil, Nectom etwa das Participium paſſivum
Präſens von ĕtu, mit der vorgeſetzten Vernei=
nungspartikel ne; Zuest iſt das Abſtractum von
Zwĕdĕti, ehedem auch zwĕſti.. Manche andere
ſind dunkel und nicht leicht erklärbar, wie Mal-
sta, Sezema.

Selbſt in den Zuſammenſetzungen leuchtet ei=
ne gewiſſe Vorliebe für manche Wörter hervor.
Bog machet häufiger als beſtimmendes Wort den

erſten Theil der Zuſammenſetzung aus, und ſelt=
ner ſteht es als das beſtimmte am Ende.

a) Bogacaia und Bogucaia, Bogdal,
Bogdalec, Bogdan, Bogdanec, Bogudar,
Bogumil, Bogumest, Boguulast, Bo-
guuole und Bohuuole, Boguzlau, Bogu-
zud, Bozelze, Bozepor, Bozteh.

b) Hualibog, Modlibog, — ga, Suoy-
bog, Znoybog.

Bor ſteht häufiger am Ende : Cstibor,
Hotebor, Lutobor, Nutibor, Prebor,
Predbor, Prisnobor, Ratibor, Stabor,
Vlastibor, Zemibor. So auch folgende:

Gost: Bedigost, Domagost, Dobro-
gost, Lubgost, Milgost, Radgost.

Mil: Bogumil, Bolemil, —la, Bra-
trumila, Dlugomil, Dobremil,—la, Liud-
mila, Petrumila, Premil, — la, Sdemil,
Smil, Stremil, Vacemila und Vecemil,
— la, Zdemil, Zmil.

Mir: Domamir, Dobromir, Hotimir,
Jacimir, Jaromir, Lubomir, Namir, Ne-
damir, Predmir, Radmir, Ratimir, Sdi-
mir, Spitimir oder Zpitimir, Volimir.

Voy: Boriuoy, Budiuoy, Castouoy
(lies Caſtowoy), Hotiuoy, Nauoy, Pre-

duoy, Prediuoy, Protiuoy, Scorouoy, Streziuoy, Wratiuoy, Zbivog (g für y).

Zlau, für weibliche Perſonen Zlaua, das beliebteſte Wort für den zweyten Theil der Zuſammenſetzung, von Slawa, gloria: Boguzlau, — ua, Borizlaua, Bratrozlaua, Brecizlaus, Budizlau, — ua, Caslau (lies Čaſlaw): Domazlau, — ua, Dobrozlaua, Dragozlaua, Driſizlau und Drſizlau, Hotezlau, Jarozlau, Iscizlau, — ua, Milozlaus, — aua, Mirozlau, — ua, Nozizlau (lies Noſiſlaw), Otazlauus, Predzlau, Pribizlau, — auec, — aua, Radozlau, — aua, Sbizlaus, Sdezlaus, — aua, Sdizlau, Stanizlau, Stranslaua, Strezizlaua, Suezlau, Sudizlaua, Sulizlau, Suuzlaua, Vaczlau, — ua, Vbizlau, — ua, Vladizlaus, Voyzlau, — ua, Vratizlaus, — aua, Vſezlau, Zbizlaus, Zdeslaus, Zobeslaus (lies Sobĕſlaw), Zuatozlau.

Das Wort cest kommt in der Zuſammenſetzung viermal, gneu und teh dreymal, cray, mizl, nega, rad, sir zweymal, brod, del, god, lut, ſizn, vest, vit gar nur einmal vor:

Bolecest, Pribicest, Suecest, Vbicest.

Jarogneu, Stoygneu, Zpitigneu.

Bozteh, Voyteh, — ha, Vteh (lies Utěch).

Cuzcray, Drficray (Držikray).

Ninomizl, Premizl.

Mironega, Vbinega. Niega ist bei den Russen Weichlichkeit, Verzärtlung.

Sderad und Zderad, Vserad.

Neufir, Vratifir (lies Wratižir),

Kufibrod (von kufiti, tenta vadum).

Somodél (vielleicht famoděl)

Brizgod (lies Brzhod).

Zbilut. Dobrofizn (Dobrožižn). Dobrouest. Radouit.

Mest, Vlast, Zud siehe oben unter Bog.

Fremde Namen, die aber nicht so häufig als die einheimischen in diesem Nekrologio vorkommen, verkürzten und veränderten die Böhmen vor Alters schon eben so, wie sie es noch jetzt thun. Arnust ist Ernest, Gauel (Hawel) ist Gallus, Jacub Jacobus, Indrih (Gindřich) Heinrich, Karel Karl, Martin Martinus, Micul Nicolaus, Mihalec Michael, Oldrih Udalrich, Pauel Paulus. Pabian ist Fabianus, Scepan Stephanus; doch gewöhnten sie sich allmählich auch an das f, daher kommen hier Offo, Frum, Volframmus, Eufemia, Francardus, Fridericus vor, wenn gleich Dalimil nach 80 Jahren noch immer Bedřich für Friedrich schreibt.

§. 10.

Böhmische Schriften des 13ten Jahrhunderts bis 1310.

1. An ihrer Spitze steht eine gereimte Legende von den 12 Aposteln, wovon sich aber nur ein kleines Fragment von 70 Versen auf einem Blatte Pergamen in der kaif. Hofbibliothek zu Wien erhalten hat. Der sel. Fortunat Durich würde es im Anhange zu seiner Bibl. Slav. herausgegeben und mit Noten erläutert haben, wenn er den Druck der ganzen Einleitung erlebt hätte. Da dieß Fragment ganz gewiß in die Mitte des 13ten Jahrhunderts hinauf reicht, und wir nichts älteres dieser Art kennen, so mag es hier nach einer sehr genauen Abschrift von Durichs Hand ganz stehen.

Erste Seite, erste Kolumne.

Nenys wiernych zzyrdecz sizny
Prones mi .. lzie uteczi

Hi muſiu achz nerad rseczi
O toho czizzarsie zlobie
Jemus ne zzteklo pokobie
Neb czos wzzwitye linte zwierſi
Tey zzie ta zlob neprſimierſi.
Jus iezzt on gmiel sneliutowal
Chtye wzwiedyety kak zzie wzzchowal
Gdys lesal materſi vbrſiuſſe
As iako rseczi ne zzluſſie
Se yu cazal rozrſiezaly
A chtye nato zzam hledaty
. . zapowiedne lose.
Onems as rseczi nemose
Gdys kto wezme nezzmyzzl taky
Jensto any mezi ptaky
Any gie prſi hlupem zwierſiu
Bywa achz zzam zzobie wierſiu.

Zweyte Kolumne.

Wecze ale tdy chcziu tomu
By neprawiecze nycomu
Tak achz chczte by siwi byli
By mi lekarzztwa dobyli
Gims bych mohl dyetye gmiety
Neb chcziu wſſdy tu zztrazzt wzwidyety
Justo ma iezzt maty gmiela

Na porodye gdys mie gmiela
Hi chcziu progity tu cziezztu
Nato czos giezdye pomiezztu
Zzlyſſal zzem senu plachziucze
Dyetyetem uzziluyucze
Tohos zzie nykaks nezbawiu
Bych newzwiedyel czo wem prawiu
Ktere sena gma uzzile
Prsi nepocogiu te chẃile
Lekarsi dozzty mluwiwſſe
Proti tomu. wſſaks nezbywſſe
Muzzichuy gmu napoy daty.

Wtom miezztye ony lekarſi
Tu sabu iaks wzzie byl wchwatyl
Dachuy gmu. by yw wywratyl
Inheds onu sabu wzdulu
As zlo rseczi zle oplulu
Wida. welmi zzie uſiezze
Rska moy tak mi zly ne chziezze
Talik zzem byl liudem hrozen
Tdy. gdystoy zzem byl porozen
Tehdy mistrſi zzie zzezrſiewſſe
Dachuy gmu rſiechz iaks umiewſſe
Rskucz - ruſſilzz tyem ieho crazzu

S zzi nedosdal zzwebo chzaffu
W toms hi wginem bludyw zzlepie
Zly cral. kaza dyetye wzzklepie
Lekarsom taynye zazdyecze
Chzttnye chowaty. A kyrmiecze
Czo rsku pak oginey zlobie
Mufie za senu wzem zzobie.

Zweyte Kolumne.

Nedawffe gi ginak zzteczi
Kazachu hi zznym useczi
Pronyes to miezzto zlatrana
Zzlowe hi dnezz, latens rana
Hi zzlowe tuse prfichzinu
Tayna saba polatynu
Takese hi mistr Seneca
Wyklada zzie. zzam zzie zzieca.

Uwiechzffi zzwathy iacub zzlowe
Chzinem trogie chztty hotowe
Yus iemu pizzmo wydawa
Podle tyechto trfi chztty prawa
Gims zginych iezzt wieczi mnohem
Pyrwe sdrsewe pozwan bohem
Mezi wffiemi uchzeunyky
Pronesto zzlowe weliký

Druhe smu boh byl domowit
Hi byl tyem wſſdy wiecze mowit
S ty gho wſſdy zzobu pozywal.

Merkwürdig iſt die ganz ſonderbare, aber
doch beſtimmte Orthographie, wie ſie in keiner
andern alten Handſchrift gefunden wird.

s = ž: lose ließ loʒe, sena ließ ʒena.

rs = rž oder ř: rseczi ließ řeci.

zz = ſ: nezzmyzzl ließ neſmyſl.

chz = č: chzazzu ließ čaſu, achz ließ ač.

Für unſer wĕrſſj wird wiechzſſi, aber auch
wieczi geſchrieben. Sonſt iſt cz = c: czo
ließ co.

Die Verkürzung der Conjunction ʒe, wie hier
in s neliutowal anſtatt ʒe neliutowal, s zzi
für ʒe ſy, daß du, s drsewe für ʒe, dřewe
(dřjwe), s mu für ʒe mu, s ty für ʒe tý (ten),
daß der, iſt ſonſt ſelbſt in Verſen ganz ungewöhn=
lich. Tdy iſt unſer tedy, chzte unſer chcete.
Der Conjunction i (y) wird unnöthig ein h vor=
geſetzt, wie man damals oft holus, hostium
für olus, ostium ſchrieb. Hi iſt alſo wie i zu
leſen. Zzwathy für ſwaty iſt eine gleiche Un=
art. In zzyrdecz, kyrmiecze, pyrwe
wird das y ohne Noth vor dem r eingeſchaltet.

In wzzwifye, wzwidiety ließ der Schrei=
ber das e nach wi aus. Aber uchzennyk
(jetzt učedlnjk) erscheint in der alten Gestalt ohne
Einschaltung des dl. Das tiefere flüssige iu ist
anstatt des jüngern i in liute, liutowal, brfi=
uffie, liudem zu finden; ferner in den Flexio=
nen und zwar im Local zwierfiu, nepocogiu;
im Accusativ yu, yus, yusto; im Gerundiv
plachziucze, uzziluyucze. In der 1ten
Person des Präsens steht iu für i oder jm: mufiu
(lies muffiu) für mufjm, chcziu für chci,
wierfiu, zbawiu, prawiu für wěrjm, zba=
wjm, prawjm. yw anstatt yu scheint ein
Schreibfehler zu seyn. Für das om des Instru=
mentals hatten die Böhmen schon damals em:
chzinem, bohem. Der Dativ wem für *wam*
kommt auch im Dalimil vor. In dem verkürz=
ten gmu (aus gemu) muß das g noch hörbar
gewesen seyn, wenn ein Vocal vorherging, daher
ward diesem noch ein y angehängt: muzzichuy
gmu, dachuy gmu. So steht auch gdystoy
zzem für kdyžto gsem. Wir lernen auch aus
diesem Fragmente, worin alle gereimten Zeilen aus
vier Trochäen oder aus acht Sylben bestehen, die
älteste Versart kennen, die bis auf unsere Zeiten
noch immer die beliebteste blieb.

2. Ein nur auf einer Seite beschriebenes Blatt Pergamen kam zufällig in die Hände des Hrn. Linda , der es zu schätzen wußte. Es enthält die Klage eines Verliebten an den Ufern der Mol‍dau in Prosa. Der Dichter wendet sich an die hohe und feste Burg Wischehrab:

> Ha ty naaszye slunęze
> Vysegrade twrd.
> Ty smyelye y hrdye
> na przyekrzye stoiyeſz
> na skaalye stoiyeſy
> vſyem czyuzyem postrah.

Die darunter fließende Moldau durfte in der Schilderung nicht ausbleiben:

> Pod tobu rzieka bystra valye sye
> valye sye rzieka vhltaua yara
> po kraiyu rzyeky vhltauy czysty
> stoyie ſyela hurastya
> pohladeczek mil

In schattigen kühlen Gebüschen singt die Nachtigall bald fröhlich , bald traurig:

> Tu slauyeczek malyi
> veselo pyeye y mutno.
> kako ſrdeczko radost, zzyal
> yeho czyuye.

Dieß stimmt das Herz zu ähnlichen Empfin=
dungen, zur Freude und zum Leide. Der Lie=
bende wünscht sich eine Nachtigall zu seyn, um
zu seiner theuren Schönen (draha, liepa) flie=
gen zu können:

Kezz yazyſm ſlauieczek
v zelenem luzye.
Rucze byh tamo leczal
kdye draha hodye veczerem poz-
dnoy

Wo alles Liebe erwecket, jedes lebende Ge=
schöpf nach ihr sich sehnt, seufzet und klaget der
arme Sänger:

Kdyzz vſye milost budye
vſyeliky ziuok velim snabzenstuyem
yeie zyelye
Yaz neboſczyek tuziu
po tobye liepa, pomyluy hu.

Nach hu würde wohl eho folgen, also po=
myluy hudeho, erbarme dich des armen.
Syela hurastya ist sehr dunkel. Soll es et=
wa ſila chwraſtj, eine Menge Gesträuch, hei=
ßen? Was wir chraſt nennen, ist im Slawoni=
schen ch'wraſt, und chwrastja wäre der alte
Genitiv von dem Collectiv chwrastje.

III

Zwiſchen radost, zzyal, Freube und Leid, ſollte doch ein y ſtehen.

In Snabzenstuye, ſo wie ſonſt, ſteht u für w, alſo ſnabzenſtwie, Aufmerkſamkeit, Sorge, von ſnabděti, acht geben, betrachten.

Ziuok lies žiwok, ein lebendes Weſen, da= her žiwůček und žiwočich.

yſm iſt aus yeſm verkürzt, für das jetzi= ge gſem.

yeie iſt der alte weibliche Genitiv, wovon das Adjectiv gegj, ihr, abgeleitet iſt.

tuzyu iſt die erſte Perſon von tužiti, jetzt taužjm, taužiti.

leczal ſteht für letial. Alles übrige iſt verſtändlich.

3. Ein Brief, vom Himmel in die Stadt Ga= latan geſandt, ein Fragment auf einem Blatte Pergamen, welches Herr Gottfried Dlábač, Bi= bliothekar im Stifte Strahow zu Prag, glück= lich gerettet hat. Die Orthographie kommt ſchon derjenigen näher, die man in ſpätern Handſchrif= ten findet, wie man es aus der kleinen Probe erſehen kann:

Kteryz knyez nebude czyſty prſzyed ſwymy lyudmy epiſtoli me a nepoka= zyu we wſech ny vmyeſtech bude ſu-

zen. — Hoſpodyn naſz drzewnyem le-
tye poslal vmyeſto Galatan yakz yaz
petr byſkupſtwye prſygal — a proto aby
lepe wyerzyly yaz petr prſyſahagyu
ſkyrzye mocz bozyu y Gezu Kryſta ſyna
geho a ſkyrzye ſwatu trogyczyu — —
ze tato epiſtola nenye pſana ruku lyud-
sku ale poſlana gest od Boha ſſedmeho
trona. Wnedelyu ſtworzen geſt weſz
ſwiet. —

Hier gilt alſo cz für c und č, ſz für ſſ,
wie noch bey den Pohlen, z für z und ž. Der
Schreiber macht einen Unterſchied zwiſchen dem
mildern rz nach einem Vocal und dem härtern
rſz, welches nach p und andern härtern Mit-
lautern ſtehet: stworzen, prſzygal. yaz iſt
gá, ich.

In der Probe, die uns Fr. Tomſa in ſeiner
böhm. Chreſtomathie aus dieſem Briefe gegeben
hat, kommt buoh, für boh, nakyrmyl für
naſrmil, ſo wie hier ſkyrzye anſtatt ſſrze
vor. Auf Jahrmärkten wird dieſer Brief in
deutſcher Sprache noch verkauft. Auch böhmiſch
mag er gedruckt worden ſeyn, da im Inder ver-
botener Bücher ein ſolcher Brief dreymal im An-
hange angeführet wird, einmal unter Liſt prſtem

Božjm pfaný, dann unter Spis, und endlich unter Weypis.

4. Ein Fragment von einer gereimten Leidens= geſchichte entdeckte vor mehrern Jahren Hr. Be= nignus K. auf 2 von unten beſchnittenen Perga= menblättchen, die zum Einbinden eines Buches verbraucht worden ſind. Die Orthographie darin kommt der im XIV. Jahrhundert üblichen ganz nahe. Schade, daß nicht alles mehr zu leſen iſt.

Erſtes Blatt. Seite 1. Kolumne 1.

Mnye ſtebu otczye zgyednane
y byly wyecz tako ſſebu.
yako ſem yaz otczye ſiebu.
gehozto newyerny nemnye.
bych wnych gſa a ty wemnye.
Byly ſpolu wgednom ſnyety.
y mohl ſwyet to tak zwyedyety

— — —

Kolumne 2.

Trzyebay ho myſtru naſſyemu
Sta ſye tak yakz rozkazal.
gehoz hrzyebye ten otazal.
procz by mu bylo poyato.
powyedyechu rzkucze nato

— — —

H

Seite 2. Kolumne 1.

Buduly ony mlyczyety
kamenye bude krzyczyety
Wys czlowyecze bohoboyny
Bozye mylosty dostoyny
Welykeho mylofrrdya
Kako syn — — —

Kolumne 2.

Gymys by konye pobadal.
zboznye ktos fye tomu nadal
zez wfye moha nehtyels moczy
htye nam fproftenftwym fpomoczy
Gezdyw na ofletku lychem
wobyczyegyu fproftnye tychem
y gels nafmryt dobrowolnye
Moha wfye moczy odolnye
yrzekl fwaty pawel nato
Mluwye bratrzye — — —

Zweytes Blatt. Seite 1. Kolumne 1.

A fnad htye gym tyem pomoczy
zecz yus byl zerodske moczy
gens tehdy byes przyfel nahody
ftrzyeha fye buduczye fkody
y pofla ho pylat gemu.

Obacz neprzyętely ſwemu.
Htye tudy ieſuzye zbyty
A geho przyezny dobyty
Naly herodes ho zadal.
a tomu ſye welmy nadal.

Kolumne 2.

Kdys zydowſtwo znowa krzycze.
a rzka czo nam otwlaczyugyes.
procz ho yus neukrzyzyugyes.
ktere geſtye hledas zbawy
że tak lytugyčs geho hlawy
Nechay at ſye prawo ſkona.
vczynye podle zakona.
Wſyeho — — —

Seite 2. Kolumne 1.

Geſtyes   wſy wleſi onu.
tu tak derlaw korunu
ſtaſſe geden kopym dawye
aby ſye whnyetla geho hlawye
Jus ho wyecze byty neda
a zatym ho wen wywveda
wſukny purpurneho rucha
— — —

Kolumne 2.

Neyſem wynen wtom czlowyecze
a toho ſye dnes zmywagy
ze czos mu ſye ſtane nedbagy
ynhed opyet gych wſyelyky
krzycze yakz mal tak welyky
Rzka ty wtom neczty ſwe wyny
Nany y na naſſye syny

— — —

Für unſer ʒ ſteht hier noch einige Mal s,
doch nur am Ende: gymys, lies gimiʒ, ktos,
ktoʒ, yus, giʒ, guʒ, gens, genʒ, kdys,
kdyʒ, czos, coʒ.

In htye, htyel ſteht das h für unſer ch:
chtě, chtěl.

In ſmryt, mlyczyety wird das y ohne
Noth eingeſchoben, da die richtige Ausſprache der
Sylben mrt, mlč keinen Vokal erfordert.

Für gá ich, ſteht hier noch das alte yaz,
in der ſlawoniſchen Bibel az.

Die erſten Perſonen gehen ſchon nicht mehr
in agiu ſondern in agy aus: zmywagy,
nedbagy, jetzt zmywám, nedbám.

Da in dem Verſe gens tehdy bies przy-
ſſel na hody eine Sylbe zu viel iſt, ſo muß

wohl aus der Feder des Dichters tdy für tehdy
geflossen seyn. Bies ist aus hieſſe verkürzt.
In dem Verſe tu tak derlaw korunu, muß
ehedem erſtens derlawu, weil ſonſt eine Sylbe
abginge, zweytens koronu, weil dieß Wort ſich
mit onu reimen ſoll, geſtanden haben. Der-
law, Dörnern, iſt von deru, drati, reißen, ab=
zuleiten. Sonderbar iſt es, daß der Abſchreiber faſt
durchgängig das i vermied und dafür y ſchrieb.
An den ſpätern im Schreiben feſtgeſetzten Unter=
ſchied der Sylben wy und wi, by und bi u. ſ.
w. iſt hier gar nicht zu denken. Man überließ
nicht nur dieß, ſondern ſelbſt die doppelte Aus=
ſprache der drey Zeichen z, ſ, cz, (unſer z, ſ,
c und ž, ſſ, č) ganz der Entſcheidung des böh=
miſchen Leſers. Ob er zadal wie žádal oder
wie zadal leſen ſollte, mußte er oft nur errathen.

5. Ein ganzer Pſalter, nebſt den gewöhnlichen
Geſängen aus dem alten und neuen Teſtamente,
dem Te Deum, dem Athanaſiſchen Symbolo,
der Litaney von allen Heiligen, dem Officium
für die Todten, 147 Blatt in 4. auf Pergamen
in der öffentlichen Bibliothek zu Prag. Wenn
gleich die Uiberſetzung als erſter Verſuch in eini=
gen Stellen äußerſt ſchlecht gerathen iſt, ſo blei=

ben uns diese Stücke ihres hohen Alters wegen
sehr schätzbar. Da die vielen Schreibfehler in die=
ser Handschrift, die, nach ihren Schriftzügen zu
urtheilen, ins XIV. Jahrhundert gehöret, von
der Art sind, daß sie nur allmählich durch meh=
rere Abschriften entstehen konnten, so war die
Uibersetzung selbst gewiß schon etwa 100 Jahre
früher verfertigt.

Das iu anstatt i herrscht durchgängig 1) in
den Stammsylben: brziucho, cziuzi, iuz (wie
noch in der gemeinen Redesprache guž und už für
giž) yutro und giutro, liubost, sliub, liud,
liuty, sliutowati, obkliucziti, pohrziu=
ssen, (für pohřžen,) rziuciugete, rziugiucz,
tyssiucz und tiussiuce. Eben so in czeliust
für čelišt. Wenn in diesen und ähnlichen Wör=
tern manchmal ein i anstatt iu vorkommt, wie in
brzicho, so ist es nur als Aenderung von der
Hand des spätern Schreibers zu betrachten. 2)
in der 1ten Person des Singulars in den Verbis
auf iti, anstatt des jetzigen jm: naucziu, tr-
piu für naučjm, trpjm u. s. w. Die Verba
auf *ati* haben in der ersten Person noch agiu für
am: wzwolagiu, uffagiu, für wzwolám,
vffám ꝛ. Die Inchoativa und Iterativa auf
eti haben egiu für jm: omdlegiu, urozu-

miegiu für omŏljm uroʒumjm. 3) In den
Flexionen, als a) im Dativ und Local der 2ten
männlichen Declination: w olegiu, ohnyu,
w frdciu; b) im weiblichen Accufativ: ſtraziu,
woliu, koziu, duſſiu, nadiegiu, wie man
noch in Mähren und unter den Slowaken ſpricht;
c) im Inſtrumental der weiblichen Subſtantive
ohne Endvocal: mociu, radoſtiu u. ſ. w. Die
Orthographie betreffend, wird rz von rſ unter=
ſchieden. Erſteres findet Statt nach einem Vo=
cal: korzecz; letzteres nach härtern Confonan=
ten, weil es in dieſem Falle auch härter ausge=
ſprochen wird: krſidlo, tſriepina.

Uibrigens gilt z nicht nur für ʒ, ſondern auch
für unſer ǯ, cz für c und č, ſ und ſſ bald für ſ,
bald für ſſ. Czrw wird noch ohne e vor dem
r geſchrieben, jetzt čerw.

Die Sprache ſelbſt iſt ziemlich verſtändlich,
ungeachtet einiger alten Formen und veralteten
Wörter. Zezl *baculus*, zwierz *fera*, ſan
draco, ſtred *favus*, ſind darinn männlich;
ziz, w zizi, *in siti*, ſteht für ǯiǯen; mezh
mulus für meʒek. Längſt veraltet ſind rucziei
und byſtrſina *torrens*, wiehlasny *prudens*,
wiehlasnost *prudentia*, motowuz *zona*,
ducholowy *dolosus*, mrakawa *caligo*,

podstawa *substantia*, kramola *seditio*,
prokni *unusquisque*, obihem *abundanter.*
Da *lutum platearum* czrſiedne blato überſetzt
wird, ſo muß czrſieda damals eine Gaſſe be-
deutet haben, woraus mit der Zeit ſtrjda entſtan=
den iſt, daher nun die Benennung der langen
Gaſſe in Prag dlauhá ſtrjda.

In Adelungs Mithridates (Th. 2, S. 665)
wird eine Probe aus dem lateiniſchen Pſalter zu
Wittenberg, der mit einer (vermeyntlich) polni=
ſchen Uiberſetzung zwiſchen den Zeilen verſehen iſt,
angeführt. Dieſe Uiberſetzung hielt man für das
älteſte Denkmal der polniſchen Sprache. Schon
der ite Vers des erſten Pſalms, noch mehr aber
der 13te Pſalm ſetzt es außer Zweifel, daß die
Sprache der Uiberſetzung nicht polniſch, ſondern
böhmiſch iſt.

In einigen Stücken weicht ſchon der Text
dieſer Exemplare von einander ab. Eben ſolche
Abweichungen zeigen ſich, wenn man den Text des
Prager Pſalters mit dem Fragmente des Officium
vom heil. Geiſte vergleichet, woraus Hr. Tomſa
in ſeiner Schrift über die Veränderungen der če=
chiſchen Sprache (Prag, 1805) den 69ſten Pſalm
abdrucken ließ. Den 2ten Vers: Deus in ad-
jutorium meum intende: Domine ad ad-

juuandum me festina, überſetzt das Fragment:
Boze k memu poczatku przyhleday, Hoſpody-
ne k mey pomoczy poſƒyeſſ; der prager Pſalter:
Boze ku pomoci mey wzezrſi hospody-
ne ku pomahanyu mnye poſpiey. Dieß
mag zur Probe hinreichen, und zugleich zum Be-
weiſe dienen, daß die erſte böhmiſche Uiberſetzung
des Pſalters ſehr alt ſeyn müſſe.

Von den gewählten Stücken aus den Evange-
lien, die an Sonn = und Feſttagen vor der Predigt
geleſen werden, mag man auch ſchon im XIIIten
Jahrhunderte, und wohl noch früher eine böhmi-
ſche Uiberſetzung verſucht haben. Von dieſer Ge-
wohnheit, Abſchnitte aus den Evangelien vorzule-
ſen, nannten die alten Böhmen das Evangelium
čtenie, d. i. lectio, das Leſen, die Leſung.
Allein aus dieſem Zeitraum hat ſich keine Hand-
ſchrift davon erhalten. Zwar glaubte der ſel. k.
Hausarchivarius Taulow von Roſenthal 1736
bey dem Freyherrn Gottfr. Dan. von Wunſchwitz
zu Prag ein, über fünfthalb hundert Jahr altes
Manuſcript von einer böhmiſchen Bibelüberſetzung
geſehen zu haben, deſſen Beſitzer Balthaſar von
Tettau, ein Vorfahr des noch jetzt in Böhmen
blühenden fürſtlichen und gräflichen Kinſkiſchen
Geſchlechts, im J. 1311 geweſen ſeyn ſoll. „Die-

ses überaus rare Manuscript, schreibt Taulow von
Rosenthal in seinem Entwurfe eines böhmischen
Staatsrechtes, hat auf meine Anhandgebung, weil
der damalige Graf und nachherige Fürst Stephan
von Kinsky um 100 Dukaten an sich gebracht,
in dessen hinterlassener Bibliothek es auch noch
wirklich vorhanden ist."

Berghauer macht von dieser Handschrift in
seiner Bibliomachia S. 36 gleichfalls Erwäh=
nung. Er schlug die Stelle Joh. 5, 7 darin
nach, und fand sie dem böhmischen Texte anderer
Handschriften gleichförmig. Aus seiner Nachricht
wissen wir also, daß es keine ganze Bibel, son=
dern ein neues Testament war. Der sel. Dobner
hatte es um das J. 1768 einen ganzen Monat
lang bey sich, und nennt es eine auf Pergamen
geschriebene Bibel, und setzt hinzu, er habe sich
überzeugt, daß sie vor dem 14ten Jahrhunderte
geschrieben sey. Allein nach einer mir von der
Hand des Hrn. Professors H. zugesendeten Be=
schreibung dieser Handschrift, die man seit 1782
vergeblich suchte, und vor Kurzem zu W. ent=
deckte, kann ich versichern, daß sich alle, die ihr
ein so hohes Alter beylegten, durch die drey nach
der Schlußformel beigefügten Zeilen haben täuschen
lassen. Die Lehren des Balthasar von Tetau

an seine Söhne sind erst im J. 1579 auf Befehl
des Johann Tetauer von Tetau auf dem beyge=
bundenen Papiere von neuem abgeschrieben wor=
den. Nach den erhaltenen Proben der Uiberse=
tzung zu urtheilen, enthält sie nicht einmal die
ältere Recension, wie sie noch in Handschriften
vor 1420 zu finden ist, sondern eine spätere, die
kaum über das Jahr 1460 hinauf reichen kann.
Dazu kommt noch die jüngere Orthographie, nach
welcher ihr auch kein höheres Alter zukommen kann.

Dobner meynte auch an der zu Wienerisch=
Neustadt im Cistercienser Stifte vorhandenen Bi=
bel ein Denkmal von höherem Alter gefunden zu
haben, als ich in der Abhandlung von dem Alter
der böhmischen Bibelübersetzung ihr beylegen konn=
te. Es hat sich aber in der Folge gezeigt, daß
die erwähnte Bibel zu Neustadt erst im J. 1456
geschrieben worden ist.

6. Das bekannte Lied vom heil. Wenzel, Swa=
tý Wáclawe, Weywodo české země, gehört ganz
gewiß in diese Periode. Hagek, bei dem es auf
das J. 1368 zu lesen ist, macht zwar den Erz=
bischof Johann zum Verfasser desselben. Allein
er irrt sich hierin ganz gewiß. Denn Beneß von
Weitmil, der es ganz in seine Chronik aufnahm,
nennt es ein Lied, das man von jeher zu singen

gewohnt ſey (cantionem ab olim cantari consuetam). Der Erzbiſchof Johann erhöhte nur den Werth des alten Liedes dadurch, daß er allen Reumüthigen, die es zu Ehren des heil. Wenzels ſingen würden, 40 Tage Ablaß verlieh. In den Script. rerum Bohem. T II. iſt es nach der alten Handſchrift abgedruckt worden. Zu Hageks Zeiten ſcheint es ſchon mit einigen Zuſätzen vermehrt geweſen zu ſeyn, weil er dabei die Bemerkung macht, daß es nur aus drey Strophen beſtehe, und wenn jemand mehr zugeſetzt habe, ſo ſey dieß überflüßig (Geſtlize tko přidal co wjce, to geſt zbytek).

7. Die meiſten Stücke meiner Handſchrift aus der erſten Hälfte des XIVten Jahrhunderts auf Pergamen in 12. Sie enthält lauter Gedichte und Lieder in vierfüßigen gereimten Verſen, meiſtens geiſtlichen Inhalts. Die beträchtlichſten darin ſind:

a) Die Legende vom heil. Prokop, woraus Durich in ſeiner Bibliotheca Slav. S. 17, 46, 47 einige Verſe anführte.

b) Die neun Freuden Mariä.

c) Die weinende Magdalena am Grabe Jeſu.

d) Das Weinen der Jungfrau Maria.

e) Die Paſſion.

f) Die zehn Gebothe Gottes.

g) Die schöne Fabel vom Fuchse und Kruge. Diese ließ Hr. Ant. Puchmayer im 1ten Bänd= chen seiner Sammlung böhm. Gedichte 1795 aus dieser Handschrift abdrucken.

h) Satyren auf Schuster, böse Richter, auf Schmiede, Mälzer, Bader, Fleischhauer, Bäcker. Franz Tomsa nahm sie in seine Chrestomathie auf.

i) Das Gedicht vom reichen Prasser (o Bo= hatcy) beschließt die ganze Sammlung.

Das iu für das neuere i kommt in allen die= sen Stücken seltner vor, aber doch noch bole- yucz, zieleyucz für belegic, želegic; gyu (eam), przed nyu, für gi, před nj; auch noch liutostiwy, giessiutnye für litostiwý, ges= sitně (in vanum); otczu für otci, yuzt für gižt'. Die erste Person geht bald auf jm aus: prawym, sadym, odpustym, bald wieder auf i: prawi, uczyny, zhozi, ukraczy, ztraczy, zaplaczy für prawjm, učinjm, zbodjm, ukrátim, stratjm, zaplatjm. So auch prossy und prossym. Doch findet man auch razu für radjm, chczu und chczy. Die Verba auf gi mit einem vorhergehenden Vocal, wie offigi, sdiegi, spilegi, porucziegi, wy- strzyhagy, przirownagy, haben selbst in

der 3ten Perſon des Plurals nur ſelten den Vo-
cal u: lagyu, przebywagyu, ſonſt magy,
tbagy, wrownagy. Wenn aber lidie am
Ende des Verſes mit bludie oder ludie (von
bluditi, luditi) ſich reimen ſoll, ſo iſt wohl lidie
für das ältere liudie nur von der Hand des ſpä-
tern Abſchreibers. Die weiblichen Duale poy-
dewie, chczewie, ſſwie, bychwie gelten
auch für die männlichen poydewa etc. Das
Präteritum wiedie, ſelbſt in der erſten Perſon
(yaz wiedie), vertritt das Präſens, etwa wie
das lat. novi. L und r werden in den Sylben,
worin ſie zugleich den Vocal vertreten, gewöhn-
lich verdoppelt: pllny, brrzo.

8. Der ſogenannte Bohemarius in der Bib-
liothek der Prager Domkirche in 4. vom J. 1309.
Zum Behufe der Latein lernenden Jugend, und
vielleicht insbeſondere der 1259 vom Domherrn
Eberhard geſtifteten Bonifanten, die nach ihren
Regeln Latein reden mußten, brachte man eine
beträchtliche Anzahl lateiniſcher Wörter mit beige-
fügten böhmiſchen Erklärungen in Verſe, welche
die Lehrlinge auswendig lernten. Das ganze la-
teiniſch = böhmiſche Vocabularium beſteht aus 886
Hexametern. Die Uiberſetzungen ganzer Redens-

arten, die voran gehen, ließen sich nicht in Verse zwängen. Zur Probe nur weniges:

Est ortus wychod, fed occasum fore zapad,
Aurora zorze, tibi sit impreſſio zarzye.
Dic fore wyetr ventus, sed zywel ele-
              mentum.
Aer sit powyetrzye, flatus duch, vapor para.
Spiramen dychanye, cometa sit tibi zazrak.
Hrom tonitrus u. ſ. w.

Die Benennungen der Monate leden, vnor, brzyezen, duben, May, czrwen, czrwnecz, Sirpen, zarzwy (zaṙug), rzygen, listopad, proſſynecz weichen von den noch üblichen nur wenig ab. In Sirpen ist das i eingeschaltet, wo doch sonst solche Sylben hier ohne Vocal geschrieben werden, wie blcha, czrmak, czrny, czrt, czrtadlo, czrw, czrwen, zrnow, deren Aussprache man später durch ein aufgenommenes e milderte: bledja, čert, žernow. In brzuch, czelust, yucha, kozuch, koſſule, lud, lude, luſnye (liſſně), ſlubugu, wyzu video, hat sich das ursprüngliche u noch erhalten, womit aber das i abwechselt: gyſſel sorbitium, gytro jugerum, ſlibeno, znagy, ſlubugy. So kommen auch noch gu für gi, ſuknu für ſukni, towarzi ſu' für towariſſi vor. Für die Sylbe die wird oft nach Polniſcher Art ʒʒye, für ʒye aber cʒye geſchrieben: dʒyed avus, dʒyecʒe puer, dʒyekan und dyekan; cʒyelo corpus, anſtatt tielo, cʒyeſto für tieſto, doch nicht immer. Ein= mal ſteht wʒhodycʒi obviare, ein andermal wʒhodyti. Chcʒyel iſt unſer chtiel. Kleinere Abweichungen ſind: oʒda, oʒnycʒe für hwoʒd, hwoʒda, rʒetaʒ anſtatt ſetěʒ Kette; ſtblo und ʒoblo calamus für ſteblo Strohhalm; woʒkrr Roß, nähert ſich dem gemeinen woʒgr, wofür man in Büchern oʒher findet. Labie, jetzt labe, iſt die Elbe; chrʒyen, jetzt kren, der Meerrettich. Daß auch ſchon aus dem Latein und Deutſchen entlehnte Wörter vorkommen, wie kalamarʒ ca- lamare, cʒyl Ziel, cʒyhla Ziegel, iſt wohl be= greiflich, da dieſe zwey Quellen ſeit Jahrhunder= ten den Böhmen offen ſtanden. Von veralteten Wörtern will ich nur einige herausheben: boch perna, byelpuch pergamenum, cʒiſtecʒ ſtan- num, chrʒyeſcʒ asparagus, dehna cacodae- mon, dyeſſ leviathan, kra maſſa, krʒno chlamis, lyſycʒe torcular, oruʒye arma, oʒyedle orificium, palcʒerʒ caeſaries, paʒye brachium, podgeſſen autumnus, pep pres- byter, prʒyelud phantasma, rinerʒ verna, rzemdyh maniplus, rzepicze crater, ſtrzyetek titinillus, ſkula rima, ſtworzecz sturnus, ſlemye tignum, waten vulva, zawoy vitta, zmek belial, zak (d. i. žak) clericus. Aus den Uiberſetzungsübungen will ich nur zwey Stellen anführen, die elliptiſche Redensart ſtul, appone silentium, wobei hubu das Maul verſtanden werden muß, und die Phraſe czyn ſye toho newyeda, transeas id mente neſcia.

9. Die Alexandreis in böhmiſchen Verſen, in einer Handſchrift der Prager Domkirche in Fol. Die Uiberſchriften der Kapitel ſind lateiniſch. Die erſte lautet: Hic incipit Alexander Boemicalis, worauf die Vorrede von 68 Verſen folgt und ſo anfängt:

Genz zeymene byl wyehlaſny
Cehcz rozum byl tak raſny
Ze gmu bylo wſyeczko znamo
W zemi w morzi w hwyezdach tamo.

Der böhmiſche Uiberſetzer ſpricht hier von Salomon; da nun auch dieſem noch viererley Dinge unbekannt geblieben wären, ſo hofft der Dichter eher Nachſicht, indem er, mit ihm verglichen, ſo klein ſey, wie ein Wachslicht vor der Sonne:

I

Neb ſſem ʒ rʒiebnyix tako maly
Jakʒ prʒiebelwem, ʒwyerʒ vſtali
A prʒieb ſluncʒem woſſcʒtyena ſwyecʒka
Neb prʒieb morʒiem myelka rʒiecʒka.

Er will alſo den Tadel der Neider nicht achten, und ſchließt ſeine Vorrede mit den Worten:

Jaʒ na ty gyſtye nedhcʒi dbaty
Chcʒy ʒpewnye wyedyety daty
Tyem wſſyem kterʒyʒ rocʒſſty ſlogye
Necʒſtnych ſye nycʒ nebogye
O krali cʒſſty toho ſwyeta
Geſto wty cʒaſy oſwyeta.

Das Gedicht beſteht aus mehr als 2000 ſolchen Verſen, und müßte etwa noch einmal ſo viel betragen, wenn die Handſchrift nicht ſchön mit den erſten ſieben Verſen des 34ten Kapitels aufhörte. Der Anfang des Gedichtes iſt:

Kral Philipp byl w ʒemy rʒiecʒky
Muʒ ſlowutny wecʒſty ſwyecʒky
Poſwem prawu myeſye ʒenu
W ʒboʒi wecʒſty poroʒenu.
Olympyas tak ſlowieſye
Owſſem dywne kraſy byeſye.

Das Ende: Hic intrat Alexander montium altitudines:

W tu dobu kral Maczedonye
Geho woy geho podkonye
W take ſye hory tahnyeſye
Gyezto wyſſoſt taka byeſye
Jakz gych ſotnye moz dozrzyety
Tuhdy gemu byeſye gyety.

Der böhmiſche Dichter hatte ſich wahrſcheinlich
an eine deutſche Bearbeitung dieſes Gedichtes ge=
halten, wenn ihm gleich das lateiniſche Original
nicht unbekannt ſeyn mochte. Den lateiniſchen
ſechs Verſen:

Qualiter Hyrcanis cum forte leunculus arvis
Cornibus elatos videt ire ad pabula cervos,
Cui nondum totos descendit robur in artus,
Nec bene firmus adhuc, nec dentibus asper aduncis,
Palpitat, et vacuum ferit improba lingua pa'atum,
Effunditque prius animis quam dente cruorem.

entſprechen in der böhmiſchen Uiberſetzung fol=
gende:

194. Jakzto lwowy ſtyenecz prawye
Genz geſtye nenye naſtawye
U genz geſſtye netwrd w nohy
Ny mu doſſel zubek mnohy
Dzrze nye... ſtado wolow
Wſak pochcze k ny n ſyory dolow.

200. Nemoha te moczi gmyety
Stana y poczne tam chtyety
Czoz neſſona nanicz myeny
Wſak to pokaze wſwem chtyeny.

In dieſer Handſchrift kommt zwar das yu
für i noch häufig vor: lyud, blyud, yutro,
tyusycz; doch eben ſo häufig y: lyd, klyd,
weil die ſpätern Abſchreiber die Vocale zu ändern
pflegten. Daher nun die Reime lyuda — klyda,
lyudi — wyklydy, lydy — bludy, ſich leicht
berichtigen laſſen, wenn man den urſprünglichen
Vocal an die Stelle des jüngern y ſetzt. Unter
den veralteten Wörtern ſind zu bemerken pruhlo
Schlinge, utroba das Eingeweide, komon Pferd,
ſen dieſer, ſyeho ſwyeta dieſer Welt, ſen y on
dieſer und jener. Im Dativ iſt em (für om)
nach flüſſigen Conſonanten nicht ungewöhnlich:
kralem, wogem. So auch wogewati von
woy, das Heer, für bogowati. Wz wird
noch als trennbare Partikel mit dem Accuſativ
gebraucht: wz hospodu, wz wodu anſtatt
na hospodu, na wodu. Unſer wzůhru, zhůru,
iſt noch ein Uiberbleibſel des ehemaligen Gebrauchs
des trennbaren wz vor den Subſtantiven.

§. 11.

Dritte Periode vom J. 1310 bis 1410.

Die meisten ältern Gedichte, deren Alter sich nicht bestimmen läßt, mögen wohl in den Zeitraum vom J. 1250 bis 1350 fallen. Die herrschende Epoche der böhmischen Dichter scheint also nur bis zur Stiftung der Universität zu Prag 1348 gedauert zu haben. Manche Versuche mußten schon voraus gehen, ehe es Dalimil wagen konnte, die ganze Geschichte von Böhmen in böhmischen Reimen abzufassen. Bei der Krönung des Königs Johann 1311 drückten die Böhmen ihre Freude auch durch böhmische Gesänge aus, wenn gleich die Zahl der deutschen Sänger größer war. Der Abt Peter von Königsal bezeugt dieß in schlechten lateinischen Hexametern singend:

Turba Bohemorum canit hoc, quod scivit eorum
Lingua, sed ipsorum pars maxima Tewtonicorum
Cantat Tewtonicum.

Nach Dalimil fuhren auch noch andere fort, die Heldenthaten oder den Tod berühmter Böhmen, als des Plichta von Žerotin, Wilhelms von Hasenberg, zu besingen. Lupacius nennt das Lied auf letztern cantio, quae eo tempore fuit in ore hominum celeberrima, und

er würde es beim 4ten Oktober seinem Kalender
eingeschaltet haben, wenn es nicht in böhmischer
Sprache geschrieben gewesen wäre. Das Lied über
die Schlacht bei Kreſſy 1345 und über König Jo-
hanns Tod, das seinen und der übrigen böhmi-
schen Helden Ruhm verewigen sollte, nimmt bei
ihm im Leben Karls IV. fünf volle Seiten ein,
woraus Abauct Voigt eine Probe (Act. Boh. I.
183 — 186.) abbrucken ließ. Unter diesem Kö-
nig aus dem Luxenburgischen Hause ist der Nach-
ahmungstrieb der Böhmen durch das Neue und
Ungewohnte, das sie bei seinem Hofe sahen, mäch-
tig gereizt worden. Ein großer Theil derselben,
besonders aber die höhern Klassen, fanden an frem-
den Sitten, Kleidern, Stiefeln (daher nun boty
anstatt ſſkoŭně), am neuen Haarputze und an
der deutschen Sprache Geschmack. Sie ahmten
das Fremde nach, nicht anders, als wenn sie ge-
glaubt hätten, sie müßten nun nach erloschenem
Přemyſlischen Stamme aufhören, Böhmen oder
Slawen zu seyn. Es wurde zum Sprüchworte:
die Böhmen sind wie die Affen. Der Adel und
der Bürger von feinerer Lebensart in der Haupt-
stadt nahmen die Hofsprache an. Und da ohne-
hin viele Städte im Lande schon seit dem vorigen
Jahrhunderte mit Deutschen besetzt waren, so ge-

wann auch hier die deutsche Sprache immer mehr
Ansehen. Die ersten geschriebenen Stadtrechte
haben deutsche Rathsmänner zu Prag 1341 mit
des Königs Bewilligung in deutscher Sprache ent=
worfen. Doch ward die lateinische Sprache noch
immer in öffentlichen Verhandlungen, und wenn
Urkunden ausgestellt werden sollten, allgemein
gebraucht. Mit einer Art von Zufriedenheit er=
zählt es der deutsche Abt von Königsal in seiner
Chronik, daß um das J. 1330 bei Hofe und in
den meisten Städten die deutsche Sprache mehr
im Gebrauche war, als die böhmische. (In om=
nibus civitatibus *fere* regni et coram rege
communior est usus linguae theutonicae
quam bohemicae.) Daß auch öffentliche Aem=
ter und königliche Schlösser vom Könige an Aus=
länder vertheilt wurden, damit konnten die äch=
ten Böhmen weniger zufrieden seyn. Es entstan=
den zwischen ihm und den böhmischen Herren Miß=
helligkeiten, und der König mußte endlich dem fe=
sten Sinne und der Macht der letztern nachgeben.
Dalimil, der ganz im Geiste der eifrigsten böh=
mischen Patrioten schrieb, beschloß seine Chronik
mit einem Wunsche zur glücklichen Regierung des
Königs, der sehr bedeutende Winke enthielt. Es
heißt:

Toho Boze racz dluho vzdrawiti,

　　N racz geho Tworcze navcziti,

Aby milowal zemany,

　　A wswe radie gmiel czeſke Pany,

Neb　ſtiemi moze czti dogiti,

　　A bez nich nemoze zemie vpokogiti,

Anebo gemu zemanom vwierziti,

　　Nebo z zemie ſerzti gieti.

Panom razy mudru byti,

　　Kdez mohucz pokoy cziniti.

Und nach 8 Verſen weiter:

Razy wam przideli wam kdy ktere wolenie,

　　Chowayte ſie ſkrze les na krziwa drwa

　　　　chozenie.

Czot' tiem mienim ſam znamenay,

　　Zwol ſweho yazika, czizieho nechay.

Karl IV. wußte die Begünſtigungen, die
er als Kaiſer den Deutſchen angedeihen ließ, eben
ſo klug als König von Böhmen zu mäßigen, daß
keine Klage laut werden konnte.　Prag war zu
ſeiner Zeit nicht nur die volkreichſte Stadt in ganz
Deutſchland, ſondern des kaiſerlichen Hofes we=
gen auch zugleich der Sammelplatz der Künſte
und Wiſſenſchaften.　Diejenigen Kenntniſſe, die
man ſich auf der neu geſtifteten Univerſität ſeit

1348 erwerben konnte, äußerten ihren Einfluß auf die Cultur der böhmischen Sprache zwar nur mittelbar, aber doch in der Folge sichtbar genug. Karl selbst lernte nicht nur böhmisch sprechen, sondern auch schreiben, und wenn gleich noch alle Urkunden in seiner böhmischen Kanzley entweder in lateinischer oder deutscher Sprache ausgefertigt wurden, so vergaß er doch nicht die flawische Spra= che selbst den Söhnen der Kurfürsten in der gol= denen Bulle (1356) zu empfehlen.

Statuimus, lautet der 30ste Artikel, ut illustrium principum, puta Regis Bohemiae, Comitis Palatini, Ducis Saxoniae et Marchionis Brandenburgensis, Electorum filii vel haeredes et succefsores, cum verisimiliter theutonicum idioma, sibi naturaliter inditum scire praefumantur et ab infantia didicifse, incipiendo a feptimo aetatis fuae anno in Grammatica, Italica et Slavica linguis instruantur, cum illud non solum utile, immo ex causis praemifsis summe necefsarium habeatur.

In der böhmischen Uibersetzung nach der Pra= ger Auflage vom J. 1619 wird die flawische oder böhmische Sprache der italiänischen vorgesetzt:

aby ob ſebmi let při Grammatyce včili ſe
gazykům, Slowanſkému aneb Czeſkému a Wla-
ſkému. Schon als Stifter des Benedictiner Klo-
ſters in Emaus für die ſlawiſchen Mönche aus Croa-
tien bezeugte er, wie werth ihm die ſlawiſche
Sprache war. In einer Urkunde vom J. 1356,
kraft welcher er dem Schreiber der ſlawiſchen Bü-
cher für dieſes Kloſter, Johann, einen Gehalt
anweiſet, nennet er ſie nobilis, die edle ſla-
woniſche Sprache, und insbeſondere für Böhmen
hatte er in ſeinen Satzungen verordnet, daß kein
Richter im Lande angeſtellt werden ſollte, wel-
cher der böhmiſchen Sprache nicht kundig wäre.
(Kterýžby newměl mluwiti a rozumieti řeči
Czeſkého gazyka, geſſto ſlowe řeč ſlowanſká).
Seine Frau, die Königin Eliſabeth, die 1393
ſtarb, hat auf die Einfaſſung ihrer Löffel böh-
miſche Sprüche eingraben laſſen. Auf einem z. B.
ſteht: Czo pan buoh da, to ſe ſtati ma. Siehe
die übrigen bey Joſ. von Bienenberg in der Ge-
ſchichte von Königingrätz, woſelbſt die 24 Löffel
noch aufbewahrt werden.

Sein Sohn Wenzel war unter den böhmi-
ſchen Königen der erſte, der auch ſchon Urkunden
in böhmiſcher Sprache ausfertigen ließ.

In Pelzels Urkundenbuche zu Wenzels Lebensge-
schichte findet man Num. CXVIII die älteste
vom J. 1395 genau abgedruckt. Alter, der in
seinem Beytrag zur praktischen Diplomatik für
Slawen (Wien 1801. 8.) die diplomatische Epo-
che der böhmischen Sprache ganz richtig in das
Ende des 14ten Jahrhunderts versetzt, wollte
doch noch eine ältere Urkunde von Wenzel, näm-
lich die in Bienenbergs Geschichte der Stadt Köni-
ginhof Num. VI angeführte vom J. 1368, ge-
funden haben. Allein das Original von diesem
Briefe ging durchs Feuer zu Grunde, und Wla-
dislaw bestätigte in einer böhmisch geschriebenen
Urkunde vom J. 1509 die ihm vorgelegte Ab-
schrift in einer böhmischen Uibersetzung, dessen
Original unfehlbar lateinisch war. Siehe daselbst
Num. XX.

Es gibt zwar noch ältere Briefe in böhmi-
scher Sprache, aber keine königliche. In den
so genannten Errichtungsbüchern (Stiftungsbrie-
fen) bey Balbin Miscell. L. V. kommt Vol.
II. Q. 4. S. 76 eine Stiftung der Hohenelber
Bürger vom J. 1386 vor, wobei Balbin die
Anmerkung machte: sunt literae Bohemicae,
quod hactenus nunquam factum anim-
adverti. Nebst dieser ist aus dem XIVten Jahr-

hundert nur noch eine vom J. 1398 daselbst S.
279 angezeigt. Von Jodok, Markgrafen in Mäh=
ren, ist eine im J. 1393, von Prokop eine andere
im J. 1395 in böhmischer Sprache ausgefertigte
Urkunde in der ständischen Registratur zu Brün
vorhanden. Im XVten Jahrhunderte kommen
sie zwar häufiger vor, sind aber noch immer bis
in die Mitte desselben selten genug. Wenzel hat=
te unter seinen Hofleuten auch geschickte Männer,
welchen man böhmische Uibersetzungen damals be=
liebter Werke zu danken hat. Ihm eignete An=
dreas von Duba, ehemaliger Oberster Landrich=
ter seine böhmisch verfaßte Landgerichtsordnung zu.
Seine besondere Gunst gegen die Böhmen legte
Wenzel durch das Decret vom J. 1409 an den
Tag, wodurch der böhmischen Nation bey allen
Acten an der Universität drey Stimmen zugespro=
chen worden, da sie vorhin nur eine hatte. Nach
dem Abzuge der deutschen Professoren und Studen=
ten ward nun die böhmische Partey an der Uni=
versität die herrschende.

Um das J. 1374 gab es schon Leute, die
aus Eifersucht das Schreiben böhmischer Bücher
laut mißbilligten. Thomas von Sstjtný,
ein böhmischer Edelmann, der für seine Kinder
einen christlichen Unterricht böhmisch verfaßte, ver=

theidigte in seinen Vorreden mit Eifer das Lesen
böhmischer Bücher geistlichen Inhalts. Seine
Gegner sucht er durch eine Homilie des heil Augu=
stin von dem Nutzen der Lesung der heil. Schrift
zu beschämen, und fährt in seinem Eifer fort:
A ty gesto byzdye knyby czesse acz y dobre.
snad chtyecz aby gen samy byly mudrzy wy=
dyeny. mohli by se dobrze leknuty bozie po=
msty, d. i. „Und diejenigen, welche die böhmi=
schen Bücher, wenn sie gleich gut sind, schänden,
indem sie vielleicht nur allein klug scheinen wollen,
sollten wohl vor der göttlichen Rache erschrecken.”
Er bedauert es, daß der Tadel dieser milzsüchtigen
Eiferer für ihr Latein mehr die g u t e n Bü=
cher träfe, als schlüpfrige Gedichte, als R o =
m a n e , wodurch Wollüstige noch mehr zur Wol=
lust entzündet würden. (Ano mnozy rady by
czesse knihy zatratily a toz gen dobre. O=
nyem basnyem gymyz smylny wyecze se wswem
smylstwye rozzehugy nycz nedyegy.)

Unter den g u t e n Büchern, deren Lesung
man damals nicht gut heißen wollte, mag S s t i =
t n y vorzüglich die h. Schrift verstanden haben.
Um diese Zeit sind doch schon einzelne Theile der
Bibel in mehrere Hände gekommen, wenn wir
gleich noch keine Handschrift der ganzen Bibel auf=

weisen können, die vor dem Ausgange des 14ten Jahrhunderts geschrieben worden wäre. Die Königin von England Anna, Gemahlin des Königs Richard II., eine Schwester von unserm König Wenzel, soll die vier Evangelien in böhmischer, deutscher und lateinischer Sprache besessen haben. Anna ward im J. 1381 mit Richard vermählt und starb im J. 1394. Von diesem Evangelienbuche, das Lelong aus Ulserii hist. dogm. anführt, sagt Wiklef: Nam possibile est, quod nobilis regina Angliae soror Caesaris habeat Evangelium in lingua triplici exaratum, scilicet in lingua bohemica, teutonica et latina, et haereticare eam propterea foret luciferina stultitia. Diese Stelle führet denn auch Hus Tom. I. p. 108. in der Replik wider Stockes an. Wiklef selbst verfertigte eine englische Bibelübersetzung König Wenzel hatte zu seinem und seiner Gemahlin Gebrauch eine deutsche Bibel auf Pergamen abschreiben lassen, die jetzt in der Hofbibliothek zu Wien aufbewahrt wird. Dieß alles mußte endlich bey eifrigen Böhmen den Entschluß hervorbringen, auch für eine böhmische Uibersetzung der ganzen Bibel zu sorgen.

Im J. 1397 endigte Johann von Holeſchau, ein Benedictiner des Kloſters Brewniow bey Prag, ſeinen Commentar über das alte Lied Hospodi-ne pomiluy ny, worin er als erſter böhmiſcher Philolog einige veraltete Wörter und Wortformen erkläret. S. oben 77.

§. 12.

Denkmahle der böhmiſchen Sprache aus dieſem Zeitraume (1310 — 1410.)

1. Eine gereimte böhmiſche Chronik, Kronyka čeſka, deſſen Verfaſſer wir nicht kennen. Gewöhn-lich nennt man ihn Dalimil, weil beim Hagek in dem Verzeichniſſe der von ihm gebrauchten Ge-ſchichtſchreiber auch ein Dalimil Mezyřicky Kanow-njk koſtela Boleſlawſkeho angegeben iſt. Allein der böhmiſche Dichter, der vermuthlich um Be-wirthung und Sold auf der Burg eines Herrn (etwa Wilhelms von Haſenburg) die Thaten ſei-ner Vorväter in Reime brachte, iſt von dem alten Prieſter zu Bunzlau, bey dem er ein Exemplar der alten Chronik (unfehlbar den Coſmas in latei-niſcher Sprache) fand, wohl zu unterſcheiden, und darf mit dem Bunzlauer Domherrn nicht ver-mengt werden. Hagets Benennungen, da er Un„

genannten ganz willkührliche Namen zu geben
pflegt, ist ohnehin nicht zu trauen. Paul Ses=
sin, der sieben Handschriften bey seiner Ausgabe
vom J. 1620 gebrauchte, nennt sie Kronyka sta=
rá Klásstera Boleslawského, alte Chronik des Klo=
sters zu Bunzlau. Eine neue Ausgabe mit Va=
rianten aus vier Handschriften besorgte im J.
1786 Franz Faustin Prochazka unter dem
Titel: Kronyka Boleslawská, und versah sie mit
einigen theils grammatischen, theils historischen Er=
läuterungen. Dem Inhalte nach schließt die
Chronik mit Johanns Krönung, als mit einer
merkwürdigen Begebenheit. Im J. 1314, also
nur wenige Jahre nach derselben, endigte er sein
Werk. Es lassen sich aber zwey verschiedene Re=
censionen dieser Reimchronik unterscheiden, eine
frühere, und eine spätere. In der letztern sind
schon manche historische Data, die in der ersten
sehr fehlerhaft angegeben waren, berichtigt wor=
den. Handschriften von der spätern Recension
hatte Prochazka zwey, P. und F. d. i. die Pel=
zelische und Fürstenbergische, beyde ohne Jahrs=
zahl, vor sich. Zusätze und größere Abweichungen
kommen bey Prochazka S. 258, 261, 264 vor.
Die ältere Recension enthalten die zwey Hand=
schriften Z. und FF. d. i. die Zebererische vom

J. 1459 und die bei den Franziskanern vom J. 1441. Aber selbst die Handschriften von der ersten Recension sind nicht von allen spätern Zusätzen frey. Die Abschreiber konnten nicht umhin, irgend eine Heldenthat eines Vorfahrs jener Familien, für deren Geld sie schrieben, am gehörigen Orte einzuschalten, wie z. B. die sechs Verse vom Czachoweß in der Handschrift F F, bei Prochazka S. 311. Sie nehmen sich auch die Freyheit, veraltete Wörter mit neuen zu vertauschen. In dem Verse: nebo taynie s Wlaſtu ſwiet gmiegiechu (Kap. 11.), haben die meisten Abschreiber das Wort ſwiet entweder durch rada, Rath, erſetzt, oder gar in ſmiech verwandelt. Doch liest eine Handschrift auf Papier bei den Minoriten zu Prag, die aber nur bis zum 14ten Kapitel reicht, noch ſwiet, und bestätiget also die alte richtige Lesart. Swiet ist hier aus ſ und wiet zusammengeſetzt, und heißt buchstäblich colloquium, Rücksprache, Rath, im Russischen soviet, im Altslavischen s - viet. Für muſym, muſy liest bloß die Fürstenbergische Handschrift an drey Stellen drbi. In der Orthographie, besonders in der Veränderung des ursprünglichen iu in i, waren die Abschreiber noch freyer. S. 72 steht der Reim lud und blud, allein Prochazka

fand das lud der erſten Ausgabe in keiner Hand‐
ſchrift mehr, ſondern lid. So kann auch S. 70
der Reim nelibj und vrubj nicht von der Hand
des erſten Verfaſſers ſeyn, ſondern er muß neliubi
geſchrieben haben. Man vergleiche noch die Rei‐
me libe und nebube S. 135, wlubj und libi S.
140, libi und ſubi S. 168, woſelbſt der Her‐
ausgeber für den Imperativ ſubi nicht das Prä‐
ſens ſaudj hätte ſetzen ſollen; ferner ſubj und libi
S. 187, wo doch F F lubi lieſt; klibj und ſubj
S. 211, endlich ſubj und rozklibj S. 327. Aber
in Rückſicht der alten Formen des Duals, des
einfachen Präteriti auf ach, ech, ich u. ſ. w.
bleibt uns dieſes Denkmahl noch immer ſehr wich‐
tig. Es ſcheint ein Lieblingsleſebuch durch zwey‐
hundert Jahre geblieben zu ſeyn Nie hatte der
böhmiſche Nationalhaß gegen die Deutſchen einen
ſo hohen Grad erreicht, als ihn hier der Dichter
ſchildert. Groß und tapfer ſind ſeine Helden, die
böhmiſchen Herren und Ritter, wenn ſie die
Deutſchen aus ihrem Vaterlande hinausjagen; klein
und ohnmächtig die Könige, wenn ſie deutſchen
Räthen Gehör geben. Heftig und grob iſt ſein
Schimpf auf Deutſche, die er für erklärte Feinde
des böhmiſchen Ruhms, der böhmiſchen Nation
und Sprache anſieht, und ſie durchgängig für die

Urheber alles Unglücks hält. Lüge und Erdich=
tung nahm er zu Hülfe, um sie allen Böhmen
noch verhaßter zu machen, als sie es seit Otto=
kars Niederlage schon waren. Immer mochte der
warme Patriotismus an ihm gefallen: nur hätte
man ihn nicht auch für einen glaubwürdigen Er=
zähler halten sollen. Aus ihm kamen die albern=
sten Mährchen in unsere Geschichte. Frühe schon
ist diese Chronik in deutsche Reime gebracht wor=
den, wovon eine Handschrift vom J. 1389 auf
Papier in der Bibliothek der Domkirche vorhan=
den ist. Nebst dieser gibt es noch eine prosaische
Uiberseßung, die Hier. Pez nach einer jüngern Ab=
schrift des Christoph Hoffmann, der im J. 1534
starb, im 2ten Tom. seiner Script. rerum
Austr. p. 1044 — 1111 abdrucken ließ. Ein
viel älteres Exemplar sah ich vor 22 Jahren im
Kloster St. Emmeram zu Regensburg.

Nach Dalimils Beispiele fuhr man fort, auch
einzelne Begebenheiten in Liedern zu besingen.
Geßin fand die Beschreibung des Turniers vom
J. 1315 zwischen Rudolfs und Wiencks Knap=
pen in einigen Exemplaren, und hing sie seiner
Ausgabe an. In der Fürstenbergischen und der
schönen Gerronischen Handschrift auf Pergamen
ohne Jahrzahl stehen nebst dem Turniere noch
K 2

mehrere Stücke vor dem letzten Kapitel, in einer
andern Cerronischen auf Papier vom J. 1443
hinter demselben. Diese sind: a) Der Zug des
Königs Johann wider den Grafen Matthias von
Trentschin im J. 1315, 31 Verse: Przi tom
czassie w Morawie zle sie diegisse u. s. w. b) Wil=
helms von Hasenberg Heldenthaten, 40 Verse.
c) Die Bewegungen der böhmischen Herren ge=
gen K. Johann im J. 1316. d) Plichta von
Zerotin 1319. Wilhelms von Waldek Tod aber
1319 blos in der Fürstenbergischen und der Lob=
kowitzischen Handschrift auf Pergamen in 12. 48
Verse: Zeleymy czeskeho pokolenie, genz sie gest
stalo nedawno nynie, ssel cztny pan Wilem z
Waldeka. In der letztern kommt noch eine artige
Anekdote vom Könige Johann vor, wie er sein
Reitpferd einem Lastwagen vorspannen ließ. Aus
einer alten Kaunitzischen Chronik, die Paprocky
bei den Nachkommen der Herren S st o s e fand,
führt er in seinem Diadocho II. 285, 286 meh=
rere ähnliche Verse an, einige auch in seinem Spie=
gel (Zrcadlo) des Markgrafthums Mähren S. 410.
Seiner bekannten Leichtgläubigkeit ist es kaum zu
verzeihen, wenn er im Diadocho (IV. 254) auch
die Prophezeyungen der Libusse von den gold=
und silberreichen Bergen in Böhmen, in solchen

Versen abgefaßt, uns vorlegt und bereden will, sie in den Schriften eines Tobias Křiwogen Bu= bek von Falkenberg, der im J. 1269 zu Saaz Dechant gewesen seyn soll, gefunden zu haben.

2. Verschiedene Gedichte, meist geistlichen In= halts, in einer Handschrift auf Papier in 4. in der Bibliothek der Prager Domkirche, worin fol= gende Stücke enthalten sind: a) Der böhmische Aianus, ein allegorisches Gedicht von der Wieder= herstellung der ursprünglichen Vollkommenheit des Menschen, 19 Blatt. b) Die sieben Freuden Mariä, 11 Blatt. Siehe oben S. 124 c) Ge= dächtniß des Todes, 3 Bl. d) Die Himmel= fahrt Mariä, 7 Bl. e) Sechs und zwanziger= ley Narren, 2 Bl. f) Fünf Quellen der Sün= de: das Herz, der Reichthum, die Armuth, böse Gesellschaft, Gewohnheit, 2 Bl. g) Anselmus von dem Leiden Christi, ein Gespräch zwischen Anselmus und der h. Jungfrau Maria, 14 Blatt.

h) Catonis Disticha, lateinisch und böh= misch, 25 Blatt.

i) Gebethe in Versen zur Jungfrau Maria, eines in Prosa; das Responsorium nebst den Ver= sen von der h. Dorothea, 7 Blatt.

k) Ein lateinisch = böhmisches Vocabularium, 5 Blatt. Dieses und eine Homilie des h. Augu=

ſtins wider die Wahrſagerey ſcheinen von jüngerer Hand zu ſeyn.

Aus dem Alanus mögen hier als Probe der Orthographie und Sprache einige Verſe ſtehen:

Sedm neby vzrzye potom
Tot chczy powyedyety o tom
W nychz ſedm planet pczyebywa
Kazdy ſwym czaſem otbywa
Tyech dwa czeſky gmena mata
A pyet czeſky gmen nemata
Myeſyecz ſluncze tak dwa ſlowu
Wenus Mars tat ponych plowu
Merkurius Saturnus k tomu
Jupyter kazdy w ſwem domu
Pod ſlunczem ſye zlato rody
Pod Myeſyeczem ſtrzyebro wzchody
Merkurius rtut przywody
Mars z ſwe moczy czyſtecz plody
Wenus myed czyny na nowo
Saturnus plody olowo
Jupyter wzelezye brody
A tak druh druhu nevſſkody.

Alſo hatte man damahls für die Planeten, Sonne und Mond ausgenommen, noch keine böh= miſche Benennungen. Das Zinn heißt auch im

Bohemarius (oben S. 126) čistec. Das de=
monſtrative Pronomen ow, owa, owo kommt
ſonſt nicht leicht vor. Pſáno, gemahlt, behielt
noch ſeine erſte Bedeutung. Pſáti (pisati) hat=
te alſo gerade die Bedeutungen, wie γραφω,
1. mahlen, 2. ſchreiben.

3. Eine gereimte Leidensgeſchichte Chriſti (Skla=
banie o vtrpenj) auf Papier in 4. in der Fürſtl.
Lobkowitziſchen Bibliothek zu Raudnitz. In der=
ſelben Handſchrift 2) das Leben Chriſti, 3) der
Rath eines Vaters an ſeinen Sohn (Rada otce
k ſynu) in Verſen.

4. Der böhmiſche Cato, vermuthlich nach dem
Deutſchen: Ein Meiſter Cato war genannt. Die
Neubergiſche Handſchrift auf Pergamen in 16.,
welche Voigt in ſeinen Act. lit. Bohem. Seite
132 — 153 beſchrieben hat, iſt lange nicht ſo
alt, als ſie Voigt machte. Proben daraus ſind
bei ihm und im Slavin an mehrern Stellen ab=
gedruckt. Viel älter iſt die N. 2 unter h) ange=
führte Abſchrift, die ich mit einer dritten alten
Handſchrift der öffentlichen Bibliothek und mit dem
Texte, der am Rande eines lateiniſchen gedruckten
Exemplars der Strahower Bibliothek beigeſchrieben
iſt, vergleichen ließ. Sie weichen in manchen
Ausdrücken von der erſten Handſchrift ab, ſeltner

von einander. Der Anfang lautet: Kato myſtr byl welyky; nach der jüngern Abſchrift: Katho mudrzecz myſtr veliky. Jedes lateiniſche Diſti‑chon wird in ſechs böhmiſchen Zeilen umſchrieben. Das 30te: Quae culpare soles etc. auf fol‑gende Art:

Czoz ſy przywykl hadyty
Nerod tehoz ſam czynyty
Welykat mu hauba bywa
Ktoz ſye yako mudrym wzywa
Ze gyne bude treſktaty
Sam toho nechtye oſtaty.

Für hadyty ließ die Clementiniſche Abſchrift hanyety, die Strahöwer winiti. In einer Neu‑bergiſchen Handſchrift in Fol. vom J. 1445, die mit der römiſchen Chronik anfängt, und mit dem Cato endigt, wird der letzte Vers ſo geleſen: Chczit' tye rab nad ſye chwaliti anebo myeti.

Eine jüngere Cerroniſche Handſchrift auf Pa‑pier in 4. enthält nur das erſte Buch, und ſchließt mit Dapsilis interdum etc. Vtieſſyli kdy pan buoh koho u. ſ. w., wofür die ältern Hand‑ſchriften leſen: Kdyz buoh vtyeſſy ſbozym koho. Es folgen aber in derſelben noch 304 lateiniſche kurze Sprüche, die in böhmiſche Reime überſetzt ſind. Primum quaerite regnum Dei iſt der erſte, Serena dies laetificat homines der letzte Spruch, deſſen Uiberſetzung lautet:

Raſny den libi obweſeluge
Ale den mraczny ſmuczuge.

5. Die jungen Rathgeber in böhmiſchen Reimen. Der Verfaſſer davon S m i l von Rieſenberg, F l a ſſ k a genannt, Hauptmann des Czaſlauer Kreiſes, ward von den Kuttenbergern im J. 1403 erſchlagen. Man kennet noch kein Exemplar Wir begnügen uns alſo mit der Nachricht, die L u p a c i u s beim 13. Aug. davon gab: Composuit populari lingua atque rhythmis librum titulo: Juvenile consilium seu juvenes Consultores, dignum sane lectu; est enim refertus pulcherrimis sententiis ac gnomis, quae sunt normae vitae ac morum, tum praeceptis piis atque salutaribus. Das Gedicht Nowá rada, (bei der Abſchrift des Dalimils vom J. 1459), ſcheint vom erſtern, das etwa mladá rada hieß, verſchieden zu ſeyn.

Man findet wohl noch manche kleinere Gedichte in andern Werken zerſtreuet, deren Alter ſich nicht beſtimmen läßt. Hier will ich nur noch drey nennen, die ſich in der ſchönen Cerroniſchen Handſchrift auf Pergamen Blatt 70, 71 vorfin=

ben. 1) Prawda, die Gerechtigkeit. 2) řeč ginocha mladeho. 3) řeč kmeté stareho.

Pulkawa hatte auch schon eine Sammlung von gereimten Sprüchen der Vorväterweisheit, wo= von er in seiner Uibersetzung der lateinischen Chro= nik nicht selten Gebrauch machte. Siehe S. 130, 164, 169, 194, 234 der Prochazkischen Aus= gabe.

6. Die Historie von Tristram, ein Ritterro= man, (Tristram rek weliký), im J. 1449 abge= schrieben, und der Geschichte von Troja und Man= devill's Reise in einer Handschrift bei den P. P. Minoriten beigebunden. Enthält mehr als 2000 gereimte Verse. In der Stockholmer Handschrift vom J. 1483 fehlen am Anfange einige Blätter; denn sie fängt mit dem 112 Verse an: Nebt' giž nechcy čekati. Das deutsche Original ist in Müllers Sammlung deutscher Gedichte aus dem XII. XIII. und XIVten Jahrhundert (Berlin 1785) im 2ten Theile zu finden. In derselben Handschrift zu Stockholm ist auch noch ein zwey= ter Ritterroman zu lesen. Nämlich

7. Der Tandarias und die schöne Floribelle, 40 Blatt. Hebt an:

Byl geden Král, ten slul Artuš,
Toho mile každy posluš,

Ten byl tať dobrý a tať mocný,
Že wſſj prawdě wſſem pomocný.

Dobrý heißt hier brav, tapfer, und prawda Recht, Gerechtigkeit. Der Tandarides in Proſa ſcheint eine jüngere Bearbeitung zu ſeyn.

8. Die trojaniſche Geſchichte aus dem Lateini= ſchen des Guido von Columna. Balbin, der ſie in einer Handſchrift vom J. 1468 im Kloſter Oſ= ſek fand, ſchreibt ſie aus Uibereilung dem Dik= tys zu, da ſich doch Guido ſelbſt auf ihn bezieht. (Boh. d. III. 203). Bei den P. P. Piariſten zu Leipnik in Mähren ſah ich vor 26 Jahren eine Handſchrift auf Papier in 4. vom J. 1467. Aus den Schlußformeln läßt ſich ſchließen, daß dieſe Beſchreibung des trojaniſchen Krieges eine Lieb= lingsleſerey unſrer Ritter ſeit dem 14ten Jahr= hunderte geweſen iſt. Die Lobkowißiſche ſchöne Handſchrift in Fol. vom J. 1442 ward auf Be= fehl des Paul von Genſtein geſchrieben. Die Verſe von Hektors Tode ſtehen darin nicht zu En= de des Buches, wie in den Ausgaben, ſondern nach dem 21ten Kapitel. Die Abweichungen des gedruckten Textes ſind größtentheils unerheblich. In der Ausgabe vom J. 1488 ſteht z. B. neſ= myſlna für wſtekla, naplete für namiete, když geſt bylo na vſwitie anſtatt když by na vdnienij. Eine

andere Handschrift (ehedem bei den Minoriten zu
Prag) in Fol. vom J. 1437 ließ sich der Ritter
Wenzel von Kleinbascht (z Basstku) abschreiben,
um ritterliche Thaten zur Vertheidigung des gött=
lichen Gesetzes und des Rechtes daraus zu lernen.
„Naprzied k slawie bozy a keczty a kuzitku libu
ritierzsskeho zemie czesse, aby ge cztucze nebo sli=
sstecze navczili sie slawnym a vdatnym sskutkom ri=
tierzsskym kuobranie zakona bozieho a swe wlasti
czesse, chudich a syrich liby pred gich nasilniky
bezprawnymi." Nach dem neuen Testamente
vom J. 1475 ist die trojanische Chronik das erste
gedruckte Buch in böhmischer Sprache. Wenn
sich gleich die Worte: da wir nun (schon) von der
Geburt des Sohnes Gottes MCCCCLXVIII.
anfangen, auf die Handschrift zu beziehen schei=
nen, die man dem Setzer vorlegte, folglich das Jahr
1468 nicht von dem Drucke gelten darf, so hat
die erste Auflage ohne Druckort in 4!, wovon
nur drey Exemplare bekannt sind, alle Kennzeichen
des ältesten Druckes, etwa vom J. 1476. Die
2te Auflage erschien zu Prag mit ganz andern,
gröbern Lettern, im J. 1488. 4. Die dritte
mit Veränderung der häufigen Archaismen eben
daselbst 1603. 8. Die vierte veranstaltete W. Kra=
merius 1790. Vergleiche Böhm. Lit. I. 45 folg.

9. Tkadleček, der kleine Weber, oder žalobnjk a neſſtěſtj, ein langes Geſpräch zwiſchen dem Kläger und dem Unglücke, in der Handſchrift A. ehedem bei den P. P. Minoriten, der Geſchichte von Troja beigebunden. Ich beſitze auch eine neuere Abſchrift nach einer andern Handſchrift. Jat ſem Tkablecz vczenym rzabem, ſo fängt das 3te Kapitel dieſes böhmiſchen Originalwerkes an, bez drziewie, bez ramu a bez železa tkati vmiegi (für vmjm). Sein wahrer Name ſey aus 8 Buchſtaben zuſammen geſetzt; der erſte iſt der 11te des Alphabets, der zweyte der 20te, der dritte der 4te und ſo weiter. Nach der Enträthſlung kommt nun Ludvik heraus, und ſeiner Geliebten Name Abliczka, mit dem Beinahmen Pernikařka. Sie war auf dem fürſtlichen Hofe zu Grätz an der Elbe Einheitzerin (topiczka). Dieſe Beinahmen nimmt der Verfaſſer, der hier als Kläger auftritt, in figürlicher Bedeutung, und geht zu ihrem Lobe über. Ewig müſſe er das Unglück haſſen, weil es ihn von ſeiner Geliebten getrennt habe. Gegen ſeine Anklagen ſucht das Unglück ſich zu vertheidigen. Häufig werden die h. Schrift, Plato, Ariſtoteles, Cicero angeführt. Vor vielen andern albernen Faſeleyen hätte dieſe Schrift, der guten originellen Ausdrücke wegen, wohl verdient, ge=

druckt zu werden. Dieß geschah in Böhmen
nicht; wohl aber außerhalb. Mein sel. Freund
Durich entdeckte einen alten Druck einer freyen
deutschen Uibersetzung in der k. Hofbibliothek zu
Wien. Das Werk ist in 4. ohne Custos und Sig-
natur, mit einem Holzstiche, der einen Bauer vor-
stellt, gezieret, mit der Uiberschrift: Hie nach
volgend etliche tzumale kluger vnd subtiler
rede wissen. Wie eyner der was genant der
Ackerman von behem, dem ein schöne liebe
Fraw sein Gemahel gestorben was, beschiltet
den tode, vnd wie der tode im wider antwurt,
vnd seczet also ye ein capitel vmb das ander,
der capitel seind XXXII. vnd vahet der acker-
mann an also zu klagen: Grimmer tilger al-
ler leute Schedlicher achter aller Welte. Die-
ser Anfang lautet nun im Böhmischen: Ach ach
nastogte, Ach ach bieda, ach nassyle, Ach na tie
vkrutny a wrucy chladiteli wssech zemi, sskobli-
wy sskuobce wsseho swieta, smiely morderzi wssech
dobrych lidij. Das Original ist also viel wort-
reicher. Wie und warum man in die deutsche
Bearbeitung für den Weber einen Ackersmann als
Kläger aufnahm, kann ich nicht errathen.

10. Die ältesten böhmischen Landrechte An-
dreaß von Duba, oberster Landrichter unter Kai-

fer Karl IV. und König Wenzel IV., welchem
letztern das Werk zugeeignet iſt, hat dieſe Samm=
lung gemacht. Sie enthält a das alte böhmiſche
Landrecht (práwo zemſke czeſke), b. die Rechte,
die man bei den ältern Herrn von Roſenberg vor=
fand, und aus ſeinen Büchern abſchrieb (Prawa
pana stareho z Rozmberka), c. die Gerichtsorb=
nung (Rzad prawa zemſkeho), die in dem ſchö=
nen Codex der Altſtadt Prag auf Pergamen in
Fol. auch lateiniſch (Proceſſus tabularum ter-
rae de citationibus diversis) vorkommt.
Die Handſchrift der k. Hofbibliothek zu Wien be=
nützte Balbin in ſeinem Buche de Magistrati-
bus. S. Materialien zur Statiſtik von B. II.
224. In ſeiner Boh. d. III. 196 gibt er den
Inhalt derſelben ſehr unbeſtimmt an: Jura, Le-
ges et Statuta Bohemiae a Przemyslao
usque ad Wenceslaum Caroli filium, li-
ber auro contra pretiosus. Er fand aber
auch zu Hauſe, was ihm außer Böhmen gold=
werth ſchien. Denn unter den Handſchriften der
Clementiniſchen Bibliothek nennt er: Jus Bo-
hemicum bohemice antiquissimo genere
scripturae, verbis etiam antiquissimis
scriptum. S. 110., und abermal S. 111:
Constitutiones regni Boemiae antiquissi-

mo scripturae genere, bohemica lingua.
Item Nalezowe Panuw Czeskych (es ſind
nur einige Landtagsſchlüſſe vom J. 1402 und
1411) et Constitutiones regni latae (nicht
von ihm gegeben, ſondern bei ihm in Büchern ge-
funden) a Domino de Rosis seniore. Ibi-
dem sunt jura civitatis Pragensis. (Die
Stadtrechte kamen ſpäter hinzu). Hic liber
dignissimus est lectu ad cognoscendam
optimam regni gubernationem illis feli-
cissimis aetatibus. In der Krumauer Bib-
liothek bei den Jeſuiten fand Balbin noch einmal
die alten Rechte: Statuta regni Bohemiae,
vetustissimus codex manuscriptus. Boh.
d. I.I. S. 172. Eben dieſe Handſchrift, die
Balbin zu Krumau ſah, iſt mit einer Note am
Rande von ſeiner Hand verſehen, und kam bei
Aufhebung der Jeſuiten in die öffentliche Biblio-
thek. Sie enthält noch viel mehr, als Balbin an-
zeigte. Sie kann auch nicht vor 1486 geſchrieben
ſeyn, da die Landtagsartikel von dieſem Jahre
noch am Ende in ihr zu leſen ſind. Auf die oben
genannten drey Stücke a, b, c, folgen hier: d:
rzad czeſſe koruny Cziefarzem Karlem potwrzený
auf 6 Blatt Damit hören auch in dem prächti-
gen Cerroniſchen Codex die Rechte auf. e. Wſta-

wenie ginak statuta Kralowstwie Czeskeho, auf 13 Blatt. Die lateinischen Satzüngen Karls IV. gab zuerst Paul Geschin im J. 1597 unter dem Titel: Majestas Carolina heraus. Er macht in der Vorrede der böhmischen Uibersetzung Er= wähnung. Bekannter ist die 2te Ausgabe, Ha= nau 1617. So weit reicht die wiener Hand= schrift. f. das Lehnrecht (prawa manska). Die älteste Handschrift des Lehnrechts auf Pergamen aus der Mitte des XIVten Jahrhunderts wird beim k. Fiskalamt aufbewahret. Die böhmische Uibersetzung des Lehnrechts ward sammt dem all= gemeinen Landrecht, worauf sich jenes bezieht, zu Ollmütz (und Leutomischel) 1538 in Fol. gedruckt. Endlich g. die Rechte der größern Stadt Prag, nebst den untergeschobenen Sobieslawischen Vor= rechten und einigen kleinern Stücken, die ich un= berührt lasse. Der Codex der Altstadt begreift nicht nur f. und g. in sich, sondern ganz zuletzt auch die Weinbergrechte (Wysazenie winnic) von Karl IV. Es gibt Handschriften, worin blos die Prager alten Stadtrechte vorkommen. Eine vom J. 1447 in 4. enthält auch die vom So= bieslaw ertheilten Rechte und Freyheiten, die der leichtgläubige Hagek in seine Geschichte aufnahm. In der Klattauer Handschrift in Fol. vom J. 1465

L

folgen die alten Landrechte auf die Prager Stadt=
rechte, und nach jenen wieder andere Stadtrechte,
und zwar die Nürnberger und die Magdeburger.
Der schöne Coder in der fürstl. Colloredo=Mans=
feldischen Bibliothek zu Prag ist eben so vollstän=
dig, als die Krumauer Handschrift. Er kam
von Stockholm, wohin ihn die Schweden als
Beute brachten, wieder in sein Vaterland zurück.
Seinen Werth wußte derjenige zu schätzen, der am
Ende sein Schicksal in 8 lateinischen Distichen be=
schrieb. Unter andern heißt es:

Codicibus quid te jactas Stokholma Boemis,
  Si non sit moris lingua Boema tibi?

— —

Multa quidem patrias fatum referebat in oras,
  Quorum sors numero me sociasse suo,
Caesaris ad regem degens legatus in urbe,
  Me non immodico comparat aere sibi.

11. Die gemeinen Rechte, sammt dem Lehn=
rechte, aus dem Deutschen (Prawa mieſcƶka, weſka,
ſedlſka, a prawa panſka a potom manſka) in einer
Handschrift auf Papier in 4. Oeffentl. Bibl.

12. Der Sachsenspiegel oder das Magdeburger
Recht (Tyto knyhy gſu knyhy o wiƒpilnye prawa
ſaſicƶkeho rƶadu yakoƶ Maydburk poƶywa a ha=
lyſſyene). Die Handschrift der öffentl. Bibl. in
Fol. ist die älteste, die ich kenne. Balbin hatte

sie vor sich, als er Boh. d. III. 113 schrieb:
Jus saxonicum bohemice antiquissimo et
scribendi et loquendi genere. Eine zweyte
schätzbare Handschrift des sächsischen Rechtes be=
findet sich in der fürstl. Lobkowitzischen Bibliothek
zu Prag. Der Codex pervetustus — vete-
ri bohemico sermone scriptus bei Dobner
(Ann. Ha. II. 79) ist die dritte mir bekannte
Handschrift, nämlich diejenige, wie ich mit Grun=
de vermuthe, die ehedem Ritter von Riegger be=
saß. Sie ist im J. 1448 in Fol. geschrieben.
Voran gehen die drey Stücke a, b, c, der alten
Landrechte, die in ein Ganzes von 250 Kapiteln
verbunden sind, so, daß das 2te Stück mit dem
140ten, das dritte mit dem 222 Kap. anfängt.
Die vierte Handschrift, worin das Magdeburger
Recht nebst andern Stadtrechten vorkommen, ist
die Klattauer vom J. 1465. Eine jüngere sah
ich zu Libun bei Hrn. Marek.

13. Das Leben Karls IV. sammt der Krö=
nungsordnung, in einer alten Handschrift zu Leut=
meriß. Ambros von Ottersdorf gab es im
J. 1555 zu Ollmüß, doch mit Veränderungen
der alten Sprache heraus, und im J. 1791 ver=
anstaltete Franz J. Tomsa zu Prag eine neue
Ausgabe in 8. Die Krönungsordnung in böh=

mischer Sprache (Rzaab korypowannye krale czeß=
leho) iſt auch nach dem lateiniſchen Commen-
tario vitae Caroli IV. in einem pergamenenen
Codex der Hofbibliothek zu Wien vom J. 1396
in 4. zu finden. Nach der Krönungsordnung lieſt
man: Tuto pak poczyna ſye Rzaab oblaczennye
kraloweho k gneho welebnoſczy vkazannye neb kſſubu
ale drzewe nez ſye oblecze przyed Ruchem dye ten=
to zalm. procz ſu ſye rybaly narodowe. Nach
der Schlußformel explicit Cronica de geſtis
etc. ſtehen die böhmiſchen Worte: Poſkocz buo=
hable atteße hamba nenye. Amen.

14. Die böhmiſche Chronik, welche auf Be=
fehl K. Karls IV. ein Ungenannter in lateiniſcher
Sprache zuſammentrug, von Přibik von Tradenin,
Pulkawa genannt, ins Böhmiſche überſetzt.
Das lateiniſche Original gab Dobner (Mon.
hist. T. III.) im J. 1774, die böhmiſche Uiber=
ſetzung Fauſtin Prochaska aus einer alten Hand=
ſchrift zu Prag 1786 in 8. heraus. Der Be=
quemlichkeit der Leſer wegen hat dieſer die Spra=
che hie und da verjüngt, doch in den Noten auf
die alten Formen der Handſchrift, nämlich auf die
Duale, auf die einfachen Präterita in ech, ich,
ach, und ſonſt noch auf einige ganz veraltete
Wörter aufmerkſam gemacht. So erklärt er S.

229 die Conjunction ne`, allein, die Pulkawa häufig gebraucht. Dieses ne entspricht dem Alt=flawonischen no. In den Dualen byleſta tieto dwie zemi S. 48, oczi ſta byle wylupenie, S. 218, vermengt ſelbſt Pulkawa die Geſchlechter, weil ſta eigentlich männlich iſt; der weibliche Ausgang davon iſt ſtie. Unter den vielen Handſchriften, die gewöhnlich mit dem Tode der Königin Eliſabeth, dem letzten Sproſſen des Přemyſliſchen Stammes, d. i. mit dem Jahre 1330 aufhören, zeichnet ſich die ſchöne Cerroniſche mit Gemählden gezierte auf Pergamen in Folio aus. Einige enthalten eine Fortſetzung der Chronik bis zum Jahr 1470, wie die Leutmeritzer, oder bis zum Jahre 1471, wie die Breslauer zu St. Maria Magdalena auf Papier in 4. von einer jüngern Hand.

15. Eine Chronik von Römiſchen Kaiſern, aus dem Lateiniſchen vom Magiſter Laurentius, K. Wenzels Hofbedienten überſetzt. Ein Theil davon in einer Handſchrift der öffentlichen Biblio=thek zu Prag auf Papier in 4.

16. Die Reiſebeſchreibung des Ritters Jo=hann von Mandeville, aus dem Deutſchen von demſelben Magiſter Laurentius (Wawřinec). Man findet ſie in mehrern Handſchriften, in der Neu=bergiſchen auf Papier in Fol. vom J. 1445 nach

dem sogenannten Martimiani, in einer zwey=
ten in 4. auf Papier in der fürstlichen Bibliothek
zu Nikolsburg, in einer dritten bei den Minoriten zu
Prag auf Papier in Fol. Balbin fand sie in
einer alten Handschrift zu Ossek, die ich vor meh=
rern Jahren dort vergeblich suchte. Er beschreibt
sie Boh. Doct. III. S. 203, und setzt hinzu:
est supra modum curiosa et jucunda his-
toria. Die Böhmen fanden Geschmack an die=
sen fabelhaften Erzählungen, daher die Drucker
nicht säumten, die Neugierde der Leser zu befrie=
digen. Schon die Pilsner Ausgabe vom J. 1510
in 8. weicht an manchen Stellen von dem alten
Terte der Handschriften ab. Für ty horn lycz k
nam steht in der gedruckten Ausgabe t. h. sem k
nam, für. lycz na wzchod slunce nur k wychodu.
Die 2te Pilsner Ausgabe vom J. 1513 in 8. ist
dem Inhalte nach von der ersten nicht unterschie=
den, aber die Prager vom J. 1610 (bei Walda)
unterscheidet sich von beiden durch wenigere, folg=
lich längere Kapitel. Noch im J. 1796 veran=
staltete W. Krammerius eine vierte Ausgabe. In
Handschriften führt das Buch den Titel: tyto
kniehy prawie o gednom Ritierzi, genz gest byl
weliky Lantsarerz (Lantforerz) nebo gezdecz (gez=
dilecz).

17. Das Traumbuch (Snář) vom Magister
Laurentius von Prag aus dem lateinischen Som-
niarium Slaidae übersetzt. Ein prächtiger Co-
der auf Pergamen in Fol. wird in der fürstlichen
Bibliothek zu Nikolsburg aufbewahrt. Eine im
J. 1539 verfertigte Abschrift, nach einer ältern
vom J. 1483, sah der sel. G. Ribay, Prediger
zu Czinkota in Ungern. In Stockholm fand ich
eine Abschrift auf Papier in 4. vom J. 1471, die
ich in meiner Reise nach Schweden S. 54 — 56
beschrieben habe. In der Ausgabe vom J. 1581
in 8. (bei Dačicky) ist das ganze Buch in 12,
nach der Stockholmer Handschrift aber in 8 Bü-
cher abgetheilt. Eine frühere Ausgabe, etwa
ums J. 1550, hat der Geschichtschreiber Hagek
besorgt, der die Anfertigung des Buches in das
Jahr 1361 versetzt.

18. Die fabelhafte Geschichte Alexanders aus
dem Lateinischen, auf Pergamen in 12. vom J.
1433 in der öffentlichen Bibliothek, wo sie schon
Balbin fand. Ihr Titel ist: Tuto se po-
czina knyha welykeho Alexandra macedonskeho.
Genž swu mudrosti podmanyl wessken Swyeth pod
se a skrotil. In der Neubergischen Handschrift
des Martimiani, wo sie zu Ende des ersten Ab-
schnittes ganz eingeschaltet ist, wird sie überschrie-

ben: Tuto ſye poczzina czela Kronyka o welikem Allexandru, und enthält 146 Kapitel. Der Anfang: Sapientissimi Aegyptii, scientes mensuram terrae undasque maris et coelestium ordinem cognoscentes, id est, stellarum cursum, motum etiam firmamenti, lautet in der böhmiſchen Uiberſetzung: Naymudrzeyſſi zagiſte Egipſſti, vmyegicze myeru zemie a wody morſke a znagicze rząb nebeſky. Toczſiſto hwiezdny bieh a hnutye oblakow. Schon hier ergeben ſich Verſchiedenheiten der Handſchriften: hwiezdarzſki bych in der ältern iſt kaum erträglich und hnutye a oblohu mag ein Schreibfehler ſeyn für hnutie oblohy. Noch mehr Abweichungen ließen ſich finden, wenn man die Handſchriften mit der zu Pilſen 1513 gedruckten Ausgabe in 8. vergliche.

19. Martimiani oder die römiſche Chronik, von Beneß von Hořowic, Ritter des Grabes Chriſti (Zámorſky), um das J. 1400 faſt ganz aus der deutſchen Straßburgiſchen Chronik des Jakob von Königshofen überſetzt. Siehe Lit. Mag. II. 146 folg. Die Neubergiſche Handſchrift in Fol., worin ſich auch Mandevills Reiſe und der Cato befinden, iſt zu Sobieſlau 1445 geendigt worden. Der Abſchreiber gab ihr dadurch einen wei=

tern Umfang, daß er die ganze Chronik von Ale-
xander mit ihr verband. Sieh N. 18. Die Hand=
schrift in 4., die ich vor mir habe, enthält bloß
den dritten Abschnitt von den römischen Päbsten,
deren Reihe Johann XXI. beschließt. Das dar=
auf folgende Kapitel, in dem gedruckten Exem=
plar (Prag 1488) roth überschrieben: dwie
zprawie zbiehle, steht in derselben nebst dem Ver=
zeichnisse der Erzbischöfe und Bischöfe vor dem drit=
ten Abschnitte. Voran ging noch ein Verzeichniß
der christlichen Könige der ganzen Welt, wovon
aber nur ein Bruchstück übrig blieb, das mit den
Worten schließt: A wiecze nenie kraluowo krze=
stianskych nynie nez toliko dwamezbczietma.

20. Die böhmische Uibersetzung der historia
scholastica des Peter Commestor oder Mandu=
cator, in einer Handschrift auf Papier in Fol. vom
J. 1404, die Hr. Gubernialsekretär Cerroni zu
Brünn besitzt. Siehe Lit. Mag. St. 2. S. 31.
Eine andere Handschrift ohne Jahrzahl aus der
clementinischen Bibliothek führt Balbin Boh. d.
III. 115 an, dessen Urtheil: digna lectione
atque etiam typo pro patriis hominibus,
man kaum unterschreiben wird. Zu Stockholm
fand ich noch eine Handschrift auf Papier in Fol.
vom J. 1481, S. Reise nach Schweden S. 61.

Lector iſt cztytel anſtatt čtenář, historia eccle=
siastica, koſtelny wydopiß, elementum, ele=
ment, mit der beigefügten Erklärung: tocziſſ
ziwel, firmamentum, firmament, tocziſſ twr=
doſt oblohi nebeſke, und bei obloha, tocziſſ kolo=
ſwyet, diabolus, diaß, traty für trwati, torrens,
byſtrzyna, nrawy für mrawy, aequinoctium
autumnale, zymnye rownoczſtwy u. ſ. w.

21. Hodiny, d. i. horae, Tagzeiten, a) von
der h. Jungfrau Maria, b) vom h. Geiſte, c) vom
Leiden Chriſti (kurſß ot bozneho vmuczenye), auf
Pergamen in 4. in der öffentlichen Bibliothek.
Darauf folgen noch d) die Paſſion nach dem Jo=
hannes, eine durch Citationen aus Vätern erwei=
terte Erzählung. e) Stabat mater, Staſſe
matka bozye. f) Ein aſcetiſcher Tractat, wie
unſre Handlungen beſchaffen ſeyn ſollen (kterak
magy wſſyeczkerny ſkutky zpoſſobeny byty). Die
Predigt z. B. ſoll man mit geneigtem Haupte und
zugemachten Augen anhören. (ſpoklonyenu hlawu
a zawrzyenyma oczyma). Da die Handſchrift
aus einem aufgehobenen Nonnenkloſter herrührt,
ſo mag dieß bloß die Nonnen angehen. g) Eine
Auslegung des Vater unſers (Wyklad paterze).
h) Der Streit der Seele mit dem Leibe in Ver=
ſen: Slyſß yakß bylo niekdy wzaczno, Nycz by

my nebylo praczno ꝛc. Das erste Stück, nebst
den sieben Freuden Mariä in Versen, fand ich
auch in einem alten Psalter der Prager Domkirche
auf Pergamen in 4.

22. Christlicher Unterricht, den der böhmische
Edelmann, Thomas von Sstitny (z Sstjtného),
sonst auch von Zasmuk und Chotiemicz, für seine
Kinder schrieb, auf Pergamen in Folio (155 Bl.)
in der öffentlichen Bibliothek, vom J. 1376. Ei=
ne jüngere Abschrift führt Balbin (Boh. Doct.
III. 115.) an, mit dem Beisaße: compositus
an. 1412 et descriptus an. 1492. Ich un=
tersuchte diese Handschrift, und fand, daß Balbin
das Jahr 1412 deßhalb unrecht angab, weil er
80 Jahre von 1492 abzog, die er von 1454, in
welchem Jahre schon Mathias Czapek eine Abschrift
machte, hätte abziehen sollen. Der letzte Ab=
schreiber Wawra Giwian, Bürger zu Neu=
haus, führt auch die Schlußformel der frühern
Abschrift an, worin es heißt, das Buch habe vor
80 Jahren, von nun an (von 1454) zu zählen,
der Edelmann (Panoš, eigentlich ein Edelmann
in Diensten eines Herrn) Thomas von Zasmuk
und Chotiemiß verfasset. Der Verfasser hatte Um=
gang mit Gelehrten, und übersetzte noch ein an=
deres Buch aus dem Latein. Dieses Werk aber

widmete er dem berühmten Magister Albrecht,
dem ersten Doctor der heil. Schrift zu Paris un=
ter den Böhmen, der als Prager Scholasticus
unter dem Nahmen Albertus Ranconis de
Ericino bekannter ist. Die Zueignung, und
der böhmische Kalender (eine Art Cisio Janus)
fehlen in der jüngern Abschrift. Dieß Buch schrieb
er aus seinem Kopfe. (Tyto prwe. sam klada z$we
hlawy nakz my sey zdalo podobne czoz sem kde
czetl neb slychal nakazany aneb ob vczenych aneb
se mohl sam domyslyty). Das ganze Werk be=
steht aus 6 Büchern: ale tyto prwe rozdyelyl sem
wssestery knyzky. Prwe gsu. o wyerze. o na=
dyegy. a omylosty. Druhe o pannach. o wdo=
wach. a omanzelech. Trzetye o hosodarzowy. o ho=
spodyny. a oczeledy. (Dieses dritte Buch ließ
Tomsa in seiner Chrestomathie S. 85 — 104
mit Beibehaltung der alten Orthographie und
Sprache ganz abdrucken.) Eztwrte kak dewyet
rzadow lydskych nesu podobenstwne dewyety ko=
row andyelskych. Pate kak nas czrt laka. Sseste
czym se oczysstygem toho ze hrzessyme. A paklit
przyczynym sedme neb osme taket tu budu. Nach
dem vierten ist noch ein Buch, der Gewissenssta=
chel (ostnecz) genannt, eingeschaltet. Sein Vor=
trag ist einfach, aber klar und sehr verständlich,

fließender als in bloßen Uibersetzungen jener Zeit.
Auf deutsche Wörter stößt man schon hier und da:
Tanecz, frey, helmbrechtna, czyl, mosy, er
muß; auch almuzna ist unmittelbar aus dem Deut=
schen. Starosty sind bei ihm die Eltern; czistecz
das Fegfeuer, jetzt očistec; hospoda, wie beim
Dalimil, der Herr; stuben (lies studeñ) die Kälte;
prazden (lies prazdeñ) die Muße; neprazdn die Be=
schäftigung; dyegy die Handlungen; matera die
Hausmutter; welym lepe viel besser. In Rück=
sicht der Orthographie ist das Anhängen des y an=
statt ge (gest) an den vorhergehenden Vocal zu
merken: sey zdalo anstatt se ge zdalo, nelzey für
nelze ge, yakoy für yako ge, zey für že ge. Das
gedehnte tiefe o und uo wechseln ab: buoh und
boh, skuoro und skoro, kuor und kor, sonst auch
duom, dagegen aber moz für müze. Gar sehr
selten werden gedehnte Vocale mit einem langen
Striche bezeichnet, oder verdoppelt: plál, tráty,
paad, duuss und dúss im Genitiv des Plurals,
bubú die 3te Person im Plural, chwalú der In=
strumental, rzeczy, lydy Genitive im Plural.
Die Wiederhohlung der Präposition in wnywczemz
für wničemz, war auch im Altslawischen üblich.

Noch ein Paar Worte über den böhmischen
Kalender. Man ahmte den lateinischen Cisio

Janus nach), und verband einige Worte zu zwey
Hexametern, doch ohne Verkürzung, so zusam=
men, daß jede Sylbe einen Tag bezeichnete. Die
Verse für den März lauten: do prahy Wanka ne=
su wolagycze Rzehorze z lesu Kedrutye ssel Beno=
rat a Marzy ssel daru dawat. Bei der Sylbe
Wan, die deßhalb ausgezeichnet wird, weil sie
einen Festtag andeutet, steht nun: Swateho Wa=
czlawa przenesenye. Do = pra = hy sind von oben
herab so getheilt, daß do den 1ten, pra den 2ten,
hy den 3ten Tag, Wan endlich den 4ten, so wie
im Lateinischen Martius Translatio die Sylbe
Trans dasselbe Fest, die Uibertragung des heil.
Wenzeslaus, anzeigt. Die Feste des Aprils und
die übrigen Tage des Aprils werden so bezeich=
net: praw = dye nas Am = broz v = czy to nam
swye = dczy swa = ty Ty = bur = czy wssy = chny ly=
de chwa = le Gy = rzye Mar = ka y Wy = ta = le.
Dreyßig Sylben (30 Tage), von welchen die aus=
gezeichnete Am auf den 4ten, Ty auf den 14ten,
Gy auf den 23ten, Mar auf den 25ten, Wy
auf den 28ten fällt. Diese entsprechen wie im
Lat. Am, Ti, Ge, Mar, Vi, den Festtagen
Ambrosius, Tiburtius, Georgius, Markus, Vitalis.

23. Ein ascetischer Tractat von verschiedenen
Tugenden, Andachtsübungen, Gesinnungen, in

einer Handschrift auf Papier in 4. vom J. 1383. Das ganze Werk besteht aus 62 Kapiteln. Das fünfte z. B. handelt von der Geduld: o tyr= pedlenstwy, jetzt trpěliwosti. Das 14te von der Mäßigkeit: o smyerzye, wofür jetzt mjrnost ge= braucht wird. Das 18te von der Beständigkeit: o vstawiczenstwy, jetzt stálosli, wenn gleich vsta= wičny noch üblich ist. Das 49te von der Klug= heit: o wyehlasenstwy, nach dem heutigen Sprach= gebrauch rozssaffnosti. Welym wyecze multo ma- gis. Die Sylben ohne Vocal nehmen vor dem r noch häufig ein y an, doch nicht immer: nay= pyrwe, potwyrzen, tyrpyety. Solche Unarten kommen in der ältern Handschrift Nr. 22 nicht mehr vor, sondern hrd, skrze, czrt werden in ihr nach richtiger Aussprache ohne Vocal geschrieben.

24. Des h. Augustins Spiegel (zrcadlo) von 100 Kapiteln auf Papier in 4. im J. 1398 ab= geschrieben. Desselben Soliloquia bis zum 33. Kapitel, von derselben Hand. Oeffentl. Bibl.

25. Ein Gebethbuch, auf Pergamen sehr schön geschrieben, zum Gebrauche einer Matrone von Rosenberg, wie Balbin vermuthet. Boh. d. III. 172. Er legt ihm ein Alter von 300 Jahren bei. Jüngere Bethbücher sind in Menge vorhanden.

26. Das Leben Chriſti, auf Pergamen in 4.
in der öffentl. Bibl. Voran ſteht das Leben des
h. Joachim, der h. Anna und Maria.

27. Des jüdiſchen Meiſters Samuel Buch von
der Ankunft des Meſſias, aus dem Lateiniſchen
des Bruders Alfons aus Spanien ins Böhmiſche
überſetzt, in einer Handſchrift auf Papier in 8.,
die Herr Appellationsrath Br. von Pr. beſitzt.
Bemerkungswerth ſind die Ordnungszahlen dru-
hanaſta, trzetienabſta, cztwrtanabſta, dewata-
nabczta, deſatanabſta, prwamezczietma, druha-
mezczietma, cztwrtamezczietma, patamezczietma.
Doch kommt auch patnabczta, ſſeſtnabczta ſchon
verkürzt vor. P. Candid erwähnt in einer Note
zur Boh. doct. II. 238 einer neuern Uiberſetzung
dieſes Tractats, die Andreas Strogek aus
dem Deutſchen des Wenzel Link gemacht hat, und
ſetzt die gedruckte Ausgabe, die Kuthens böhmi-
ſcher Chronik beigebunden war, ins 15te Jahr-
hundert. Sie iſt aber im J. 1528 zu Pilſen
in 4. erſchienen.

28. Das Teſtament der 12 Patriarchen (Po-
ruczenſtwie dwanaczti Patryarch) in einer Hand-
ſchrift zu Leipnik in Mähren bei den P.P. Piari-
ſten. Der Ritter Thomas Sſtjtný beruft ſich auf
dieſes Buch: yakoz prawye gedny knyzky geſto gſu

owſſech ſynech Yafubowych. Es iſt alſo zu ver=
muthen, daß es ſchon in einer böhmiſchen Uiber=
ſetzung damals (um das J. 1376) vorhanden
war. Das Buch Joſeph, wovon ich in der Reiſe
nach Schweden S. 5 eine alte Abſchrift angezeigt
habe, geht gwöhnlich voran, wie in der Bres=
lauer Handſchrift vom J. 1491 bei den Domini=
canern zu St. Adalbert. In der Handſchrift der
öffentl. Bibl. zu Prag vom J. 1465 ſteht noch
das Buch von Abam und Eva in XI. Kapiteln
an der Spitze. Im Buche Joſeph wird noch ei=
nes zweyten von Joſephs Heirath gedacht. Auch
dieſes fand ich in einer alten Handſchrift bei den
P.P. Franziſkanern unter dem Titel: Jozeff a
Aſenech, worauf das Leben Joſephs folgt. Auf
Koſten des Matthias Prazák druckte Joh. Gün=
ther das Teſtament der Patriarchen zu Proßnitz
1545. 8. Im Inder ſteht eine Ausgabe vom
J. 1570. 12. unter Kſſafftowé.

29. Des Predigers Johann Milič, der
im J. 1374 ſtarb, Tractat von den großen Trüb=
ſalen der Kirche befindet ſich in einer Handſchrift
vom J. 1453 in 4. in der fürſtl. Bibliothek zu
Nikolsburg. Paul Bydžowſky, Pfarrer bei St.
Galli und Brykcy von Liczko haben ihn unter dem
Titel o zarmaucenjch welikých Cýrkwe ſwaté zu Prag

M

1542 4. auflegen laffen. Balbins Urtheil: librum Militii de cruce et tribulationibus ecclesiae Dei aeque haeretici atque catholici commendant, konnte feine Gefellen nicht abhalten, diefe Schrift in den Inder verbothener Bücher zu feßen.

30. Die Philofophen (Mudrczy) aus dem Lateinifchen de vita et moribus Philosophorum. In der Pelzelifchen Handschrift fteht diefe alte Uiberfeßung vor Dalemils Chronik, in der Fürftenbergifchen hinter derfelben. In der erften lautet die Uiberfchrift: o ziwotiech a mrawiech mudrczow ftarych fepfanie, in einer jüngern Handfchrift der öffentlichen Bibliothek, worin die böhmifche Uiberfeßung ganz überarbeitet und verjüngt worden ift: ffutky a mrawy dawnich Mudrcow. Sie erfchien auch im Drucke zu Prag 1514 in 8. bei Nicolaus in lacu, wo fonft Matka Bozj ftand.

31. Von den vier Haupttugenden. In der Pelzelifchen Handfchrift fteht diefer Tractat hinter den Philofophen. Er ift überfchrieben: knyhy o cztyrzech cztnoftech zakladnich tocziz, o Opatrnofti, o Skrownofti, o Syle a o Sprawedlnofti. Davon find mir zwey Pilfner Ausgaben bekannt. Die erfte vom J. 1505 (o cztyrech ftezeynych cztnoftech) bei Nikolaus Bakalář;

die zweyte 1529 bei Johann Pek unter dem Ti=
tel : Wýborná a vžitečná kniha o čtyřech wěreg=
nýď neb ſteženýď ctnoſteď. Steženyď iſt wohl
ein Druckfehler für ſtežegnýď, von ſtežege, Thür=
angel, cardo. Hier hat man alſo drey Verſu=
che im Ulberſetzen des lateiniſchen Wortes cardi-
nalis: záflabnj, wěregný, ſtežegný.

32. Elucidarius (Luczibarz o wſſeď wieczeď)
in der Fürſtenbergiſchen Handſchrift der Chronik
von Dalemil. Es ward als ein beliebtes Volks=
buch häufig gedruckt, und ſelbſt noch in den neue=
ſten Zeiten 1783. Der Titel einer deutſchen
Augsburger Ausgabe 1544. 4. M. Elucidarius,
von allerhand Geſchöpfen Gottes, den Engeln,
den Himmeln, Geſtirns, Planeten und wie alle
Creaturen geſchaffen ſeind auf Erden u. ſ. w.,
gibt den Inhalt hinlänglich an. Zur Probe eini=
ge Zeilen aus der böhmiſchen Handſchrift: kazda
zena ma gednu komoru, ſo antwortet der alte
Meiſter auf die Frage, wie das Kind im Mutter=
leibe gebildet werde, ta ſlowe matrix, ta geſt
wnytrz koſmata, to geſt proto, abi mohla lepe
plod drziety a ta komora ma wſobie ſedm peczeti,
ob nychž przigimagi twarzi diety.

33. Sequentionarius seu Prosarum ex=
positio Mag. Conradi licentiati in sep-

tem artibus, auf Papier in 4. in der Bibliothek
der Prager Domkirche. Die sogenannten Prosae
werden hier von Wort zu Wort erkläret, z. B.
Reddamus wzdawaymy, grates dyeky,
semper vezdy, corpus czelo (anstatt tie-
lo), diecula dnek, gemitus stonanye, unice
gedynaczku, mater maczy (anstatt mati), ens
byt, litera czstena, jubilatio yassowanie,
o pastor pastirzu (anstatt pasthÿri), ad papillas
ob sesskow totiz brabawiczka, unctio oleiowanye,
filia dczy, puerperium omladky, naturae
przyrodye, veni zawitay totiz przib, sodales
druzby, psalle pyey, ecce ez, zrzy, hledayz,
amen tako buoh day. Dergleichen Handschriften
mit erklärenden böhmischen Glossen zeigte Balbin
Boh. Doct. III. 98, 158 und auch schon in
Arnesti vita an. Eine ähnliche Erklärung der
Hymnen ist auch in der Hofbibliothek zu Wien in
dem Cod. N. 3130 zu finden.

34. Ein lateinisch = böhmisches Vocabularium,
auf Papier in 4. Es ist nicht so vollständig als
der Bohemarius vom J. 1309, und scheint
nur ein Auszug daraus zu seyn. Oeff. Bibl.

35. Ein lateinisch = böhmisches Vocabularium,
auf Papier in Fol. in dem Benedictinerkloster zu
Reygern in Mähren. Es enthält 3485 Worter,

woran der Verfaſſer Clenius Rozkochany,
Slavus Slowyenin, vier Jahre lang geſam:
melt hat. Es werden zu Anfange und am Ende
der Rubriken nicht nur die in Schulen bekannten
Autoren, ſondern viele gelehrte Böhmen angeführt,
als : Mauritius doctor meus, Gallus Bo.
leslaviensis, Juvenalis Bydzoviensis, Her-
mannus Pragae, Albertus Pragae, Sul-
co Wyſſegradensis, Wilhelmus in Stra-
konicz. Haec Olomucensis data prae-
sulis aucta Johannis. Firmet hoc Ar-
nestus archipraesul auctor honestus.
Rozkochany hatte aber ſeine Noth damit, für die
geſammelten lateiniſchen Wörter entſprechende böh-
miſche zu finden oder erſt zu ſchmieden. Lächer:
lich war der Verſuch, auch allen Edelſteinen böh=
miſche Nahmen geben zu wollen. Metallum
iſt bei ihm leſken, kow muß alſo noch nicht
üblich geweſen ſeyn: Modius ſtrych, corus ko=
rzecz; annularis (digitus) heißt prſtenecz, au-
ricularis vſynecz, medius mezyenecz (von me=
zy), bei den Ruſſen iſt mizinec, der kleine
Finger, von einer andern Wurzel abgeleitet. Von
manchen Benennungen kann man den Grund kaum
angeben. Warum ſoll Samaritanus prapo=
han, Pharisaeus chlomyenyn, Saducae-

us vster heißen? Von den Benennungen der
Planeten haben sich doch wenigstens in unsern Ka-
lendern Kralemocz (jetzt Kralomoc) Jupiter, smr-
tonoss Mars, dobropan Mercurius, hladolet
Saturnus erhalten. Aber cztytel Venus (von
ctjti, venerari) fand keinen Beifall, weil man
sie lieber krásopanj nannte. Der erste Uiberseßer
Mandevill's gab ihr den Nahmen mylowecz, wel-
che Benennung als männlichen Geschlechts wohl nur
auf den Planeten passen kann. Den Julius nennt
Rozkochany wrzyesen, welches die ältere Be-
nennung für čerwenec seyn mag. In einem Bre-
vier vom J. 1342 zu Raygern heißt der Julius
weliki czirwen, der August aber wrziessen
(wřesen), bei den Polen ist Wrzesień der Sep-
tember, ohne Zweifel von wřes die Heide, erica.
Unter der Rubrik artifices, welche das Werk be-
schließt, sind die letzten Wörter Carnifex ma-
farz, Lanista rzyezny∤, Salista flanarz
Pupparius luteczny∤, Pannicida krayacz.

36. Ein lateinisch-deutsch böhmisches Voca-
bularium, in der städtischen Registratur zu Brün,
am Ende des Catholici magni. Die Abstracta
und Kunstwörter sind meistens buchstäblich, oft
auch unverständlich übersetzt, oder durch Umschrei-
bungen erklärt, z. B. Apprehensio prwny

pochop, Superstitio nastorna, Theologus swatopysak. Mit dem Worte Zonularius, Gurtilmacher, pasyerz, schließt das Werk.

37. Der Bohemarius minor in der öffentl. Bibl. in 4. enthält über 500 Wörter, fängt mit Deus Boh an, und endigt mit Digitagus naprstek. Zu bemerken sind nebula mhla, corvus wran, passer wrablecz, filomela slauuicz, carduelis stehlecz, gallus ko= kot, simeus opecz, simca hoppcze, ursus medwied, terebintus dehet, funis powraz. Ein anderes lateinisch = böhmisches Vocabularium daselbst enthält mehr als 1100 Wörter nach gewissen Rubriken, deren erste von Gott, Himmel, den Jahrzeiten handelt, dann folgen die Überschriften de aqua, de piscibus, de avibus, Supellectilia domus, de arboribus, de herbis, de speciebus radicum, de congerie seminum, de boletis u. s. w. Die letzten zwei sind de reptilibus, de colore vestium. Unter den Dämonen heißt cacademon dehna, belial zmek, sathan nekossnyk, Leuiathan dyess. Passer ist vrabecz, philomela slawyk, Agochillus stehlyk, corvus hawran, aber nebula auch noch mhla. Allein mlha hat ein drittes Vocabularium in

der Bibl. der Domkirche (D. 84.) auf Papier
in 4. von 700 und einigen Wörtern. Das erste
ist Deus buoh, das letzte astous vklegye.
Nach digitus prst folgt auricularis malyk,
annularis myezenn; bei brachium steht
myssta, womit das altslawische mysca zu ver-
gleichen ist. Im zweiten steht paze neben bra-
chium, im dritten pazye neben azella, und
rame neben humerus.

Biblische Bücher.

Von den Handschriften, welche die böhmi-
sche Uibersetzung biblischer Bücher enthalten, ge-
hören unstreitig einige noch ins vierzehnte Jahr-
hundert, wenn sich gleich das Alter von allen
nicht ganz sicher bestimmen läßt. Dergleichen sind:
a) Der Psalter auf Pergament in 4. in der Bi-
bliothek der Domkirche. S. Lit. Mag. von
Böhmen St. 3. S. 72.
b) Ein Psalter auf Pergament in Fol. vom J.
1396 in der herzogl. Bibliothek zu Oels in
Schlesien, der wahrscheinlich ehedem dem Po-
biebradischen Geschlechte in Böhmen angehörte,
eine prächtige sehr schätzbare Handschrift.
Hinter den Psalmen folgen noch andere Stücke
als letanya na sebm zalmow, pre-

ces wyetſſye (die größern Gebethe), Sep=
teny und endlich hobiny za wſſe duſſe
wierne (das Officium für die Verſtorbenen.)
Blatt 165 — 167 von der Kraft der Pſalmen
nach des h. Auguſtins Meinung; Beſtimmung
der Zeit, zu welcher man die Pſalmen bethen
ſoll. Die Formel gloria patri et filio ꝛc.
lautet hier: chwala oczy y synu ꝛc.
Aus Briefen des Hrn. Bibliothekars B. zu
Krakau.

c) Die Propheten Iſaias, Jeremias und Daniel,
auf Papier in Fol. in der öffentl. Bibl. S. Lit.
Mag. St. 3. S. 73. Die zuſammengeſetzten
Ordnungszahlen weichen von den jetzigen ab:
patanaſtaa, ſſeſtanaſtaa, oſmana=
ſtaa, dewatanaſtaa kapytola. Häu=
fig iſt auch die Wiederholung der Vorwörter:
ot lyda ot ſweho, przed twarzi
przed mu u. ſ. w.

d) Die Prologen des Hieronymus nebſt den Er=
klärungen der hebräiſchen Wörter von Aer bis
Zuzim, in Fol. Bibl. der Domkirche A. 127.

e) Die Evangelien, wie ſie an Sonn= und Feſt=
tagen geleſen werden, in der k. Hofbibl. zu
Wien in 4. Nro. 3130. Durich führte dar=
aus in ſeiner Bibl. Slavica mehrere Stellen

an. Siehe S. 73, 142, 208. Den letzten
Vers aus dem Markus habe ich in meiner Ab=
handlung über den ältesten Text der böhmischen
Bibelübersetzung S. 14 zur Vergleichung vor=
gelegt. In Rücksicht der Sprache verdient be=
merkt zu werden ɥ a m z e quo, als Relativum
für ɉ a m z̃, m ɥ e z e n ɥ p r̃ ſt, extremum
digiti, Luk. 16, 24, z w o n r ɥ b ɥ partem
piscis, womit das polnische dzwono ryby
zu vergleichen ist, m ɥ t o merces, wie noch
bei den Polen und Lauſitzern, n e n ɥ e pona=
c z ɥ n, non est opus, wie bei den Slowaken
n e n j n a č i n; n a p a ſt terror, n a ſſe n=
m ɥ e ch in conciliis, wovon der Nominativ
ſeñm und ſnẽm ſeyn kann. Die Erklärung der
Hymnen in derſelben Handſchrift iſt von jün=
gerer Hand: illustrat o ſ w ɥ e c z ɥ g e. Eben ſo
in den Evangelien ɉ r a l ɥ g e, p r o r o z ɥ g e,
p o w ɥ ſſ ɥ g e, p o ɉ u ſſ ɥ g e, p o n i z ɥ g e,
für ɉ r a l u g e, proroʒuge u. ſ. w.

1) Die Evangelien aus dem Matthäus, mit bei=
gefügten Homilien der Väter, in einem perga=
menenen Codex in Fol. der öffentl. Bibl. S.
227 kommt die Homilie vor, welche K. Karl
IV. im J. 1338 lateiniſch verfaßt hatte. Der
Codex iſt wohl etwas ſpäter, aber doch noch

bei Lebszeiten Karls geschrieben worden. Das
u wird oft verdoppelt, auch wo es nicht ge=
dehnt wird: buude, strachuu, puustyty.
Auch mit w wird es ganz überflüßig verbunden:
swuaty, zydowue, wuoda lies woda.
Die Formel wonom czaſſu, wuonom
czaſſie, auch w onyech czaſſiech wird
den Evangelien vorgeſetzt. Der gewöhnliche
Schluß der Homilien, wovon die Prediger gu=
ten Gebrauch machen konnten, iſt: gehozto
mnye y wam dopamahay ottecz
ſyn ſſwaty buch Amen, oder: genz
geſt zyw a kralugie ſſwim otczema
ſbuchem ſwatym wieki wiekoma
amen, oder aber: giehozto nam dopa=
mahay buoh y ſſwata Marzy Amen,
oder auch: gehozto mne y was racz
oſtrziecy ſyn buozi Amen. Dem g
wird ein i oder y angehängt, wenn es wie g
oder j ausgeſprochen wird: ziegy iſt wie zeg
zu leſen, und dies für že ge, myegy po=
ſlal iſt mĕg poſlal, d. i. mĕ ge poſlal; ſo
ſteht auch ſwuogy für ſwog, ſwůg, gyho für
gho, Sech; a gyſte, a gyſſu für agſte,
agſu, uzbrawugite für uzbrawugte. Sonſt
ſind radii poprſſlki, calceamenta tzrie=

wi, quo modo kterym czinem, disci-
pulus mlazffy, doctor vcziennyk,
scriba vczennyk, wo es doch včitel heißen
sollte, pluit deffczy und Kap. 7, 27 gibe
deffczt.

§. 13.

Vierte Periode, die man die herr-
schende nennen kann (1410 — 1526.)

Wiklefs Schriften, die schon vor dem Flücht-
linge Peter Payne nach Prag gekommen waren,
wurden immer mehr verbreitet und gelesen. Sei-
ne kühnen Sätze gaben Anlaß zu freyern Untersu-
chungen. Sie wurden zwar verdammt, und der
Erzbischof Zbyniek ließ Wiklefs Bücher sam-
meln und verbrennen. Johann Huß aber miß-
billigte in seinen Predigten die Verbrennung der-
selben. Er fand bei einigen Beifall. Auch die
Layen nahmen Partei. Man verfaßte und sang
anzügliche Lieder. Der König wollte Ruhe schaf-
fen, und verboth sie bei Lebensstrafe. Des be-
kanntesten Liedes Anfang führt der Prager De-
chant Hilarius in seiner Disputation mit dem
Rokyžana so an: Arcybiskup Abeceda,
spálil knihy nic newěda. Bei Žalan-

ſky aber lautet es: Zbyněk zagjc Abece-
da, ſpálil knihy a newěda, co ge wnich
napſáno.

Wikleſs Buch, Triologus betitelt, über-
ſetzte Huß ins Böhmiſche, und ſchickte es den
Laien und Frauen als ein wichtiges Geſchenk zu.
Dem Markgrafen von Mähren Jodok und andern
angeſehenen Herren ließ er lateiniſche Abſchriften
davon zukommen, wie es Abt Stephan bezeuget.
Daß Huß der erſte Urheber der böhmiſchen Bibel-
überſetzung geweſen, wie es Einige behaupten,
kann zwar nicht erwieſen werden, allein für ihre
Verbreitung hat er gewiß geſorgt. Von nun an
werden auch böhmiſche Bibeln häufig abgeſchrie-
ben, wovon ſich mehrere bis auf unſere Zeiten
erhalten haben. Einige ſeiner Werke ſchrieb Huß
in böhmiſcher Sprache, als die Poſtille, die
Auslegung der zehn Gebothe, und andere, die zum
Unterrichte des Volkes beſtimmt waren. Den
Tractat von den ſechs Irrthümern ließ er in der
Kapelle Betlehem, bei welcher er als Prediger
angeſtellt war, in der Volksſprache an die Wände
ſchreiben. Manche Lieder in ältern Geſangbü-
chern ſind unſtreitig von ihm und von M. Jaco-
bellus, dem Beförderer des Kelchs, dem einer
ſeiner Gegner Schuld gab, daß er eine neue Art

zu fingen in den Kirchen eingefuhrt habe. Auch dem Magifter Hieronymus von Prag legte man auf dem Koftnitzer Kirchenrathe zur Laft, daß er aus den Worten der Bibel verfchiedene Lieder in böhmifcher Sprache verfaßt habe, wodurch denn feine Anhänger unter den Laien zu dem Wahne verleitet worden wären, daß fie die h. Schrift beffer verftünden als andere Chriften. Beim Cochläus Artic. XII. S. 124.

Huß richtete fein böhmifches (katechetifches) Alphabeth fo ein, daß es alle Laute der böhmifchen Sprache bezeichnete. Da die gewählten Benennungen der Buchftaben durch ihren Zufammenhang einen Sinn gaben, fo war es nicht nur für die Jugend unterrichtend, fondern zugleich hinreichend, die Orthographie fefter zu beftimmen. Fortunat Durich fand es in zwei alten Handfchriften der k. Hofbibliothek zu Wien, und felbft noch in einem zu Proßnitz im J. 1547 in 8. gedruckten A B C=buche (Slabikár) erfcheint es unter der Benennung feines Verfaffers. Es lautet: A bube cele čeledi dano dedictwj ey farař genž hofpodin ili y král lidj lákán mnoho miel nás niekdy on pokog ráb řádem flúžil ffechetný tak tielefný vkazal velikoft wfobie

wiečnü ril zany žiwotem chtě genž
geſt konec nekonečný a počátek nepo=
čatý rácil pozehnati na wěky wěkuow.
In einigen Stücken weichen die Handſchriften
davon ab. So hat der Cod. theolog. N. 480
nur ein m, nämlich mnoho, und läßt das zweite
(flüſſige) m, das durch miel bezeichnet wird, aus.
Desgleichen fehlt wiečnu, und für vkazal ſteht
vkazaw. Das grobe l (ſonſt auch das geſchloſ=
ſene l) wird oben über lákán mit einem Punkt
bezeichnet, wie es der Schreiber der zweiten Ol=
müzer Bibel durchgängig ſo beobachtet hat. Für
ſſ ſteht ſ mit einem Punkte. Der Schluß iſt in
der Handſchrift kürzer: genž geſt konec y
počatek pozehnany na wicky. Uibri=
gens ſtehen vor den Benennungen A bube celé
2c. die Figuren der Buchſtaben a b c č d ď e ſ
g h i y und ſo weiter, und einige Namen der=
ſelben werden noch durch Gloſſen erklärt, z. B.
über farář ſteht kryſtus kniez, über ril
(lies kſſil) ſteht kbyž geſt vmrzel. Für das
i konnte Huß im Böhmiſchen kein Wort finden,
weil der Böhme es immer mit dem Vorſchlag
g (j) ausſpricht; er mußte alſo das Wort ili aus
dem Slawoniſchen wählen. Dieſes konnte ihm
auch nicht ganz unbekannt ſeyn, da die Mön=

che im Kloster Emaus damals ihre Messe noch
slawonisch lasen. Ob der in der genannten
Handschrift folgende katechetische kurze Unter=
richt von Gott, Christus, der Kirche, von
den Sünden, Sakramenten auch Hussen zum
Verfasser habe, kann ich nicht entscheiden. Am
Ende kommen die ersten böhmischen Hexameter
vor, als:

Chcesſ'li sie vystrzieci smilstva,
    miesta y času sie varug
Nebi čas a miesto vede libi vwsſ'elike
    smilstwo.

Hussens und seines Gefährten Hieronymus
schimpfliche und grausame Hinrichtung zu Kost=
nitz sah der größte Theil der Böhmen für eine
Beschimpfung der ganzen Nation an, worüber
sie auch bittere Klagen führten. Sie ließen es
an Spottgedichten nicht fehlen. Vergeblich un=
tersagte sie der Kostnitzer Kirchenrath unter der
schwersten Strafe. Beim Cochläus Art. XVII.
S. 167. Absichtlich ließ man das gemeine
Volk an theologischen Streitigkeiten Theil nehmen.
Johann Cardinals Gutachten, das man von
ihm als Rector und den übrigen Magistern for=
derte, über den Gebrauch des Kelchs, suchte man
auch durch eine böhmische Uibersetzung den Unge=

lehrten verständlich zu machen. Unter den Schutzschriften, die für Hussens Lehre in böhmi= scher Sprache erschienen, war die von einem Frauenzimmer verfaßte die merkwürdigste.

Der Abt Stephan von Dolan in Mähren macht an mehrern Stellen seiner Briefe Erwäh= nung davon, und nimmt es sehr übel, daß sich nun auch Weiber mit theologischen Gegenständen abgeben.

Nach dem Tode K. Wenzels (1419) treten nun auch die Taboriten auf, deren Bischof Nikolaus von Pilgram (Pelhřimow) einen theo= logischen Traktat in lateinischer und böhmischer Sprache schrieb, welchen die Prager Magistri auf einer Synode im J. 1420 als ketzerisch ver= dammten. Ihren Gottesdienst hatten die Ta= boriten in böhmischer Sprache schon vor dem J. 1423 zu verrichten angefangen, und sie mach= ten auf der Synode zu Konopišt den Prager Magistern öffentlich den Vorwurf, daß sie ihre Messe in einer dem Volke unverständlichen Spra= che lesen. Von ihres Anführers Žižka Hand haben wir noch einige Briefe. Seine Kriegs= ordnung, oder vielmehr sein und seiner Anhänger Aufruf zum heiligen Kriege für das Gesetz Got= tes, hat K. Ungar im 1sten B. der neuern Abhandl.

N

der böhm. Gesell. der Wissenschaften mit einer
deutschen Uibersetzung abdrucken lassen. Das
taboritische Kriegslied: Kdoz gste bozj bogownjcy
a Zákona geho u. s. w. haben die böhmischen
Brüder, die es zu Ende eines ihrer Gesangbücher
abdrucken ließen, der Vergessenheit entrissen.
Den Schluß des Liedes: bjte, zabjte, zá-
dného neziwte, legt Hagek schon beim J.
736 der Heldin Wlasta in den Mund. Ein Be=
weis, daß ihm das ganze Lied noch wohl bekannt
war, dessen Anfang er beim J. 1420 zweymal
angeführt. Nebst diesem liest man bei ihm Bl.
385 noch den Anfang von einem andern taboriti=
schen Liede: Nuz mnisskowé poskakugte,
und von einigen Prager Liedern, als: Wiernj
kresiané 2c. Ditky mladé y staré.
Blatt 282: Pozadegme wssickni toho,
und Weselyt nam den nastal.

Philipp von Paderow, Hauptmann
des taboritischen festen Schlosses Ostromec
seit 1430, ließ sich eine böhmische Bibel, die
schon mit verschiedenen kritischen Randanmerkun=
gen versehen ist, in den Jahren 1433 — 1435
auf Pergament prächtig schreiben. S. Lit. Mag.
von Böhmen, III. 52. Die kleinere Bibel,
die Balbin in der Krumauer Bibliothek der Je=

suiten fand, und worin er noch die Zeugnisse
der Rosenberge las, soll eine Müllerin, ver=
muthlich eine Taboritin, geschrieben haben. Ae=
neas Sylvius rühmt der taboritischen Weiber
Bibelgelehrsamkeit. Man findet bei den Tabori=
ten, sagt er, kaum ein Weib, die nicht aus dem
alten und neuen Testamente zu antworten wüßte.
(Pudeat Italiae sacerdotes, quos ne semel
quidem novam legem constat legifse; apud
Taboritas vix mulierculam invenias, quae
de novo testamento et veteri respondere nes-
ciat. Comment. in Dicta Alph. R. L. II, 17.)
Nikolaus Biskupec klagt auch in einem Briefe
vom J. 1444 bitter darüber, daß in der römi=
schen Kirche die Lesung der Bibel in der Volks=
sprache noch immer nicht erlaubt werde.

Der Priester und Magister Martin Lu=
pač (gest. 1468), der dem neugewählten Erz=
bischofe Rokyzana als Suffragan 1435 beigege=
ben ward, und seiner Frömmigkeit wegen bei den
Utraquisten in großem Ansehen stand, unterzog
sich mit einigen gelehrten Gehülfen der beschwerli=
chen Arbeit, das ganze neue Testament von neuem
zu übersehen, und an vielen Stellen richtiger und
deutlicher zu übersetzen. Siehe die Schlußformel
in der alten Abschrift von seiner Recension, die

N 2

sich in der Hofbibliothek zu Wien befindet. Von dieser Recension mag das schön geschriebene Exemplar des neuen Testaments gewesen seyn, welches die Prager Magister dem König Wladi= slaw, als sie ihn 1471 im Königshofe bewill= kommten, verehrt haben. Vom J. 1410 bis zur ersten Ausgabe im J. 1488 lassen sich we= nigstens vier verschiedene Recensionen der ganzen Bibel, und noch mehrere des neuen Testaments unterscheiden.

Auch bei der Messe wollten die Utraquisten den Gebrauch ihrer Muttersprache einführen, weßhalb sie sich an den Kirchenrath zu Basel ge= wendet haben. Der Bischof Philibert hatte zwar, da er als Legat des Basler Kirchenraths die Kirchenceremonien im J. 1436 wiederum ein= zuführen beflissen war, die böhmische Sprache und die böhmischen Gesänge bei der Messe nicht dulden wollen, wie es Aeneas Sylvius bezeugt, doch ließen sich Johann von Rokyczan und seine Anhänger hierin nicht irre machen.

Der Domdechant Hilarius machte ihnen daher in der öffentlichen, vor dem König gehalte= nen Disputation den Vorwurf, daß sie böhmisch (in vulgari Bohemico) tauften, daß Rokyczana täglich das kezerische Lied: wiernj krestiané, singen

laſſe, daß ſie die Meſſe (wohl nur einige Theile
derſelben, als die Epiſtel, das Evangelium, das
Symbolum) in der Volksſprache leſen. Merk=
würdig iſt die Stelle in einer der Predigten des
Rokyȥana, worin er bedauert, daß das Volk
die erbaulichen Kirchengebethe in der Faſtenzeit
nicht verſtehe. Ale, ſpricht er, kdyby to libem
čteno bylo česky, aby rozuměli, vȥřelby, kterak=
by ſe proto diabel bauřil. Aniť křičj, au kněžj
nechte toho, nepočjneyte nic nowého, nebudemť
wám toho trpěti.

Wenn M. Žibek, der auf Georgs Verlangen
ſeine Zprawowna ſchrieb, dem Könige darüber
Vorwürfe macht, daß er noch immer (1470)
geſtatte Biſkupůw, Kardynalůw, tiech faleſſnych
Prorokůw zu ſingen, ſo meinte er wohl kein
anderes, als das oben erwähnte Lied wiernj
Křeſtiané. Er macht ihm daher unter andern
auch den Vorſchlag, daß er keine Lieder wider den
Pabſt, die Biſchöfe und Herren dulde, daß die
Prieſter bei der Meſſe nicht böhmiſch ſingen, die
Schulknaben die Geſänge von Johann Huß un=
terlaſſen ſollen. Neyprwé, ſagt er, ať chodci,
ani žádnj neſpjwagj pjſnj ruhawých o Papežjch
a Biſkupjch a pánjch, neb to gedowaté ponuká
k nepokogi, opiet ať kniežj nezpjwagj česky w ko=

ſtelіſ na mſſі, neb to nenj žádný proſpіeſ, nеž roztrženj, a křtj latіnіe, a žácі aľ neſagј zpјwánj o Janowі Ḥuſowі, neb to nenj ľ láſce rozmnоžеnj nеž ľrozlіſným ſwárům. Doſ wіll er dіe geiſtliſen Lieder vor der Predigt noſ dulden bis zur Einſetzung eines Erzbiſſofs. Diеſer möge hernaſ beſtimmen, was zu thun ſeyn wird. Obec w koſtele pјſnіe ſwaté před ľázanjm moḥau pro nábоženſtwј dopuſſtіeny být až do Arcibiſľupa. Potom co včіnj Arcibiſľup, to bud.

Befremden müßte uns die Behauptung des Aeneas Sylvius in ſeiner Germ. Cap. 47, worin es heißt: illud quoque germanicam esse Bohemiam palam ostendit, quod intra ecclesias teutonico tantum sermone instruere populum sacerdotibus permissum est, in coemeterio autem slavonico, wenn er ſiſ niſt ſelbſt in der böḥmiſſen Geſſiſte darüber deutliſer erklärt ḥätte. Mos vetus, ſagt er Kap. 1, in hunc usque diem servatur; in templis sermone teutonico plebes docent, in coemeteriis bohemico, ubi secularium presbyterorum collegia sunt aut monachorum praedia possidentium. Solis mendicantibus potestas fuit, qua vellent lingua populum instruere.

Der Gebrauch an der Prager Domkirche, deutsche Predigten innerhalb, und böhmische außerhalb der Kirche zu halten, rührte aus frühern Zeiten her, in welchen man auf den Hof Rücksicht neh= nem mußte. Dieß hätte Sylvius nicht auf alle Collegiatkirchen und begüterte Ordensgeistliche ausdehnen sollen. Er will uns auch überreden, daß es nur wenige von Adel gab, die nicht beide Sprachen (die deutsche und böhmische) ver= standen hätten. (Pauci sunt inter Bohemos, saltem nobiles, qui non utramque no-verint linguam). Dem sey, wie ihm wolle, so ist doch bei öffentlichen Verhandlungen, beson= ders unter K. Georg und Wladislaw, die böhmi= sche Sprache immer häufiger, bei Landtagen und dem Landrechte fast ausschließend gebraucht worden.

Auf dem Landtage zu Beneschau (1451) hatte Aeneas Sylvius als Abgeordneter Kaiser Friedrichs seinen Vortrag zwar in lateinischer Sprache gemacht, allein Prokop von Rabenstein mußte seine Worte, da nicht alle Latein verstan= den, böhmisch verdolmetschen. Verisimilis oratio visa, sagt er selbst hist. Boh. c. 58., neque sine favore excepta est, acceptio-remque Procopius noster collega reddi-dit, qui patrio sermone latinae linguae

ignaris verba nostra interpretatus est.
Wenn Aeneas etwa dem Prokop nicht schmeicheln
wollte, so hätte seine lateinische Rede durch die
böhmische Verdolmetschung nichts verloren, son=
dern vielmehr gewonnen. Derselbe Prokop machte
auch den Vermittler in dem theologischen Ge=
spräche zwischen dem Gubernator Georg und
dem Gesandten des Kaisers, in welchem dieser
lateinisch, jener aber nur böhmisch sprach.

In dieser Epoche hatte die Kenntniß der
böhmischen Sprache bei den Mitwerbern um die
böhmische Krone nicht geringen Einfluß auf ihre
Wahl. Nach dem Tode K. Sigmunds (1438)
erklärte sich eine mächtige Partei für den Bruder
des polnischen Königs. Als nun die Gesandten
der andern Partei die Ansprüche Albrechts
bei dem Könige von Polen geltend zu machen
suchten, gab ihnen dieser zur Antwort: die Polen
und Böhmen hätten eine gemeinschaftliche Spra=
che, wären Völker einerlei Abstammung; mit
den Deutschen aber hätten die Böhmen nichts
gemein. Polonis ac Bohemis vnam esse
linguam, et vnam vtrique genti origi-
nem, cum Teutonicis nihil Bohemis
esse commune. Aen. Sylv. Als die
Stände (1440) dem Herzog von Baiern Albert

die Krone antrugen, hatten sie wohl auf den Um=
stand, daß er, am Hofe K. Wenzels ehemals er=
zogen, der böhmischen Sprache nicht unkundig
sey, Rücksicht genommen.

Nach dem Tode Ladislaws (1458) ward
die Wahl Georgs auch durch einen geschriebenen
Aufruf an die Böhmen eingeleitet. Er enthielt
eine Sammlung von verschiedenen derben Stellen
aus Dalimil, um die Deutschen in ein gehässi=
ges Licht zu stellen.

Nach Georgs Tode 1471 ward Wladislaw
auf den böhmischen Thron erhoben, weil sich die
böhmischen Stände, wie sie sich selbst in einer
Antwort auf die Ansprüche des K. Mathias äu=
ßerten, von ihm als einem Polen unter andern
auch versprachen, daß des böhmischen Volkes
und der slawonischen Sprache Ruhm
durch ihn erhöhet werden würde.

Um das J. 1437 übersetzte M. Laurentius
von Březowa die lateinisch abgefaßten Privilegien
der Neustadt Prag ins Böhmische. Auch die
Satzungen der prager Mahlerzunft wurden um
diese Zeit (etwa 1430) aus dem Deutschen über=
setzt. Ein Beweis, daß schon viele unter den
Meistern kein Deutsch verstunden. Von nun an

erſcheinen auch Uiberſetzungen der Jglauer und Kuttenberger Bergrechte.

M. Paul Žibek billigt zwar den übertriebe= nen Eifer derjenigen nicht, die keinem Ausländer das Jncolat geſtatten, keine andere Sprache als die böhmiſche allein im Lande dulden wollten, indem er dafür hält, daß nicht durch eine Spra= che, ſondern durch Verſchiedenheit der Sprachen, Kleidungen und Menſchen das Wohl des Landes be= fördert werde. (Gednjm gazykem ſe newzdělá krá= lowſtwj, ale rozličnoſtj gazyküw, raucha a libj.) Er billigt aber doch Karls IV. Satzungen, nach welchen bei Gerichten alles böhmiſch verhandelt werden ſoll, und räth ſelbſt dazu, daß dem Ausländer, der nicht böhmiſch lernen will, nicht erlaubt ſeyn ſol= le, Häuſer zu kaufen. (Kteryž meiliby w ohyz= du čeſkau řeč, že by ſe gj včiti nechtěl, ani ſwym bětem chtělby depuſtiti, aby ſe včily če= ſky, nemá ſe mu wěčně dopauſſtěti, domu kau= piti, zwlaſſtě w Praze.)

Bei der königlichen Landtafel erhielt ſich der ausſchließende Gebrauch der lateiniſchen Sprache auch im XV. Jahrhundert noch am längſten. Erſt ſeit dem J. 1495· fing man an, die Bü= cher bei derſelben in böhmiſcher Sprache zu verle= gen, worin die Mährer unter ihrem patriotiſchen

Landeshauptmann Stibor von Cimburg im
J. 1480 den Böhmen vorgingen. Aber schon
vom J. 1492 an haben wir gedruckte Landtags-
schlüsse in böhmischer Sprache durch diese ganze
Periode und bis auf die neuesten Zeiten herab.
Der diplomatische Gebrauch der böhmischen Spra-
che erstreckte sich nicht bloß über Böhmen, Mäh-
ren und einen Theil von Schlesien, sondern auch
über die polnischen Herzogthümer Zator und Au-
schwitz (Oswietin), wo er sich vom J. 1481 bis
1559, wo nicht länger, erhielt. S. Hrn. Sza-
niecki's Aufsatz de linguae Bohemicae sive Cze-
chicae in Polonia usu diplomatico et forensi
(Miscell. Cracov. fasc. II. 94 sq.) Aus ei-
nem Copiarium der Myszkowskischen Familie
sind darin böhmische Urkunden zum Theile ganz,
zum Theile verkürzt abgedruckt.

Auf Sigillen, wenn gleich die lateinischen
Aufschriften bis 1450 noch häufig im Gebrauche
bleiben, liest man doch schon Namen mit böh-
mischen Flexionen und Präpositionen, z. B. S.
Proczek z Kunstata bei einer Urkunde vom J.
1452 (Dobners Mon. IV. 436). Bei einer Ur-
kunde vom J. 1482 sind unter sieben Sigillen
sechs böhmische, und nur ein lateinisches, wenn
gleich die Siegelstecher für P. d. i. Pečet, noch

immer S. b. i. Sigillum beibehielten; wiewohl
S. auch für Sekret stehen könnte.

Seltner sind noch die böhmischen Inschriften
auf Steinen und Glocken. Der Stein vom J.
1437, der ehedem über dem Fenster der Frohn=
leichnamskirche auf dem Viehmarkte gegen Auf=
gang eingemauert war, ist beim Einreißen der
Kirche herabgenommen, und nebst dem zweyten
mit der lateinischen Inschrift der k. böhmischen
Gesellschaft übergeben worden. Beide sind jetzt
im Sale der Gesellschaft zu sehen. Die böhmi=
sche Inschrift lautet: Leta MCCCCXXXVII
zrozkazanie Cziesarze Zigmunda a legatuow Bäsi=
lensskych w tomto kostele ohlasseno Czesky, Latin=
sky, Vhersky a Niemecky. Že Czechowe a Mo=
rawane Tielo Bozie a krew pod dwogi zpusobu
przigimagic gsu wierni krzestiane a prawi synowe
cierkwe.

Von böhmischen Grabschriften kenne ich kei=
ne, die über die Hälfte des XV. Jahrhunderts
hinaufreichte. Selbst die Grabschrift der Kunka
von Sternberg, der ersten Frau des Statthalters
Georg von Podiebrad ist lateinisch abgefaßt.
Doch stehen zu Ende derselben die böhmischen
Worte: Byla gest chudych Mati, milowala wsse
dobre Pannj Evka Kunka Ssternberg, wie sie

auf einer hölzernen Tafel an der Wand in der Pfarrkirche zu Podiebrad noch zu lesen find, mit der falschen Jahrzahl MCCCCLVIII. XIII. die Octobris. Es muß nach Lupacius und Weleslawin auf dem Grabstein, den man später unrichtig copirte, das J. 1449 und der XIX. November gestanden haben, weil sich beide auf die Inschrift berufen.

Von den böhmischen Worten wiederholet Weleslawin, doch mit einer kleinen Veränderung, nur folgende: Byla chudých máti a milowala wssecko dobre. Die lateinische Inschrift beim Lupacius weicht nur in Kleinigkeiten von der jetzigen Tafel ab.

Inschriften in böhmischer Sprache auf Glocken sind vor der Mitte des fünfzehnten Jahrhunderts nicht zu finden.

Die älteste mir bekannte Glocke mit lateinischer und bömischer Inschrift hängt auf dem Glockenthurme zu Wepřek im Rakonitzer Kreise. Sie lautet: Anno domyny MCCCCLVI pane boze racz zd. zd ist wohl nichts anders als zbařiti. Auf der kleinern Glocke zu Pieçin, einem Dorfe der Senftenberger Herrschaft, ist doch schon mehr zu lesen: W Wegmeno pana gezu krista slit ab anno D. MCCCCLX.

Die drit'e unter den ältesten Glocken mit
böhmischen Inschriften mag die Triblitzer vom
J. 1467 im leutmeritzer Kreise, und die vierte
die Glocke zu Wysoka im kaurimer Kreise seyn, die
Andreas (Wondřeg) Ptaček, ein berühmter Glo-
ckengießer zu Kuttenberg, 1472 gegossen, der
doch sonst noch später auf seine Glocken lateinische
Inschriften setzte. Von dem Prager Kannen-
gießer Hanusch führt Hr. Dlabač in seinem
Künstler = Lexikon 3 Glocken an, eine vom Jahre
1483, zwey vom J. 1489. Ich kann noch
zwey andere nennen, die Teplitzer vom J. 1482,
und die Malotitzer auf der Herrschaft Zasmuk vom
J. 1491. Alle fünf hat Meister Hanusch mit
böhmischen Aufschriften versehen, wenn gleich an-
dere Meister zu gleicher Zeit und später die la-
teinischen vorziehen. Im Vorbeigehen muß ich
ein Versehen in Bienenbergs Alterthümern St.
3. S. 164 rügen. Auf der Glocke an der
Schloßkirche zu Schwarzkostelez ist das Datum
nicht 1449, sondern 1499. Er sah XC für
XL an, wie ich mich an Ort und Stelle über-
zeugt habe. Noch verdächtiger ist mir bei ihm
S. 112 das Datum 1435 auf einer Glocke zu
Miletin, da die Inschrift selbst ein späteres Al-
ter verräth. Wahrscheinlich ist hier 1535 an-

ſtatt 1435 zu leſen. Viel weniger darf ich be=
ſorgen, daß man gegen mich aus Schaller die
Glocke zu Ondřegow im Kaurimer Kreiſe, auf
welcher nach der lateiniſch angegebenen Jahrzahl
1416 noch die böhmiſchen Worte Petr Kon=
warz Pražan ſtehen, anführen wird, in=
dem zu vermuthen iſt, daß der Kannengießer
Peter, der im J. 1511 den Taufbrunnen zu
Wrbno goß, derſelbe Meiſter, folglich das Da=
tum 1416 unrichtig ſey.

Mit dem Bücherdrucke, als dem ſchicklich=
ſten Mittel, die Copien zu Hunderten auf einmal
zu vervielfältigen, machten ſich die Böhmen ſehr
frühe bekannt. Doch gibt es erſt ſeit dem J.
1487 eine bleibende Druckerey in Prag. Was
früher herauskam, mögen wandernde Künſtler
gedruckt haben. Ein ſolcher war wahrſcheinlich
der Buchdrucker, der zu Pilſen die Statuta
Ernesti 1476 druckte. Über den Erſtling der
böhmiſchen gedruckten Bücher iſt ehedem geſtrit=
ten worden. Der zweideutigen Formel wegen
läßt ſichs nicht behaupten, daß die trojaniſche
Geſchichte ſchon 1468 gedruckt worden. S. mei=
ne Abhandlung über die Einführung und Ver=
breitung der Buchdruckerkunſt in Böhmen, in den
Abhandl. einer Privatgeſell. B. V. S. 228. ff.

Das erste ſichere Datum iſt das J. 1475, in welchem das böhmiſche neue Teſtament ans Licht trat. Ungar's neue Beiträge zur alten Geſchichte der Buchdruckerkunſt (in den neuen Abhandl. der k. böhm. Geſell. der Wiſſ. B. II. S. 195. ff.) gewähren zwar eine ſchöne Uiberſicht aller älteren damals bekannten Daten bis 1500. Doch werden wir unten einige neu entdeckte Daten nachtragen.

Der Einfluß des Lateins, aus welchem man häufiger überſetzte, auf die Bildung und den Periodenbau der böhmiſchen Sprache wird zu Ende des 15ten Jahrhunderts immer ſichtbarer. Dieß erhellet vor andern aus den Uiberſetzungen des Gregor Hruby von Gelenj, und des Wiktorin Cornelius von Wſſehrd, die ihren Geiſt durch die alten klaſſiſchen Schriftſteller gebildet hatten. Die erſten Verſuche waren nach dem damals herrſchenden Geſchmacke freilich nur Erbauungsbücher. Man ging aber in der Folge auch weiter. Wſſehrd widmete eine ſeiner Uiberſetzungen, nämlich die Rede des h. Chryſoſtomus von der Beſſerung eines Gefallenen, dem Prieſter Gira im J. 1495. Mit Eifer und Würde ſpricht er in der Zueignung von den Vorzügen ſeiner Mutterſprache, von den

Mitteln ihrer weitern Ausbildung, von seinem Vor=
ſaße, künftig alles lieber in der böhmiſchen als la=
teiniſchen Sprache zu ſchreiben. Auch als Pro=
be ſeines nach dem Latein gebildeten Styls mö=
gen hier ſeine Worte unverändert (doch nicht ganz
nach der noch ſehr unbeſtimmten Orthographie)
ſtehen: Kteréhož (den Chryſoſtomus) ſem y
z té také přjčiny rád wyložil: aby ſe gazyk náš
čeſký y tudy ſſiřil, ſſlechtil a rozmáhal. Neb
nenie tak vzký, ani tak nehladký, gakož ſe něk=
terým zdá. Hognoſt a bohatſtwie geho z toho
můž poznáno býti, že cožkoli řecky, cožkoli la=
tinie, o niemčinie nic nynie neprawjm, můž po=
wiedieno býti to též y čeſky. A nenie tiech knih
žádných řeckých ani latinſkých leč bych ſe gá milo=
ſtj gazyka ſwého pogat ſa mýlil, aby w čeſký
obraceny býti nemohly. Co ſe pak hladkoſti
geho dotýce: newiem by tak wýmluwnie, tak
ozdobnie, tak lahodnie · wſſecko gazykem čeſkým
powiedieno býti nemohlo, gako řeckým nebo
latinſkým, bychom ſe toliko ſnažili a gedni mimo
druhé chwátali, abychom geg wyzdwihali, tu=
diežby gazyk čeſký hogný, mnohý, wytřeny a
ſebe ſwietlegſſj widien býti mohl y pulerowaniegſſj.
Niemcy, gichž gazyk tak drſtnatý, tak dreptawý,
a tak nerozumný geſt, že geden z druhým mlu=

D

wie niemec z niemcem, ſobie čaſtokrát nerozu=
miewagj, a wſſak geg naſſemu na potupu ſſi=
řie a tru: tak že y latinſká ſlowa wen· wtruſſu=
gj, aby wžoy gazyk gich byl doſtatečniegſſj a
hogniegſſj, a čehož doma nemagj, v ſuſedůw
ač dobře dalekých wypogčugj: A giž témieř wſſe=
cky knihy pohanſké y křeſtianſké z latinſkých, ge=
den gazyk druhým wykladagjc, niemecké ſu vči=
nili, kdež my ſnad geſſtie žádných nemámy. Er
ſtellt nun das Beiſpiel der Deutſchen, ihren Ei=
fer, durch Uiberſetzungen alter heidniſcher und
chriſtlicher Schriften die Laien aufzuklären, den
Böhmen zur Nachahmung dar. Da die Chal=
däer, Egyptier, Griechen, Römer, Moyſes
und Chriſtus in ihrer Mutterſprache geſchrieben
und gelehrt hätten, ſo ſollten dieß auch die Böh=
men thun. My ſami, fährt er nun fort, latin=
ſkým gazykem filozofugic latinie, aby nám žád=
ný nerozumiel, wiečnie mluwiti budem? A cy=
ziemu gazyku ſe včec, nic latinſkům tjm nepři=
daduc, ſwůg gazyk geho zanetbagic tlačiti bu=
dem? A budu nás w tom Laicy domácy mu=
dřegſſj, kteřjž budto kronyky, budto ſwu mu=
droſt: gako ptačj radu y giné knihy mnohé
piſſjce ſwým gazykem čeſkým ne cyzým ſu pſáti
chtieli, aby ne ſami ſobie, ale wſſem wůbec

pracowali, ktož čeſky rozumiegj. A ſami my ze wſſech národůw budem, kteřjž ſwůg gazyk přirozený, dobrý, vſſlechtilý, rozumný, ozdobný, bohatý a hogný, nám od boha daný potupic, latinſky nebo niemecky, obogjm newdiek, ſobie k poſmiechu zdieláwati budem? Gá pak giných nechage: o ſobie nynie mluwiti budu z giných ſe ne wſſetečnie wytrhna. Ačkoli také bých mohl latinie ſnad, tak gako ginj mnie rowni pſáti, ale wieda že ſem Čech, chcy ſe latinie včiti, ale čeſky pſáti y mluwiti: aniž mi ſe zdá tak ſwou řeč přirozenau w nenáwiſti mieti, ačkoli někteřj ſe za ni ſtydje, a tak gie nemilowati, abych wſſeho čožbych koli pſáti chtiel, čeſkým gazykem radiegie nežli latinſkým nepſal.

Dieſer patriotiſche Entſchluß, alles in böhmiſcher Sprache zu ſchreiben, und dieſe nachdrückliche Empfehlung der Mutterſprache blieben auch bei andern nicht ohne Wirkung.

§. 14.

Denkmahle aus dem 15. Jahrhundert.
a) Ganze Bibeln.

Zu den Handſchriften von ganzen Bibeln rechne ich auch diejenigen Exemplare, die meh=

rere biblische Bücher enthalten, wo also zu ver=
muthen ist, daß die abgängigen Theile durch Zufall
verloren gingen. Bisher sind mir folgende bekannt:

1. Die Leßkowetzische zu Dresden in Fol. auf
Pergamen. S. meinen Aufsatz über den ersten
Text der böhmischen Bibelübersetzung in den neu=
ern Abhandl. der k. böhm. Gesellschaft B. III.
S. 240.

2. Die Bibel in der bischöflichen Bibliothek
zu Leutmeritz in zwei großen Foliobänden auf
Pergamen vom J. 1411, und der dritte dazu
gehörige Band vom J. 1414 im gräfl. Wrati=
slawischen Archiv zu Prag sind von der Hand ei=
nes Schreibers, des Mathias von Prag. Diese
prächtige Bibel, deren sich der König nicht schä=
men dürfte, ist mit ganz besonderm Fleiße revi=
dirt worden, so zwar, daß alle Glossen, die im
alten Texte häufig vorkommen, roth unterstri=
chen sind.

3. Die Olmützer auf der Bibliothek des Ly=
ceums in zwei Foliobänden auf Pergamen vom
J. 1417.

4. Die mit glagolitischen Lettern von den sla=
wischen Benediktinern im Kloster Emaus im J.
1416 geschriebene Bibel, auf Pergamen in Fol.
Sie bestand aus mehrern Bänden, wovon der

zweite, der im J. 1541 auf das **neuſtädter Rath-**
haus niederlegt ward, ſich nun in der öffentli-
chen Bibliothek befindet. S. Lit. Mag. St. II.
32. Nur dieſe vier Handſchriften enthalten die
älteſte Recenſion der böhmiſchen Uiberſetzung,
worauf bald eine zweite, dann eine dritte und
vierte folgte.

5. Die Olmützer in einem Foliobande auf Per-
gamen ohne Jahrzahl. Nach der Geneſis iſt
Huſſens kurze Auslegung der Zehngebote ange-
hängt. Die Orthographie dieſer Bibel iſt nach
Huſſens Alphabete eingerichtet.

6. Eine Handſchrift auf Papier in Folio, die
ich beſitze. Von dem 1ſten Buche Eſdrä an ent-
hält ſie alle übrigen Bücher des alten Teſtaments,
das Buch Job und die Pſalmen ausgenommen.

7. Die Leutmeritzer kleinere Bibel in einem
Bande auf Pergamen vom J. 1429.

8. Eine Handſchrift auf Pergamen in Folio,
die der ſel. Doktor Ezarda aus Mähren erhielt.
Sie enthält alle Bücher des alten Teſtaments,
die in der Vulgata vor den Pſalmen ſtehen.

9. Die Bibel in 8. auf Pergamen, die eine
taboritiſche Müllerin geſchrieben haben ſoll. S.
Lit. Mag. II. 43.

10. Die ganze Bibel auf Pergamen in Folio in der fürstlichen Bibliothek zu Nikolsburg in Mähren.

11. Eine zweite daselbst.

12. Die Vockische Bibel zu Stockholm auf Pergamen in zwei Foliobänden. S. meine Reise nach Schweden. S. 70. ff.

13. Die Hrochische auf Pergamen in gr. 8., ehedem in dem Dominikaner-Kloster bei St. Aegidi.

14. Die Paderowische taboritische Bibel vom J. 1435 auf Pergamen in Folio in der k. Hofbibl. zu Wien. S. Lit. Mag. II. 34. und III. 51.

15. Die Bibel vom Jahre 1456 auf Pergamen in Folio in dem Cistercienser Stifte zu Wienerisch-Neustadt. Sie enthält die dritte Recension des böhmischen Textes. Lit. Mag. II. 36.

16. Die Pernsteinische vom J. 1471 mit sehr großen Buchstaben auf Pergamen in Folio geschrieben, davon der 2te Band, der mit dem 45sten Kap. des Jesu Sirach anfängt, sich in der öffentlichen Bibliothek befindet. Lit. Mag. II. 38. N. 6.

17. Die Olauhoweßkische vom J. 1475 auf Pergamen in Fol. in der öffentlichen Bibliothek. S. Lit. Mag. II. 39. N. 7.

18. Die Hodiegowskische, ehedem im Kloster Sazawa, jetzt in der öffentlichen Bibliothek auf Pergamen in Fol. S. Lit. Mag. III. 58. N. 19.

19. Die Bibel auf Pergamen in Folio in schwarzen Samt gebunden, bei Durich Dissert. de Slavo - bohem. S. Cod. vers. p. 33. N. I. S. auch Lit. Mag. II. 41. N. 8. Sie kam nach Aufhebung der Jesuiten aus der krumauer Bibliothek in die öffentliche nach Prag.

20. Die ehemalige Kladrauer, jetzt in der öffentlichen Bibliothek zu Prag, auf Pergamen in Fol. S. meine Abhandlung über das Alter der böhmischen Bibelübersetzung, S. 308, worin zu berichtigen ist, daß diese und die obige N. 19 nicht in das XIVte Jahrhundert hinaufreichen, sondern in die zweite Hälfte des XVten gehören, da sie beide die dritte Recension enthalten.

21. Die Talembergische auf Pergamen in Folio in rothen Samt gebunden. Die Apostelgeschichte vom 4ten Kap. an und die Offenbarung fehlen darin. S. Lit. Mag. II. 44. N. 11.

22. Ein Band von der vierten Recension, der mit den Psalmen schließt, auf Pergamen in Folio bei dem Hrn. Bibliothekar Dlabač am Strahow. Tob. II, 11. liest sie byl gest slep (fieretque caecus) für den einfachern Ausdruck

offnul der ältern Recension N. 2. In Tomfa's
Chreſtomathie ſind aus dieſer und der Leutmeri=
tzer N. 2 das erſte Kap. der Geneſis, und das
2te Kap. Tobiä als Sprachprobe ganz abgedruckt
worden.

23. Die Lobkowitziſche auf Pergament in Fol.
vom J. 1480, in rothen Samt gebunden, mit
acht meſſingenen Beſchlägen, worauf der lobko=
witziſche Adler vorkommt, zu Stockholm. S.
meine Reiſe nach Schweden S. 74 f.

24. Die Handſchrift in der öffentl. Bibl. zu
Prag, auf Pergament in Fol. bei Durich Cod.
mutilati N. III. Der Text reicht nur bis zum
24. Kap. des Buches Job. S. Lit. Mag. II.
44. N. 12.

25. Ebendaſelbſt auf Papier in Fol. mit un=
geheuer großen Buchſtaben, bei Durich Cod.
mut. N. IV. Dieſer Band (der 2te von einer
ganzen Bibel) fängt mit dem Buche Job an,
und endigt mit den Büchern der Machabäer. S.
Lit. Mag. II. 44. N. 13.

26. Der erſte Theil einer Bibel, der bis zu
den Sprichwörtern reicht, in der fürſtlichen
Bibliothek zu Nikolsburg.

27. Ein Theil auf Papier zu Nikolsburg,
der bis ans Ende der Pſalmen reicht.

28. Die böhmische Bibel zu Schafhausen in Großfolio auf Papier. Nach den erhaltenen Excerpten von der Hand des Fürsten A. v. L., der sie an Ort und Stelle untersuchte, zu urtheilen, enthält sie eine jüngere Recension, wenn sie gleich bei Le Long als Codex antiquus et pulcre scriptus, und aus ihm im Lit. Mag. II, 48. N. 16 angeführt wird.

29. Die Bibel zu Rom, die durch die Königin Christina von Schweden dahin kam. Da ich sie nur aus Le Long und Montfaucon kannte, suchte ich durch Reisende nähere Auskunft darüber zu erhalten. Nun fand sichs leider nach genauer Nachfrage, daß diese Bibel nicht mehr in der Bibliothek des Vaticans anzutreffen ist. Soll man sie jetzt in Paris suchen? Auch da ist sie nicht zu erfragen.

30. Ein Theil auf Papier in 4. zu Leitmeriß, der mit den Psalmen schließt, von einer spätern Recension.

31. Eine Handschrift auf Papier in 4. in der öffentl. Bibliothek, worin der Psalter, die vier Bücher der Könige, Paralipomena, Esdras, Nehemias, Tobias, Judith, Esther, Job enthalten sind. S. Lit. Mag. III, 71.

32. Eine Handschrift daselbst in Fol. vom
J. 1465. Sie enthält das neue Testament, und
vom alten Test. die Bücher Tobias, Judith,
Esther, Job, Salomons Bücher, den Jesus Si=
rach, und 3 Bücher Esdrä.

33. Einige Bücher des alten T., als Salomons
Sprichwörter, der Prediger, das Buch der
Weisheit, Jesus Sirach, und das hohe Lied auf
Papier in Fol. auf dem Schlosse Kost im rothen
Thurm 1436 geschrieben. Oeffentl. Bibl. Die=
ser Band enthält auch Interpretationes no-
minum hebraicorum, in Cost per An-
dream figuli de Rokiczano plebanum ec-
clesiae pro tunc in zerczicz, und einige
Bücher des alten T. lateinisch. Merkwürdig
darin ist das glagolitische Alphabeth, das der
Pfarrer Andreas im J. 1434 zu Kost abschrieb,
und Sclavonicum nennt. Die Figuren der
Buchstaben sind ganz erträglich nachgebildet, und
die Benennungen derselben lauten: Az, buky,
vidi, glagola, hlahol, dobro, gest, ziuite,
zelo, zemla, yze, y, g, kako, lyudy, miſlite,
(und miſlite noch einmal mit einer andern Figur)
naſ, on, pokog, Rcy, ſlowo, trdo, vk, frt,
chrt, oth, ſicza, cy, czrw, ſſa, ger, ger (weil
er auch zweyerlei Züge hat), yat, yus. End=

lich zur Probe stehen noch die drei Wörter tot
maſſ czoff glagolitiſch geſchrieben, wo aber letz-
teres cozö heißen ſoll. Das oben S. 59. ange-
führte Alphabet iſt älter, aber im Ganzen eben
nicht richtiger.

b. Neue Teſtamente.

Im 3ten Stücke des Lit. Mag. habe ich
unter den Nummern 21. 23. 24. 25. 26. 27.
28. 29. 30. 31. 32. die mir im J. 1787 be-
kannten neuen Teſtamente angezeigt, wohin ich
alſo verweiſen darf. Dieſen 11 Handſchriften iſt
noch das tetauiſche neue Teſt. beizufügen, S. oben
S. 121. Seit der Zeit kamen mir noch mehrere un-
ter die Hände, die ich hier nachtragen will. Da
aber 12 vorangehen, ſo muß ich die folgenden Num-
mern mit 13 anheben.

13. Das neue Teſt. auf Papier in 4. vom
J. 1426, in der öffentl. Bibliothek. Es iſt
mit Varianten der neuern Recenſion häufig am
Rande verſehen.

14. Das neue Teſt. auf Pergamen in 12.
273 Blatt. Fängt mit dem Briefe an die Ephe-
ſier Kap. V, 8. an. Beſitzer davon war ehe-
mals der ſel. Georg Ribay, Prediger in Un-
gern.

15. Neues Teſt. auf Papier in Fol. bei den PP. Franciſkanern in Prag. Der Text dieſer Handſchrift iſt mit andern fleißig verglichen wor= den, wie es der Rand ausweiſt.

16. Neues Teſt. auf Papier in 4. vom J. 1470 zu Nikolsburg in Mähren in der fürſtl. Biblio= thek.

17. Das neue Teſt. (nebſt den Pſalmen) auf Papier in 4. im Benediktiner = Kloſter zu Ray= gern.

18. Neues Teſt. auf Papier in 4. vom J. 1459, das Hr. Gubernialſekretär Johann Cerroni in Brün beſitzt.

19. Neues Teſt. in 4. auf Papier, hie und da mangelhaft, auf der libuner Pfarrey. Läßt 1 Kor. 10, 17 den Zuſatz z gednoho kalicha aus.

20. Neues Teſt. auf Papier in Fol. in der k. Hofbibliothek zu Wien, Cod. Theol. 2128. Enthält den von Martin Lupač verbeſſerten Text. In Alters Phil. krit. Miſc. werden mehrere Texte daraus angeführt, und mit der Paderowiſchen Bibel verglichen.

21. Nowý Zákon, d. i. neues Teſtament auf Papier in 4. in der fürſtl. Lobkowitziſchen Biblio= thek zu Raudnitz. Iſt von hinten und vorn mangelhaft.

22. Ein n. Teſt. auf Papier in 8. ebendaſelbſt.

Von einzelnen bibliſchen Büchern kommen die Pſalmen am häufigſten vor. S. Lit. Mag. III. 70 ff. Nr. 35. 36. 37., der ältern Stücke nicht zu erwähnen, die in die vorige Periode ge= hören. Nr. 34 enthält nebſt dem Pſalter auch die größern und kleinern Propheten. Nr. 39 nebſt den Propheten den Tobias, den ich auch in einer Handſchrift vom J. 1471 zu Stockholm fand. S. meine Reiſe S. 57. Für Hrn. Tho= mas, einen Müller bei Kuttenberg ſchrieb im J. 1440 Franiek von Wſſerob die Bücher Salomons ab, und das Jahr darauf die Dalimi= liſche Chronik. Beides iſt in einer Handſchrift der fürſtl. lobkowitziſchen Bibliothek zu Prag zu finden. Der Žaltář chudých bei den Franciſka= nern iſt ein verkürzter Pſalter, worin manche Pſalmen auch ausgelaſſen ſind.

c. Apokryphiſche Schriften.

1. Knihy Nykodema miſtra židowſkeho , d. i. das Buch des jüdiſchen Meiſters Nikodem, aus dem Lateiniſchen, in einer Handſchrift vom J. 1442 in kl. 8. auf Pergament bei Hrn. Bibliothekar Gottl. Dlabač, aus welcher Tomſa das 12te Kapitel in ſeiner Chreſtomathie abdrucken ließ.

Die Nikolsburger Handschrift auf Papier in 4.
ist vom J. 1453. Die Prager in Fol. auf der
öffentl. Bibl. vom J. 1465. Die ganze Nach=
richt besteht aus zwei Abtheilungen, wovon die
eine Nikodem überschrieben wird, und aus
22 Kapiteln besteht; die andere aber heißt Volu=
sian (auch des Tiberius Bothschaft) und ent=
hält nur 8 Kapitel. Johann Had gab dieß
Buch zwischen 1540 und 1560 unter dem Titel
čtenj Nykodemowo (Evangelium des Nikodems)
heraus, und macht in der Vorrede schon von einer
frühern Ausgabe Erwähnung. K. Jos. Jaur=
nich druckte es 1761 in 8. zu Prag, und an=
dere Buchdrucker außerhalb der Hauptstadt noch
später nach.

2. Das dritte und vierte Buch Esdrä. Das
erstere, das in der böhmischen Bibel das zweyte
Buch Esdrä genannt wird, ist in allen Hand=
schriften zu finden. Das letztere, in der lateini=
schen Bibel das vierte Buch, trifft man nur in
einigen jüngern Handschriften an, worin es in
drey Bücher, das 3te, 4te und 5te Buch Esdrä,
eingetheilt wird.

3. Der Brief an die Laodicer kommt in den
ältern Handschriften noch nicht vor; ist aber in
der Paderowischen Bibel (oben Nr. 14) schon zu

lefen. In Alters griech. N. T. B. II. S.
1067 ff. find viele abweichende Stellen (Lesearten)
daraus mitgetheilt worden. In der ältesten Aus=
gabe des neuen Test. vom J. 1475 ist dieser
apokryphische Brief nicht zu finden, wohl aber
in der 2ten noch vor der ersten Prager Bibel ge=
druckten, und vielen spätern Ausgaben.

4. Der 151ste Psalm wider den Goliath fehlt
in den meisten Handschriften; ist aber schon in
der Bibel Nr. 4, wie auch in dem böhm. Psal=
ter in 4. vom J. 1475 mit der Erinnerung, daß
er nicht in die Zahl der übrigen Psalmen gehöre,
zu finden.

d. Auslegungen.

1. Auslegung des hohen Liedes (Wyklad na
Piesniczky genz slowu ssalomunowy) auf Papier und
zum Theile auf Pergamen, mit Gemälden, vom
J. 1448 in 8. Bei Hrn. Prof. Jos. Jungmann.

2. Des Nikolaus Lyra Commentar über
den Matthäus, ehemals in der Krumauer Biblio=
thek, wo ihn Balbin fand, und Boh. doct.
III, 173 anführte, auf Papier in Fol.

3. Eine Auslegung über das Evangelium Jo=
hannis vom 1sten bis zum 17ten Kap. in Fol.
Bibliothek der Domkirche A. 109.

4. Cyprians Auslegung des Vater unsers, von Viktorin von Wssehrd übersetzt, und 1501. 8. zu Pilsen gedruckt.

e. Postillen und Predigten.

1. Hussens Postille, auf Papier in 4. auf der Stadtbibliothek zu Nürnberg. Solger schrieb diese Worte bei: o stupenda raritas libri hujus manu propria beati Johannis Hussii scripti. Allein schon Hr. von Murr zweifelte daran. Nach meiner Untersuchung dieser Handschrift ist sie etwa 30 oder 40 Jahre nach Hussens Tode geschrieben. Die Handschrift in Fol. in der öffentl. Bibl. hier zu Prag kann auch nicht älter seyn. Aber die Handschrift in 4. vom J. 1413 ist von Hussens Hand. Sie ward auf dem Schlosse Kozy geendigt, wie es in der Schlußformel deutlich gesagt wird. — Leta tisicieho cztyrzsteho a trzinadczteho w den postny Swatych Aposstolow Simona a Judy na hradie genz slowe Kozi teto wylozenie swatych czteni gest skonano Jan Hus Mistr. Sehr merkwürdig ist seine Vorinnerung in Rücksicht der Sprache und Orthographie, die hier wohl eine Stelle verdient: „Aby ktoz budes cziscie rozumiel mé reczi czesle, viez zet sem psal tak, iakoz obecznie

(darüber ſteht obyrzegnie) mluvim, Neb wgeb=
nom kragi cżechowe ginak mluwie, a wginem
ginak Vpřikladie na piſſi nyzadny nevie, a gini
řiekagi żadny nevie. Opiet ia diem muſſiem
vcziniti, a gini řku muſſim, Opiet ia diem tie=
leſny, a gini tieleſny, Ja protiw a gini proti,
Ja wzgewiti, a gini zgewiti, Ja popad ho,
a gini popad gey, Ja diem bychme byli dobři,
a gini abychom byli dobři, a geſt ginych drahnie
promien Protoz proſim kazdeho ktoz bude pſati,
aby ginak nepſal, než iakoz ſem ia pſal, nez
chybilli ſem kde cztenny neb řeku, neb ſlowcze
opuſtil, zato proſim aby oprawil, geſtli giſt
plnie, aby mi praweho vmyſla nepřewratil, neb
viem że mnozi mniegice, by lepe rozumieli, coz
dobře geſt pſano ſhlazugi, a zle napiſugj, a naty
ſie velmie hniewal ſwaty Jeronim, neb ſu gemu
to czinili."

Dieſe ſchätzbare Handſchrift kam aus dem
alten Karolin in die Jeſuitenbibliothek. Es wird
ihrer in der Schrift eines Utraquiſten vom J.
1496, worin er eines Franciſkaners Tractat
wider den Kelch widerlegt, gedacht, indem er
Huſſens Predigt vom Leibe Chriſti anführet und
hinzuſetzt: wie wir auch andere Predigten von
ihm, mit ſeiner Hand geſchrieben, beſitzen.

P

(Jakožto y gine geho kazanie máme geho ruku.
pſane).

Huſſens böhmiſche Schriften findet man
nur einzeln in Handſchriften zerſtreut. Seine
Appellation vom Papſte an den oberſten Richter
fand ich zu Altbunzlau. Böhm. Lit. B. I. 135.
Seine Auslegung der zehn Gebothe in der Bi=
bel Nr. 5 mit der Uiberſchrift: Kratičky wyklad
na přikazanie bozie deſatero pro ſproſtne a ne=
prazdne w pracy wylozene ſkrzie miſtra . .
Der Name ſelbſt iſt radirt, und am Rande beige=
ſchrieben: nechay ſtati pro boh. Die neun gold=
nen Stücke fand ich zu Nikolsburg. Die Pre=
digt vom Leiden Chriſti zu Stockholm im Ho=
dinář. S. meine Reiſe nach Schweden S. 69.
Bei Gelegenheit des gedruckten Paſſionals vom
J. 1495 erſchienen in einer beſondern Beilage
für die Utraquiſten von 16 Blatt, welche Huſ=
ſens Leben und Tod enthält, vier Briefe von ihm,
die er von Koſtniz an den Prieſter Hawlik und
andere ſchrieb. Im Index verbothener Bücher
werden ſie mit der Jahrzahl 1459 (anſtatt 1495)
angeführt. Bei Paul Severin kamen ſie aber=
mal 1533 in 8. ſammt Huſſens Leben heraus.
Zu Leitomyſchel ließen die böhmiſchen Brüder
zwei kleine Schriften von ihm drucken. Die

erſte, gegen den Prieſter Küchenmeiſter gerich=
tet, 1509. 8., die zweite von den ſechs Irrthü=
mern (oſſeſti blubjd)) 1510. 8. S. Lit. Mag.
III. 75. Die Auslegung der 12 Artikel des
Glaubens erſchien 1520 in Fol. Seit dem
J. 1540 ſammelte man fleißiger Huſſens Schrif.
ten. Ein ſolcher Liebhaber und Sammler war
Duchek Chmeliř von Semechow, Bürger
der Altſtadt Prag, welchem Paul Bydzowſky,
Pfarrer bei St. Galli, Huſſens Predigt vom
Leibe Chriſti zueignete, die er böhmiſch und
deutſch 1545. 4. drucken ließ. In demſelben
Jahre erſchien auch zu Prag ſein dreyfaches
Stricklein (prowázek třjpramenny) in 8. Zwei
Predigten vom Antichriſt, die Viktorin Anri=
gin ins Böhmiſche überſetzte, zu Magdeburg
1554, 8. Die Herausgeber der lateiniſchen
Werke Huſſens (1558) verſichern in der Vorrede,
daß auch die lateiniſche Uiberſetzung der Poſtille,
die man erſt veranſtalten wollte, ſpäter nachfol=
gen würde. Den Herausgebern der böhmiſchen
Poſtille mit einigen andern Stücken (Nürnberg
1563, und 1564 ohne Druckort in Fol.) blieben
manche der ſchon einzeln gedruckten Stücke unbe=
kannt. An der Sprache haben ſie nichts als ei=
nige veraltete Wörter und Formen geändert. Für

ſtáchu, bjchu, mluwjchu haben ſie ſtáli, byli, mluwili geſetzt. Die erſten lateiniſchen Briefe, die D. Luther mit einer Vorrede begleitete, und unter dem Titel: Tres epistolae sanctissimi Martyris Johannis Hussii e carcere Constantiensi ad Bohemos scriptae, zu Wittenberg 1536 in 8. drucken ließ, ſind aus dem Böhmiſchen überſetzt worden. Auch in der vollſtändigern Ausgabe ſeiner Briefe (Vitembergae 1537. 8.) kommen noch Stücke vor, wie die Intimationes und einige Briefe, die urſprünglich in böhmiſcher Sprache geſchrieben waren. Huß ſelbſt ſpricht im 1ſten Briefe von einigen ſeiner böhmiſch geſchriebenen Bücher, welche das Concilium als ketzeriſch verdammt habe. Dem Heinrich Snopek ließ Huß ein böhmiſches Lied auf Pergament zuſtellen, das er für ihn aufgeſetzt und bei ſich im Kerker verwahrt hatte.

2. Des Jakobell's von Mies Poſtille oder Auslegungen der Sonntags = Epiſteln. Iſt als ein beſonderer Theil, CCIIII Blatt ſtark, der zweiten Ausgabe von Huſſens Poſtille 1564 beigefügt worden. Jakobells Predigt von der Verehrung, die ein Gläubiger dem Leibe und Blute Chriſti ſchuldig iſt, gab Paul Bydžowſký

böhmiſch und deutſch 1545 in 4. zu Prag her=
aus. Im böhmiſchen Inder ſtehen von ihm das
Lied vom Abendmahle: Gezjſſi twář geſt památ=
ka ꝛc. und eine Predigt.

3. Des Bruders Peter Chelčicky Po=
ſtille oder Auslegungen der ſonntägigen Evange=
lien (kniha wykladůw ſpaſyteblných na čtenj ne=
dělnj) Prag 1522. Fol. und abermal 1532.
Er ſtarb 1484 zu Přerau in Mähren. Man
nannte ihn den böhmiſchen Doktor, weil er kein
Latein gelernt hat. Die böhmiſchen Brüder nen=
nen ſeine Schriften in ihren Glaubensbekennt=
niſſen mit Achtung, deren Leſung ihnen M. Joh.
von Rokyczan empfohlen habe. Das Netz des
Glaubens (ſyť wjry) gab Chwal Dubanek
1521 zu Wylimow in 4. heraus. Die Rede über das
13te Kap. der Offenbarung von dem Bildniſſe
der Beſtie (o ſſelmě a obrazu gegjm) in 4. ſteht
im Inder ohne Jahrzahl.

Eine Schrift von der Liebe Gottes in 4.
kommt im Katalog des ſel. Predigers Ribay als
Handſchrift vor. Das berüchtigſte Buch von ihm
war in 40 Kapitel eingetheilt, die er als Mei=
ſter Schuſter Kopyta d. i. Schuhleiſten nannte,
daher heißt er bei ſeinen Gegnern ſpottweiſe doc-
tor kopytarum. Der Inquiſitor Heinrich

Inſtitoris, der zu Olmüß 1581 eine Apologie
der römiſchen Kirche gegen die Waldenſer drucken
ließ, beruft ſich oft auf dies Buch), das von ihm
liber copitorum genannt wird. Unter andern
ſagt er, daß es zu Leitomyſchl und Prerow (in
Mähren) von Schuſtern geleſen wird.

4. Die Poſtille oder Predigten des M. Jo=
hann von Rokyczan, Pfarrers an der Teinkirche
zu Prag. Er gab ſie im J. 1470 heraus. Sie
ſind zwar nie gedruckt, aber auch noch ſpäter
häufig abgeſchrieben worden. Nebſt der Hand=
ſchrift, welche Dobner (Mon. hist. I. 185·)
aus der Bibliothek des ſel. Franz Anton von
Nell anführt, und nebſt derjenigen, die Georg
Ribay beſaß, kenne ich noch vier Exemplare.
Drei davon ſind in der öffentl. Bibliothek zu
finden, das vierte beſitze ich ſelbſt. Meine Ab=
ſchrift beſorgte 1612 Wenzel Sirt, ein alt=
ſtädter Bürger. Früher, nämlich 1581, hat
Hawel Bernaticky ſich darum verdient ge=
macht, wie es aus der Ribayiſchen Handſchrift
erhellet. Aus einem ſolchen verbeſſerten Exem=
plar floß auch die jüngſte Abſchrift der öffentl.
Bibliothek vom J. 1671. Die ältere iſt vom
J. 1659, und die älteſte hat 1586 .Davib

Prätorius, ein Präceptor zu Tabor, ab=
geschrieben.

5. Wyklad, d. i. Auslegung über den Lukas.
Es sind eigentlich Predigten (Kázanj) auf Papier
in Fol. in der öffentl. Bibl.

f. Dogmatische und Polemische Schriften.

1. Ein Tractat des M. Johann von Rokyczan
gegen die Communion unter einer Gestalt, mit
Beziehung auf die sechs Punkte, über welche er
mit dem Dechant Hilarius vor dem König Georg
disputirte.   Den Inhalt dieses Tractats kenne
ich nur aus der folgenden Gegenschrift.

2. Des Domdechants Hilarius Tractat
von der Communion unter einer Gestalt wider
den Rokyczana, in einer Handschrift der Dom=
bibliothek auf Papier in 4.   Eine jüngere Ab=
schrift davon vom J. 1537 in 4. zu Raudnitz.
Von diesem Tractat ist derjenige, der wider den
König Georg gerichtet ist, verschieden.   Balbin
fand letztern zu Krumau, und beschreibt ihn in
seiner Boh. doct. III, 173.

3. Ein Brief des Mag. Simon von Tiss=
kow gegen die Communion unter beiden Gestal=
ten.   In der öffentl. Bibl.

4. Des Bischofs von Breslau, Josst von
Rosenberg, neun Punkte wider den Kelch,
an den König Georg 1467, nebst der Beantwor=
tung derselben durch die Utraquisten. Einige
Punkte oder Stücke desselben Bischofs an die Kö=
nigin Johanna vom J. 1469 sind mehr politi=
schen Inhalts. In einer Handschrift der öffentl.
Bibliothek auf Papier in 4.

5. Des Johann Zagic von Hasenberg
Ermahnungsschreiben an die Prager Magister,
zur Einigkeit und zum Gehorsam gegen die römi=
sche Kirche zurück zu kehren, nebst der 1489
verfaßten, aber erst im J. 1493 von den utraqui=
stischen Magistern abgeschickten Antwort. Beide
Stücke, so wie die Nummern 6, 7, 8, in dersel=
ben Handschrift.

6. Zwei Briefe an den Herrn Johann von
Kostka vom J. 1478 und 1479 wider die
Pikarden. Ferner des Mag. Johann von
Rokyczan Hirtenbrief wider die Irrthümer
derselben.

7. Eine weitläufige Widerlegung, welche die
Prager utraquistischen Magistri im J. 1496 ge=
gen die Schrift eines Barfüßers unter dem Ti=
tel: odpowĕd na Matrikath Bosaküw, heraus=
gaben.

8. Odpor proti Pikhardſkým matlokám; fer=
ner: proti ginému Pikuſowi, nebſt den Artikeln
wider die Pikarden an den König, einem Briefe
vom J. 1485 an den König, einem ſatyriſchen
Briefe im Namen Lucifers, einer Schrift, wel=
che anfängt: Ze Pikharti obpieragj byti Konſſele,
und einigen Belehrungen über die Communion in
Briefen an die Herrn Dubicky und Hradecky.
Vor andern zeichnet ſich des Prieſters Martin
Lupač Sendſchreiben wider den Sprengwedel
aus.

9. Eine böhmiſche Antwort auf die lateiniſche
Auflöſung der Fragen, die ein witziger Kopf
aufwarf: Meiſter, ſage mir, welche Vögel ſind
beſſer, diejenigen, welche eſſen und trinken, oder
die, welche bloß eſſen und nicht trinken? und
warum ſind diejenigen, die nur eſſen und nicht
trinken, denen feind, welche eſſen und trinken?
Die lateiniſche Schrift fängt an: Argute au-
ceps quaeris — und entſcheidet für diejenigen
Vögel, die nicht trinken. Die Widerlegung hebt
an: Nenie Ptacznikow, acz ty mne ptacznikem
nazywaß 2c.

10. Eine Schrift gegen die böhmiſchen Brü=
der: Proti bludným a potupným Artikulom pi=

kartſkým 's kruntownjmi důwody zpráwa. In
der öffentl. Bibl.

11. Des Bruders Niklas Wlaſenicky
Diſputation über die Communion unter beiden
Gestalten, die er im J. 1471 mit der römiſchen
Prieſterſchaft auf dem Schloſſe Chauſtnik hielt.
Im Index kommt ſie unter dem Titel Mikuláſſe
hádanj o krew bożj S. 160 vor. S. 93 aber
steht ſie unter Hádanj mit der Jahrzahl 1600.
Sie muß aber ſchon vor dem J. 1582, und
zwar auf Kosten der Pecynower Brüder gedruckt
worden ſeyn, wie der Priester Sſtelcar ver=
ſichert. Die Brüder von der Sekte, deren Stif=
ter Niklas war, hießen von ſeinem Namen Mi=
kulaſſency (Nikolaiten), auch Wlaſeničtj;
von dem Orte ihrer Verſammlung aber Pecy=
nowſſj und vom Weinen Plačtiwj, die
Weinenden.

12. Ein Tractat des Inquiſitors Heinrich
Inſtitoris wider die Behauptung der Pikar=
den, daß die römiſche Kirche die apokalyptiſche
Hure ſey. In ſeinem Clypeus vom J. 1501
macht Inſtitoris ſelbſt Erwähnung davon. Trac-
tatus, heißt es Blatt V, dudum a me col-
lectus et in Bohemica lingua pariter et
latina impressus. Er muß alſo noch im

15ten Jahrhundert gedruckt worden seyn, allein man kennt kein Exemplar.

13. Ein Ermahnungsschreiben zur Buße, welches anfängt: Hradeckým, Drebſkým a Pardubſkým bojjm woleným ꝛc. Der Pabſt wird hier als Gegner Chriſti aufgeſtellt, und ſollte anſtatt papeſ, meynt unſer Bußprediger, lapeſ heißen.

14. Einige Stücke des merkwürdigen Manuſcriptes mit Gemählden in Fol. zu Jena, das J. C. Mylius (Mem. Bibl. Jen. p. 324.) beſchrieben hat. Dieſe Beſchreibung ſteht auch in Riegers Archiv der Geſch. von Böhmen, Th. 1. S. 96. Auf dem Titelblatte ſtehen die Worte: Bohuslaus de ... (radirt) sue causa memorie propria manu me fecit. Nach den Fragmenten des taboritiſchen Kriegsliedes entdeckte vor Kurzem Hr. Schaffarik die Unterſchrift: hec Deo solemnisa de Czechtic, und vermuthet, daß Deo solemnisa nichts anders ſey, als eine witzig ſpielende Uiberſetzung von Bohuslaw. So wäre denn Bohuſlaw von Czechtic der eigentliche Verfaſſer oder Sammler dieſer Stücke. Mylius nannte das Buch Antithesis Christi et Antichristi. Dieß kann aber nur von dem Stücke gelten, das böhmiſch zrczadlo

krzestianstého ziwota überschrieben ist. Und selbst
auf dem Pergamenblatte, worauf ein Mann mit
einem Spiegel vorgestellt wird, stehen unten die
Worte: Tyto knihy slowau zrcadlo wsseho Kře=
stianstwa, d. i. dieses Buch heißt Spiegel der
ganzen Christenheit. Es werden nun durch meh=
rere Figuren die entgegengesetzten Handlungen der
Apostel und der römischen Bischöfe vorgestellt, die
mit böhmischen Citaten versehen sind. Drei
andere Figuren stellen Huß vor, wie er pre=
digt und verbrennt wird. Hierauf nahm der
Sammler 16 gedruckte Blätter auf, worauf
Hussens Leben und Briefe u. s. w. zu lesen sind.
In der Reise nach Schweden habe ich S. 7
den Inhalt davon genauer angegeben und ge=
zeigt, daß diese 16 Blätter als eine Beilage zu
dem Passional vom J. 1495 gehören. Nach
zwei Gemählden auf Pergamenblättern, deren
eines den hussitischen Gottesdienst, das andere
die taboritischen Züge vorstellen, steht der satyri=
sche Brief des Lucifer an den obersten Hofmei=
ster von Böhmen Lew von Rozmital, der um
das J. 1478 geschrieben ward. Eine spätere
Hand gibt den Verfasser durch diese Worte an:
Oldřich z Kalenice z Kalenic a na Sskwořeticých
tento list složil. Beide Ortschaften liegen im

prachiner Kreise. Unter den Figuren, die nun
weiter folgen, zeichnet sich (Nro. 83) diejenige
aus, die den blinden Helden Zizka an der Spitze
seines Heeres zu Pferde vorstellt. Neben ihm
steht die Aufschrift: Zizka náš bratr wěrný.
Unten aber: Pjseň, und dann Fragmente aus
dem taboritischen Kriegsliede. Nepřátel se nele=
kejte — na kořistech se nezastawugme. Nro. 85
begräbt ein Priester (kněz hradský, d. i. vom
Prager Schlosse) ein Kind, wobei eine im J.
1463 begangene Greulthat erzählt wird. Die
kleinern Figuren, die nun folgen, sind mit Bi=
belstellen, auch mit böhmischen Versen begleitet.
Hierauf ein Dialog, worin ein Vater seinen
Söhnen erzählt, wie der Kelch und das Gesetz
Gottes in Böhmen aufgekommen ist. Endlich
dogmatische Lehrsätze über das Elend des Men=
schen, über den Tod, die Hölle, die himmlische
Glorie. Die Sammlung scheint im Anfange des
16ten Jahrhunderts gemacht zu seyn, wenn sie
gleich Stücke enthält, die älter sind. Der Codex
besteht aus 118 Blättern, von denen aber 23
unbeschrieben blieben. Darunter sind 88 Ge=
mählde, 80 auf Papier, 8 auf Pergamen. Im
Texte aber kommen noch 41 kleinere Figuren vor.
Der Band ist von außen mit einem Kelche geziert.

15. Kleinere Schriften der böhmischen Brü=
der, die meist dogmatischen und polemischen In=
halts sind. Dergleichen sind: a) drei Send=
schreiben an die vorzüglichern Städte vom J.
1472. b) Ein viertes an den Präsidenten des
königl. Collegiums S t a n i s l a w. c) Zwei
Briefe an K. Wladislaw. d) Ermahnungsschrei=
ben an die Brüder und Schwestern vom J. 1473.
e) Einige Briefe des Patriarchen der Brüder
Gregor, der 1473 zu Brandeis an der Adler
starb. f) Eine umständliche Antwort auf eine
Schrift der Prager Magister, vom J. 1475.
g) Antworten auf drei Briefe des Herrn Zagic
vom J. 1489. h) Vier Briefe des Bruders Pro=
kop vom J. 1490. i) Antwort des Bruders
Lukas auf eine Schrift des Mag. Koranda, vom
J. 1493. k) Des Arztes M. Johann Schrift,
daß die Wiedertaufe nicht nothwendig ist, vom
J. 1492. l) Drei Schreiben vom J. 1496,
warum sie sich von der römischen Kirche getrennt
haben. m) Des B. Lukas Schrift von der
Jungfrau Maria vom J. 1498. n) Von der
allgemeinen Seligkeit. o) Die witzigen Senten=
zen, Sprüchwörter und Briefe des Bruders Jo=
hann K l e n o w s k y, der 1498 zu Leitomyschel
starb. p) Des Bruders M i c h a e l Antwort auf

gewiſſe Artikel eines Ungenannten, die dem Wil=
helm von Pernſtein zugeſtellt worden, vom J.
1499. q) Des B. Lukas Schreiben von dem
Eide, 1500. r) Auslegung des Predigers von
Mag. Johann Czerný für die Frau Johan=
na von Liblic 1500. Alle dieſe Schriften wer=
den in der geſchriebenen Geſchichte der böhmiſchen
Brüder angeführt. Einer ihrer erſten Confeſſio=
nen, die Johann von Tabor, der 1495 ſtarb,
verfaßt hat, gedenkt Wengerſky S. 324.

g. Aſcetiſche Schriften, Romane geiſt= lichen Inhalts.

1. Des h. Iſidor Unterricht, einem jeden
Sünder nützlich, von 18 Kapiteln, in einer
Handſchrift, die mit dem Mladenec anfängt und
dem Alexander endigt. Oeffentl. Bibl.

2. Auguſtins Manuale (Rukowět) in einer
Handſchrift der öffentl. Bibliothek. Auch hinter
dem Pſalter vom J. 1475. Deſſelben Tractat
de fide catholica ad Petrum Damianum,
lateiniſch und böhmiſch vom J. 1485. Seine
Ordensregeln vom J. 1500. Sein Spiegel
ſteht hinter dem Mladenec in einer Handſchrift
vom J. 1469. Allein dieß Stuck, ſo wie die

Soliloquia kommen schon in der vorhergehenden
Periode vor.

3. Des Hieronymus Gebethe, sein Brief
an die Paula, nebst einer Erzählung von seinem
Hinscheiden, in einer Abschrift vom J. 1532
bei den Minoriten, die aber aus einer ältern ge=
flossen ist, wie es Gessitnost vanitas anstatt mar=
nost und andere Ausdrücke verrathen.

3. Cyprians Brief an Donat von der Ver=
achtung der Welt, und dessen Auslegung des
Vater unsers, desgleichen des h. Chrysosto=
mus Rede von der Besserung eines Gefallenen
übersetzte Victorin Wssehrd, eine andere
Rede desselben übersetzte Gregor Hruby, die
er 1497 dem Niklas von Černčic zugeeig=
net hat. Alle vier Stücke wurden unter dem
Titel knihy čtwery (zu Pilsen) 1501 in 8. ge=
druckt.

4. Des h. Bernhards Betrachtungen
(Rozmyšlenie a obieranie) über das Leiden Chri=
sti, stehen nach dem Psalter vom J. 1475. In
einer andern Handschrift kommt das Weinen
Mariä von ihm vor. In zwei Handschriften
fand ich eine Schrift von der Haushaltung an den
Ritter Reimund, die dem h. Bernard fälschlich
zugeschrieben wird. In der klattauer Handschrift

vom J. 1465 ist sie überschrieben: Řeč S. Bernarda o rzadném sprawowánj hospodářstwj. Der eigentliche Verfasser aber dieser Rede ist ein gewisser Bernhardus doctor de Senis.

5. Betrachtungen des h. Anselmus, nebst einigen andern kleinern Stücken desselben, in einer Handschrift in 8. bei den Kreuzherrn. Voran stehen Artykulowe o omuczenj božjm a na kažoŷ modlitba, nebst einigen Klageliedern (Lamentacŷ).

6. Kleinere ascetische Werke des h. Bonaventura, in einer Handschrift vom J. 1453 auf Papier in 4. Oeffentl. Bibliothek.

7. Ein Theil des Traktats de conflictu vitiorum et virtutum, den man sonst dem Augustin zuschrieb, kommt in der Hofbibliothek zu Wien (Cod. Theol. N. 934. Fol.) vor.

8. Beispiele aus der Kaisergeschichte mit allegorischen Deutungen, in einer Handschrift der öffentlichen Bibl. in 4.

9. Albertans, eines Rechtsgelehrten von Brixen, drey Bücher, a) de modo loquendi et tacendi, b) de consolatione et consilio, c) de dilectione Dei et proximi, ins Böhmische übersetzt, sind in drei Handschriften der öffentl. Bibl. zu finden. Eine ist vom J. 1475, die andere vom J. 1493; die dritte

ohne Jahrzahl enthält nur das dritte Buch. In der Klattauer Handschrift vom J. 1465 steht nach den Nürnberger Stadtrechten das erste Buch unter dem Titel: o rzadnem mluwenj a mlčenj. Dieß allein ward im J. 1502, 8. vermuthlich zu Pilsen gedruckt. Aus der Vergleichung der Aus= züge, welche Hr. Palkowič aus einer Preßburger Handschrift in seinem Wochenblatte (Týdennjk) 1817 N. 29 mittheilte, mit unsern Hand= schriften ergibt sich, daß jene eben nicht von der Hand eines bedachtsamen Abschreibers herrührt. Nach neduh S. 382 ließ er die wichtige Sentenz aus: Nebť nenie dobre žiwu byti, ale dobře ži= wu byti. Auch scheint der erste Traktat, von der rechten Art zu reden und zu schweigen, darin zu fehlen, und der Verfasser heißt nicht A w e r= t a n, sondern A l b e r t a n. Balbin, indem er das Exemplar der clementischen Bibliothek Boh. docta III. 114 anführt, setzt hinzu: liber dignus est typo ob raritatem. Es war zu seiner Zeit an Erbauungsbüchern großer Mangel.

10. Vom ledigen, Witwen = und Ehestande, vom J. 1463 in Fol. Oeffentliche Bibl.

11. Vier Bücher von der Nachfolge Christi, die in einer Handschrift auf Papier in 4. dem

Johann Gerson zugeſchrieben werden. Den In=
halt der Krumauer Handſchrift gab Balbin Boh.
docta III. 172 an: Thomas a Kempis ve-
teri bohemica lingua ex Latino versus;
additi etiam quidam libri Gersonis de
Meditatione cordis ꝛc. Das erſte Buch ward
ſchon im J. 1498. 8. gedruckt. Einer alten
Ausgabe des ganzen Werkes um das J. 1527
wird in einigen Vorreden gedacht, wovon ſich
aber kein Exemplar nachweiſen läßt. Von ſpä=
tern Auflagen ſind mir aus dem XVIten Jahr=
hunderte nur noch vier bekannt, vom J. 1551
Proßnitz bey Günther, vom J. 1567 und 1571 Prag
bei Melantrych, 1583 bei Milichthaler zu Olmütz.
Die kleine in 12, welche der Jeſuit Hoſto=
vin beſorgte, kam ohne Jahrzahl (etwa
1590) heraus. Nebſt der Ausgabe bei Ste=
phan Bilina, Prag 1622. 8. gibt es noch eine
in 8. vom J. 1644. Die übrigen des 17ten
Jahrhunderts vom J. 1657, 1674 und 1681
ſind in 12. Roſenmüller druckte dieß Werk für
die Erbſchaft des h. Wenzels 1710. 12. Kame=
nitzky etwa 1711. Im Gianniniſchen Katalog
ſteht eine Ausgabe vom J. 1725. 12. Es gibt
auch eine Tirnauer vom J. 1744. Endlich eine Pra=

ger vom J. 1747 und 1759. Zwey vom Jahre 1762, eine bei Pruscha, die andere bei Hraba. Die letzte ist die Brünner vom J. 1793.

12. Mladenec, der Jüngling, sonst auch Orlogik oder Orlog maudrosti wěčné, ein Gespräch zwischen der ewigen Weisheit und einem Jünglinge, davon ich Abschriften von verschiedenen Jahren kenne, als vom J. 1455, 1469 in 4. vom J. 1497 in 8. in der öffentl. Bibliothek. Eine vorzüglich schöne Handschrift in Fol. aus der Neuhauser Bibliothek der Jesuiten, enthält nebst dem Mladenec, der an der Spitze steht, und mehreren ascetischen Stücken auch die trojanische Chronik vom J. 1469, den Barlaam vom J. 1470, und den Alexander ohne Jahrzahl. Die jüngste Handschrift, bei den Minoriten, ist vom J. 1532.

13. Der Barlaam, in der eben erwähnten Handschrift, im J. 1470 durch Laurentium de Tynhorſsow zu Neuhaus abgeschrieben. Hat die Überschrift: Rzeč o gednom kralowiczi gmenem Jozafat. Bei Niklas Bakalař zu Pilsen kam diese Schrift, die man fälschlich dem Johann Damascenus zuschrieb, zweymal heraus, 1504 in 8. und 1512 in 4. oder gr. 8. in zwey Kolumnen. In der Prager Auflage vom Jahre

1593 bei Georg Dačicky ist die alte Schreibart
verändert worden, weil sie nicht allgemein ver=
ständlich war.

14. Solfernus, sonst auch Adams Leben,
život Adamow, in einer Handschrift der öffent=
lichen Bibliothek, woraus Hr. Tomsa die Vor=
rede des böhmischen Uibersetzers, die an den Kö=
nig (Georg?) gerichtet ist, in seiner Chrestomathie
abdrucken ließ. Sixt von Ottersdorf gab dieses
Buch, nach Hageks Verbesserung des veralteten
Styls, zu Prag 1553 in 4. heraus. Johann
Günther druckte es 1564 zu Olmütz nach. Bei
Otmar in Prag erschien 1600 die dritte Ausgabe.
Endlich kam es 1721 zu Troppau heraus. Es
war ein sehr beliebtes Buch, wie Balbin in sei=
ner Boh. docta versichert: passim Bohemo-
rum manibus teritur ob argumenti sua-
vitatem et dictionis leporem. Vo'gt ver=
glich es mit Miltons verlornem Paradiese. S.
Act. lit. II. 54.

14. Belial, ähnlichen Inhalts mit dem
Solfernus, 110 Blatt stark, in einer Handschrift
des Domkapitels in 4. Eine Uibersetzung aus
dem Lateinischen des Erzpriesters Jakob von Te=
ramo, der diesen geistlichen Roman im J. 1378
der Correction des Pabstes Urban unterwarf.

246

h. Offenbarungen, Prophezeyungen.

1. Hermas, sonst Pastor genannt, in einer Abschrift vom J. 1464 in 4. zu Stockholm. Nikolaus Klaudian gab diese Schrift mit einigen andern Stücken 1518. 4. zu Jungbunzlau heraus.

2. Der h. Brigita Offenbarungen (Widienye swatee Brigitti) in einer schönen Handschrift vom J. 1419 auf Pergamen in Fol. Sie ward vom sel. Krameryus an einen Russen verkauft. Sonst sind diese Offenbarungen noch in einer Handschrift der öffentl. Bibl. vom J. 1453. in 4. und einer andern in Fol. Die Handschrift bei den Minoriten (K. I.) ist vom J. 1526. In der letztern steht eine andere Schrift von dem Leiden Christi (o vmučenj božjm, o ssedesate a pieti strastech) in 65 Artikeln voran. Und nach den Offenbarungen ein Tractat von der Keuschheit (o čistotie pannensste) von 30 Kapiteln.

3. Oracula mulierum fatidicarum, auf Pergamen in 4. Bei Janozki Catal. Cod. Manusc. Bibl. Zalusc. N. 381. Scheinen die Sibillinischen Prophezeyungen zu seyn, wovon eine Ausgabe vom J. 1579. 8. im Index steht.

4. Des Bruders Johann Barfüßerordens Prophezeyungen von den kommenden Uibeln im

I. 1490, 1500, in einer Handschrift der Dom=
bibliothek (O. 35). Die Prophezeyungen der
h. Hildegard fand Balbin zu Krumau, und hielt
sie für ein sehr seltenes Stück. Boh. docta III.
161. Eine Prophezeyung von Böhmens Schick=
sale fand ich zu Rokyzan in einer alten Hand=
schrift lateinisch und böhmisch. Sie fängt an:
Přigde Worel gehož letem wybogowan bude lew.
Lateinisch ist sie in Joh. Wolfs Lect. memo-
rab. zu lesen. Volabit aquila las H a t t e n
in der Leipziger Handschrift, in unsrer aber liest
man: Veniet Aquila ꝛc. Die Prophezeyung
des blinden Jünglings, und Georgs Gesichte,
Giřskowo widienj, mögen auch in diese Periode
gehören.

5. Die Offenbarung und die Prophezeyung
des Bruder Niklas Wlasenicky, zwey geschriebe=
ne Bücher vom J. 1495, sah Sstelcar. Sie ste=
hen S. 296 im Index mit Angabe des Formats
in 8. verzeichnet.

i. L e g e n d e n.

1. Das Passional oder Leben der Heiligen, im
Archiv des Klosters St. Margaret, vom J. 1468
in Fol. auf Papier. In der öffentl. Bibliothek
ist eine Handschrift vom J. 1476., eine andere

ohne Jahrzahl vorhanden. Es wurde sehr frühe
gedruckt, das erste Mal etwa um das J. 1480,
das zweite Mal 1495. Fol. mit schlechten Holz-
stichen. Die Beilage mit der Signatur A und
B und mit dem Columnentitel N extrnaczte, 16
Blatt stark, worin Huſſens vier Briefe, deſſen
und des Hieronymus Leben und Martertod, des
Poggii Brief über die Hinrichtung dieſer zwey
Männer zu leſen ſind, iſt noch bei keinem mir
bekannten Exemplar der zweiten Ausgabe, wozu
ſie ohne Zweifel gehörten, gefunden worden. Doch
hatten die Verfaſſer des böhmiſchen Inder ein
Exemplar vor ſich, worin Huß und Hieronymus im
Regiſter ſtanden mit der Beziehung auf N ꞏ4 und
O 3, welche Buchſtaben und Zahlen genau zu
dieſem Anhang paſſen. Der Verfaſſer von Huſ-
ſens Leben iſt Peter von Mlabieniowic̀,
ein Prager Magiſter, das ſammt den Nebenſtü-
cken in einer Handſchrift bei den Kreuzherrn zu
finden iſt. Man hat dieſen Aufſatz Huſſens Wer-
ken beigefügt, und auch einzeln gedruckt. Bei
Severin kam er ſchon 1533. 8., bei Sirt Palma
ohne Jahrzahl (um 1600) heraus.

2. Legenden einzelner Heiligen ſind oft in
Handſchriften verwandten Inhalts zu finden.
Die Legende von den 10000 Rittern in Reimen

ist in der öffentl. Bibl. in 4., worin Gebethe vor=
angehen. Das Leben der h. Elisabeth ist in
einer Handschrift d m Leben der Altväter ange=
hängt. Das Leben der h. Katharina, von einem
Franciscaner zu Neuhaus geschrieben, besaß Bal=
bin. S. Boh. doct. III. 61. Das Leben der
sel. Agnes hat Georg Ferus nach einer al=
ten Handschrift zu Prag bei Urban Goliaß 1666
in 4. mit Beibehaltung der alten Sprache, und
mit Erklärungen der unverständlichen Ausdrücke
durch gangbare Worte am Rande, abdrucken lassen.
Am Ende sind vier Briefe von der h. Clara an
die selige Agnes beygefügt. Dem Jesuiten Cru=
ger blieb das lateinische Original unbekannt.
Denn er übersetzte diese Legende aus zwey böhmi=
schen Handschriften für die Bollandisten ins La=
teinische. S. Acta SS. Tom. I. Martii.
Das Leben der h. Regina in der Handschrift bei
den Minoriten scheint der Karthäuser Bruno
für seine Schwester, das Fräulein von Klinstein,
erst um das J. 1526 aufgesetzt zu haben.

3. Das Leben der heiligen Väter, das dem
h. Hieronymus zugeschrieben wird, nebst den
Ermahnungen der heil. Väter, der Lebensweise
der egyptischen Mönche von Sulpitius Severus,
den Wirkungen der Tugend, in fünf Handschrif=

ten der öffentlichen Bibliothek, worunter zwey
ohne Jahrzahl, die dritte im J. 1480, die
vierte und fünfte im J. 1516 geschrieben sind.
Ich kenne noch eine fünfte und sechste. Letztere
ist vom J. 1510 im Stifte Strahow, vermuth=
lich dieselbe, die Balbin Boh. doct. III. 172 in
der Krumauer Bibliothek fand. Gregor Hru=
by von Gelenie, der sich in seiner Vorrede
als Uiberfetzer nennt, scheint also die ältere Ui=
berfetzung überarbeitet zu haben. Er widmete
eine Abschrift dieses Werkes dem damaligen
Kanzler des Königreichs Ladislaw von Sternberg.
Dieß muß vor 1514, in welchem Jahre am 7.
März Hruby starb, geschehen seyn. Den
prächtigen Codex auf Pergamen vom J. 1516
mit Gemählden geziert, kann er also seinem Mä=
cen nicht selbst übergeben haben.

k. Liturgische Werke.

1. Ein Brevier, sehr sauber auf Pergamen ge=
schrieben, in 8., vermuthlich zum Gebrauche ei=
ner Klosterfrau. Ich verehrte es der letzten Aeb=
tissin von St. Georg, es fand sich aber nach
ihrem Tode nicht mehr. Es fehlte auch nicht an
Gebethbüchern, die ich aber hier übergehen will.

2. Die Hymnen der prager Kirche, ins Böhmi=
sche übersetzt, fand Balbin unter den Handschrif=
ten der Krummauer Kirche. S Boh. doct. III.
158. In Ernests Leben beschreibt er dieß oder ein
ähnliches Buch genauer, nennt es aber librum
Prosarum et Cantuum, worinn die Prosae
zuerst lateinisch, und dann nach derselben Melo=
die die böhmische Uiberseßung zu finden war.
Dieser räumt Balbin sogar den Vorzug ein: eo-
dem contextu, iisdemque sententiis, nisi
quod Bohemica clariora et significantio-
ra sunt, et pluribus versibus constant. —
Inter illos gratissimi illi vulgi auribus
cantus leguntur. Naſtal nám den weſelý.
Angelowé gſau ſpjwali. Gméno bożj weliké. Na=
robil ſe Kryſtus pán. Na bożj narozenj. Co
tu ſtogjte. In dulci jubilo. Wſtalť geſt té=
to chwjle. Pluresque alii, ex Prosis fere
et sequentiis, ut tum vocabant, eccle-
siae Pragensis confecti. Eine andere Hand=
schrift in 4. der öffentl. Bibliothek, worin die
ältesten Gebethe und Gesänge enthalten sind,
gehört ins 14. Jahrhundert. Der Hymna-
rius aber, von der Hand des Johann von Do=
maſſin im J. 1429 geschrieben, ist keine förmli=
che Uiberseßung, sondern die Worte der lateini=

ſchen Hymnen werden durch böhmiſche Gloſſen
erläutert.

Das theologiſche Fach ſey hiermit geſchloſſen.
Andere Fächer ſind zwar weniger bearbeitet wor=
den, aber doch nicht ganz leer geblieben.

l. Politiſche Schriften.

1. Des **Stibor von Cimburg** und **To=
waČow**, der als Landeshauptmann in Mähren
1494 ſtarb, ſehr ſinnreiches Werk über die Güter
der Geiſtlichen, das er dem König Georg 1467
gewidmet hat. Man beſorgte im J. 1539 eine
mit Holzſtichen verſehene Ausgabe in Fol. von
dieſem Buche. LupaČ gibt ihm den verkürzten
Titel prawda a lež, anſtatt Hádanj prawdy a
lži o knĕžſťé zbožj. Sein Urtheil iſt gar nicht
übertrieben, wenn er beim 26. Juni ſchreibt:
Estque lectu et cognitu non indignus
propter et rerum, quae ibi tractantur,
varietatem, et linguae nostrae cultum,
nitorem, orationisque elegantiam atque
copiam in sublimi, ut vocant Rhetores,
genere dicendi 2c. Balbin konnte als Jeſuit
mit dem Inhalte des Buches nicht ſo zufrieden
ſeyn, doch iſt der Verfaſſer auch nach ſeinem
Urtheile ein großer Redner: in lingua nostra

disertissimus. Der Fiction und Einkleidung nach gehöret das Werk unter Romane.

2. Des Unterkämmerers Wenzel Walečow=ſkŷ Schrift über die Laſter und Heuchelei der Geiſtlichen. Schon im J. 1452 nahm ihn Georg als Gubernator in seinen Rath auf. Als er dieß Buch schrieb, war Georg schon König, den er zu Ende anredet, und ihm den Rath gibt, daß er die Compactata schützen, aber keine Prie=ſter in seinem Rathe herrschen laſſen wolle. Bal=bin deutet dieß auf den Rokŷczana. Allein Wa=lečowſkŷ schonte die Prieſter von der andern Par=tey eben so wenig. Daher Balbins ungünstiges Urtheil: duos tractatus edidit Lycambeo felle plenissimos, quam eleganter, tam virulente scribit. Dem Lupacius, der das Buch 100 Jahre früher las, gefiel es besser: Exstat ejus scriptum quoddam in non-nullos sacerdotes polypragmonicos etc. quod et legimus, unde apparet, ipsum et ingenii acumine et prudentia perspi-caci, et judicii acrimonia valuisse. Beim 23. Febr. hat er sein Sterbejahr 1472 verzeich= net. Weleſlawin nennt ihn Walečowſkŷ z Knĕ̌=mosta.

3. Des Doktor **Paul Židek**, eines Dom=
herrn zu Prag, Anweisung zu regieren, **Giř**
zprawowna genannt. Der König selbst trug ihm
auf, eine Anweisung für Könige (Sprawa kra=
lowska) und eine Chronik zu schreiben. Dieß that
er, und endigte sein Werk am Neujahrstag 1471.
Es besteht eigentlich aus drey Theilen oder Bü=
chern. Das erste handelt von den Pflichten ei=
nes Königs, in Rücksicht des allgemeinen Wohls,
das zweite, wie er sich in Rücksicht seiner Person
verhalten soll, das dritte ist eine allgemeine Ge=
schichte vom Anfange der Welt bis auf seine Zei=
ten herab, worin häufig Winke gegeben werden,
was ein König meiden, oder befolgen soll. Die
gleichzeitige schöne Handschrift der Domkirche ist
mit Randanmerkungen von Balbins Hand ver=
sehen, und ist dieselbe, woraus er seine Auszüge
machte. S. Boh. docta II. 153. Doch wenn
Balbin S. 155 Caroli IV. vitam, instruc-
tionem Regis Georgii libris tribus, item
librum Chronicorum, hinter einander nennt,
so muß ich den Leser warnen, das Leben Karls IV.
und die Chronik nicht als ein von den drei Bü=
chern der Unterweisung getrenntes oder verschie=
denes Werk anzusehen, indem Karls Leben in der
Reihe der Kaiser im dritten Buche, nämlich in

der Chronik gelesen wird, wie sich selbst aus der
gegebenen Probe Miscell. L. VII. p. 161
schließen läßt.   Balbin theilte die Handschrift
dem Domdechant Peßina mit, nach dessen Tode
sie in die Bibliothek des Domkapitels kam.
Quem librum, schrieb Balbin noch im J. 1687,
manuscriptum ex Bibliotheca Novodo-
mensi, Praelato magno concessum, do-
leo hactenus recuperari non potuisse.
Die Abschrift der öffentl. Bibl. ist vom J. 1656,
und die Rayhrader, die Bonaventura Pitter, als
er noch im Kloster Břewniow war, 1750 ver-
fertigte, 100 Jahre jünger.

4. Eine Sammlung aus böhmischen Chroni-
ken, zur Warnung für die Böhmen bei der Wahl
eines Königs (Sebránj z kronyk českých k wýstra-
ze wiernych Čzechow) in einer Cerronischen Hand-
schrift auf Papier in 4.

Diese Warnung ist eigentlich ein Aufruf an
die Böhmen, wahrscheinlich vor der Wahl des
K. Georgs in der Absicht geschrieben, um die
Böhmen durch Beispiele aus der Geschichte (die
meisten sind aus Dalimil) zu warnen, keinen
Deutschen zum Könige zu wählen.

m. Sammlungen von Rechten, Gese-
tzen, Verträgen.

1. Kniha Towačowská. So heißt eine Samm-
lung der Freyheiten, Rechte, Ordnungen und
Gewohnheiten des Markgrafthums Mähren, die
der mährische Landeshauptmann Ctibor (auch
Stibor) von Cymburg auf Tobitschau um das
J. 1480 auf Verlangen vieler mährischen Herren
und Ritter veranstaltete. Voigt hatte bei seiner
Anzeige Act. Lit. I. 153. 310., eine mangel-
hafte Abschrift vom J. 1615. Auszüge aus
vollständigern Exemplaren stehen im Mähr. Ma-
gazin 1789, L. I. 37. 148. ff.

2. Regiſtrum zápiſůw, d. i. Regiſter oder
Verzeichniß der Verſchreibungen, vom J 1453.
Die Abſchrift der öffentl. Bibliothek iſt zwar jün-
ger, (etwa vom J. 1527) doch ſind die Urkunden
der Verſchreibuugen, die hier ſummariſch ange-
führt werden, aus frühern Zeiten, und das Ver-
zeichniß derſelben iſt im J. 1453 verfaßt worden.

3. Die Satzungen der Prager Mahlerzunft, um
das J. 1430 ins Böhmiſche überſetzt, ſind in
Riegers Materialien zur Statiſtik von Böhmen,
Heft VI. 120 — 131 abgedruckt worden.

4. Die Baſler Compactata (vmluwa) auf
zwei Folioblättern zu Raygern, und noch einmal

In einer Handschrift in 4. von 9 Seiten. Es
gibt eine sehr alte Ausgabe davon ohne Druckjahr
in 4. Eine andere vom J. 1513 begleitete der
Administrator Paul mit einer vorläufigen Nach=
richt. S. Bilejowsky's Kronyka Cyrk. S. 15.

5. Die Kuttenberger und Iglauer Bergrechte
(Práwo kralowské hornjkuow — Práwa gihlaw=
ská) von Peter Przespole von Prag, Bür=
ger zu Kuttenberg aus dem Lateinischen übersetzt
und 1460 abgeschrieben, in einer Handschrift am
Strahow auf Papier in 4. Voigt verweiset in
der Beschreibung der böhm. Münzen. B. II.
S. 291. Note 58 auf eine Kuttenberger Hand=
schrift. Eine dritte vom J. 1529 bei Hrn.
Prof. Jungmann unter dem Titel: Práwa miest=
ská panow hornjkow, ist 330 Blatt stark. In
einer Abschrift der öffentl. Bibliothek in Quer=
Quart stehen die Iglauer Rechte voran, und
sind auf dem Koliner Schosse 1520, die Kutten=
berger aber von einer andern Hand 1524 ge=
schrieben worden. Der Anhang vom Bergbau
(o pawewánj hor) ist erst 1565 hinzugekommen.

6. Sententiae casuum forensium oder
Pandectae Brunenses ins Böhmische über=
setzt, in einer Handschrift zu Brünn auf der al=
ten Registratur N. 32. S. Jos. Wrat. von

R

Monse über die ältesten Municipalrechte der Stadt Brünn S. 3. Auch zu Raygern. S. Jura primaeva Moraviae S. 84, 103, wo aus der böhmischen Uibersetzung dieser alten Urtheile einige dunkle Stellen erläutert werden. In Betreff des lateinischen Originals sind Voigts Acta Lit. I. 29. zu vergleichen. Die böhmische Uibersetzung fängt an: Leta Panie 1343 Sedlaczy z Ssibnicz u. s. w. Davon sind die Práwa brnenská in einer Handschrift in Fol. vom J. 1543 in der gräfl. thunischen Bibliothek zu Tetschen zu unterscheiden. Ihr Anfang lautet: Purgmistr a Přjseźnj Miesstiane miesta Brna. Wortel prwnj z hradisstie miesta. Takto se stalo ꝛc. Dieses Brünner Recht enthält spätere rechtliche Entscheidungen. Einen ähnlichen Kodex fand der sel. Professor von Monse in der alten Registratur zu Brünn Nr. 39, dessen Inhalt er a. a. Orte angegeben hat.

7. Rechtssprüche aus den Zeiten der Könige Wenzel und Sigmund, von Albert Ogirz von Oczedelicz gesammelt, unter der Aufschrift: o nálezých panských, in einer Handschrift in 4. bei den Kreuzherren, worin auch Victorins von Wssehrd neun Bücher von den Rechten Böhmens zu finden sind.

8. Des Victorin Cornelius von Wssehrd neun Bücher von den Rechten, Gerichtsstellen und der Landtafel des Königreichs Böhmen (Knihy dewatere o Prawjch, a Saudech y o dskich země české). Er widmete sie anfangs (1495) den drei Brüdern Kostka von Postupiť, später (1508) auch dem König Wladislaw. Bis 1520, in welchem Jahre Wssehrd starb, konnte er selbst mehrere Abschriften besorgen. Rechtsfreunden war dieser Commentar, der aus lauter Auszügen der alten Landtafel besteht, ganz unentbehrlich, daher er so häufig in Handschriften zu finden ist. Die Handschrift der kais. Bibliothek zu Wien führt Balbin am Rande seiner Epitome S. 567 an. Nach seinem in der Boh. doct. III. 196 geäußerten Urtheile ist es das vortrefflichste und seltenste Buch (liber est praestantissimus et inventu rarissimus). Er selbst scheint doch noch ein Exemplar, das dem K. Wladislaw zugeeignet war, gekannt zu haben. Prochazka hatte zwei Handschriften aus der Puzlacherischen, die dritte vom J. 1515 aus der Kinskyschen, die vierte vom J. 1593 aus der kön. öffentl. Bibliothek vor sich. Miscell. 189. Die zwei Puzlacherischen kamen in die fürstl. Lobkowitzische Bibliothek zu Prag, worin also jetzt drey Exem-

R 2

plare von diesem Werke zu finden sind. In den zwei jungern steht zu Ende des 8ten Buches das S. 1497 und das 9te Buch ist an den Herrn Albrecht von Lukstein und auf Mielnik gerichtet. In der dritten ältern wird das ganze Werk dem Zdienek von Postupiß auf Neuschloß, dem Bohusch und Johann auf Leutomyschel zugeschrieben. Auch Balbin nennt diese drei Brüder. Sonst ist die lesenswerthe Vorrede, die mit den Worten anfängt: Země česka od založenj sweho, Páni z Postupic, až do tohoto času, in den meisten Handschriften allgemein an die Herren von Postupic gerichtet, ohne sie einzeln zu nennen Nebst der Kinskyschen vom J. 1515 kenne ich nur noch zwei Handschriften mit der Zuschrift an den König, nämlich die Raudnißer vom J. 1511, und eine jüngere in den Händen des Hrn. Br. von Pr. Die auf der Pfarre zu Přepich, opočner Herrschaft, befindliche Handschrift ohne Jahrzahl hat zu Ende des 9ten Buches den merkwürdigen Zusaß von einer andern Hand: Leta B. 1501 we veliký pátek před hodem welikonočujm, na Hradcy, der auf ein älteres Exemplar hindeutet. Ganz zu Ende nach den Worten na samé wůli dosti gest steht noch powědjno, und dann weiter: Nemohlli sem dostatečně, neumělli

fem bekonale bowěſti, ale w prawdě můƶ powě=
djno byti, ƶe dobře powěděl ſem, 1499 Sab-
bati Wamberk die S. Augustini. Auch
dieſer Zuſaƶ deutet auf eine frühere Abſchrift hin.
Aber ſo alte Abſchriften werden nicht mehr ge=
funden. Von jüngern kann ich noch drei nen=
nen, eine vom J. 1517 in der öffentl. Biblio=
thek, die zweite vom J. 1524 bei den Kreuzherren,
die dritte vom J. 1533 zu Raudniƶ. Vor al=
tem verdient hier dasjenige eine Stelle, was
Wſſehrd von dem Gebrauche der böhmiſchen
Sprache bei den Gerichtsbehörden ſagt: aniƶ ta=
ké k čeſkým ſaudům giného gazyku potřebj neƶ
přirozeného čeſkeho, poněwadƶ na ƶádném ſaudu
čeſkem nemá ginak mluweno byti, ani ob cyzo=
zemcůw, kdyƶby co před ſaudem činiti měli, neƶ
čeſky, gakoƶ práwo čeſke země káƶe. Neb y dſky
wſſecky y Nalezowé wſſickni neginak neƶ čeſky ſe
piſſj. A z práwa ſe tak bubaucně pſáti magj.

9. Nálezowé ſtařj ſaudu zemſkého za krále
Wladiſlawa, Rechtsſprüche wie N. 7., aber
jüngere, in einer Handſchrift zu Raudniƶ nach
den 9 Büchern von Victorin Wſſehrd vom J. 1511.
Sie fangen gerade ſo an, wie die bey Paul Se=
verin zu Prag 1530 in 4. gedruckten: Za prá=
wo geſt.

10. Nálezowé oder Landtagsſchlüſſe ſind in verſchiedenen Handſchriften einzeln zerſtreut zu finden, wie in dem Talembergiſchen ſchönen Codex zu Oſſek. Im gräfl. Czerniniſchen Archive zu Neuhaus iſt ein mit vielen Siegeln verſehenes Original eines böhmiſchen Landtagsſchluſſes aus der Mitte des XV. Jahrhunderts zu finden.

K. Georgs Münzordnung vom J. 1470, die Voigt in ſeiner Beſchreibung böhmiſcher Münzen B. II. 282 ff. aus einer alten Sammlung der Kuttenberger Bergrechte abdrucken ließ, iſt eigentlich auch ein Landtagsſchluß. Sſtelcar will ſchon gedruckte, einen vom J. 1478 in böhmiſcher und lateiniſcher Sprache, und einen andern blos böhmiſchen vom J. 1483 geſehen haben. Vom J. 1492 und 1497 kann man gedruckte Exemplare nachweiſen, bis endlich die Wladiſlawiſche Landesordnung im J. 1500 in gr. 4. unter dem Titel Nálezowé zu Prag erſchi n. S. Böhm. Lit. I. 142. und II. 164. Ein drittes Exemplar befindet ſich in der fürſtl. Lobkowißiſchen Bibliothek, das vierte in der Bibliothek der prager Domkirche. Dieſe Landesordnung beſtehet aus lauter Auszügen aus der alten Landtafel, die 1541 in Rauch aufging. In einer Handſchrift zu Raygern in Mähren

fangen die Excerpte vom J. 1321 an, und ge=
hen bis zum J. 1485, wobei zu bemerken ist,
daß die Auszüge in böhmischer Sprache schon
mit dem J. 1396 anfangen, urgeachtet die Land=
tafelbücher selbst noch immer in lateinischer Spra=
che bis 1495 geschrieben waren. In diesem
Jahre ward beschlossen, alle Bücher der Landta=
fel von nun an böhmisch zu verfassen. Diese Ver=
änderung bei der Landtafel geschah eben, als
Victorin von Wssehrd Vicelandschreiber war.
Er bezeuget es in seinem oben N. 8. angezeig=
ten Commentar an mehrern Stellen. Im 8ten
Kap. des 9ten Buches heißt es: včiněna gest
gesstě a to za mého vřadu we wssech dckách ta=
to proměna, že se giž česky wssecky dcky pjssi,
kteréž sau se od počátku wždycky latině psáwali
y registrowali. Von ihm hatten auch vier Bü=
cher den Namen knihy oder dsky Wiktorynowy,
Wiktorins Bücher. Im 25ten Kap. des 6ten
Buches erwähnt er des Beschlusses mit diesen
Worten: a ty oboge (zápisné) y giné wssecky dcky,
gakož giž powědjno gest, magj se českým gazy=
kem psati. To stogj w menssjch zápisných léta
1495 w pondělj před S. Kedrutau. Noch be=
stimmter spricht er davon im 1sten Kap. des 4ten
Buches: Přitom toto za práwo gest naleženo,

že wſſecky dſky zemſké králowſtwj čeſkého weliké
y malé, trhowé y půhonné y památné nemagj
giným než gazykem čeſkým přirozeným pſány by=
ti. Nález toho w památných dſkách leta božjho
1495 w pondělj před S. Kedrutau: Páni a
Wládyky. Der ganze Beſchluß, wovon hier
der Anfang angeführt wird, iſt für uns unwie=
derbringlich mit der ganzen alten Landtafel ver=
loren. Dieſen Unfall hielt Victorin von Wſſe=
hrd für ganz unmöglich, indem er die Sicher=
heit der böhmiſchen Landtafel im 6ten Kap. des
6ten Buches ſo ſehr erhob. Ale wſſak liſtowé,
ſagt er, ſe potracugj, a mol, oheň y zloděg
gim vſſkobiti můž. Ale dckám ſtaroſt neſſkobj,
mole a ohně neznagj, na wobu a železo žabné
péče nemagj, zlobegům ſe ſměgj; wěrná ſtráž
wſſech wěcy w nich zapſaných a wložených, bez=
pečně ſobě ſwěreného chowá, ne nám toliko a
bětem naſſim, ale gich bětem y těm, kteřjž ſe
narodj z nich. Allen andern Gefahren trotz=
te zwar unſre Landtafel bis 1541, nur dem
Feuer nicht, das ſie in dieſem Jahre ver=
zehrte.

n. Geſchichte und Geographie, Reiſe=
beſchreibung en.

Mit Uiberſetzungen hiſtoriſcher Werke haben
ſich die Böhmen im 15ten Jahrhundert weniger
abgegeben, als in der vorigen Periode. Von der
böhmiſchen Uiberſetzung der Geſchichte des Kreuz=
zuges nach Paläſtina im J. 1099, von Fuche-
rius Carnotensis, welche Heinrich (Hynek),
K. Georgs Sohn, veranſtaltet hat, kennen wir
kein Exemplar. Lupacius verſichert beim 15. Juli,
ſelbe geleſen zu haben. Bartoſſek von Drahenitz
ſchrieb zwar ſeine Chronik, die vom J. 1419 bis
1443 fortläuft, in barbariſchem Latein, hat
aber doch manche Nachrichten im Anhange auch
in böhmiſcher Sprache abgefaßt. Fragmente aus
der alten Geſchichte, beſonders aus der Kaiſerge=
ſchichte kommen in einer Handſchrift in 4. in
der öffentlichen Bibliothek vor, aber der allego-
riſchen Deutung wegen, die ihnen gegeben wird,
gehört die Schrift zu den Erbauungsbüchern.
Paul Židek erwähnt auch in ſeiner allgemeinen
Chronik, die er dem K. Georg widmete, einer
Geſchichte des Huſſitenkrieges, die er erſt ſchrei-
ben wollte, wenn es der König verlangen würde.
Sein großes Werk, wovon er dem Könige ein-

zelne Ternionen vorlegte und wieder zurückver=
langte, nennt Balbin grande historiarum
volumen. Es ist aber eigentlich kein histori=
sches Werk, sondern eine allgemeine Encyclopädie,
worin von allen Wissenschaften gehandelt wird,
und ist lateinisch abgefaßt. Die einzige Abschrift
davon, die wir kennen, wird zu Krakau in der
Universitätsbibliothek aufbewahrt. Indessen gab
es schon Mehrere, die es versuchten, die Bege=
benheiten ihrer Zeit chronologisch in ihrer Mut=
tersprache zu verzeichnen, wie die Verfasser der
kuttenberger und königgrätzer Chronik, die Bal=
bin gut benutzte, und andere, deren Schriften
wir hier anzeigen, als:

1. Hussens Leben nebst einigen Briefen in 7
Kapiteln vom J. 1472, bei den Kreuzherren,
vermuthlich von Peter von Mladienowitz ver=
faßt, der als Notar des Johann von Chlum
zu Kostnitz Augenzeuge von Hussens Hinrichtung
war. Man pflegte es in den böhmischen Kir=
chen, wie es Lupacius beim 7. Februar bezeuget,
vorzulesen. Daher wurde es auch dem 1495
gedruckten Passional als Beilage beigefügt, auch
einzeln Prag 1533 in 8 gedruckt. In dem Ka=
talog der Raudnitzer Bibliothek ist derselbe, oder
ein ähnlicher Bericht, nämlich Zpráwa swědka

očitého, co ſe ſtalo L. 1415 w Konſtancy, ver=
zeichnet. Voran geht ein Geſpräch von dem
Abendmahl: Rozmlauwánj mezy ſwědomjm a
rozumem o wečeři Páně.

2. Die Chronik vom J. 1338 bis 1432, wel=
che nach einer Handſchrift der Domkirche in
Script. rerum Boh. T. II. mit einer lateini=
ſchen Uiberſetzung abgedruckt ward.

3. Eine böhmiſche kurze Chronik vom J. 1388
bis 1440 in einer Handſchrift in Folio, die je=
mals Pelzel beſaß.

4. Nowá Kronyka, d. i. Neue Chronik, als
eine Fortſetzung der alten von Beneſch von Ho=
řowitz überſetzten Chronik, die mit K. Wenzel
ſich endigte. Daran knüpfte ein Ungenannter,
den Balbin aus Uibereilung Mathias Lauba
nannte, den Faden an und beſchreibt die Bege=
benheiten ſeiner Zeit vom J. 1393 bis 1453,
und ſchließt mit der Hinrichtung des Smiřicky.
Beide Handſchriften, die Pelzel beſaß, und noch
eine dritte, die Stockholmiſche (die aber durch
beigeſchriebene Zuſätze aus einer andern Chronik
vermehrt iſt), ſind mit einer beſondern Vorrede
verſehen, worin geſagt wird, daß dieſe neue Chro=
nik für eine Fortſetzung der alten Beneſſiſchen
anzuſehen ſey. Von der leutmeritzer Abſchrift,

die bis zum J. 1470 reicht, ließ Dobner eine
lateinische Übersetzung verfertigen, die aber dem
sel. Jar. Sch. äußerst schlecht gerathen ist, und
in seinen Monum. hist. T. IV. als eine
Fortsetzung des Pulkawa, weil sie im leutme=
ritzer Exemplar nach dem Pulkawa steht, abdru=
cken. S. meine Reise nach Schweden S. 47. ff.
Allerdings sind die sogenannten gewöhnlichen
Fortsetzungen des Pulkawa aus dieser neuen
Chronik geflossen. In der Jansdorfischen Co=
pie des Pulkawa folgen noch auf die Fortsetzung,
die bis 1470 fortläuft, noch andere chronolo=
gische Auszüge vom J. 1435 bis 1503. In
der breslauer Abschrift des Pulkawa reicht die
Fortsetzung bis 1471 und schließt mit der Auf=
schrift: Korunowanie Krale Wladislawa druheho
krale českého, worauf in 16 Zeilen erzählt wird,
was die Aufschrift besagt.

5. Eine vollständigere Compilation aus meh=
rern Chroniken, die schon vom J. 1312 anhebt,
und bis 1509 fortläuft, in einer Handschrift
auf Papier in 4. bei den Kreuzherren. Es kom=
men sehr wichtige Nachrichten von Rokyczana's
Verhandlungen darin vor, die noch kein Ge=
schichtschreiber benutzt hat. Des Compilators
Fleiß ist unverkennbar. Er borgte zwar dem Ver=

faſſer der neuen Chronik vieles ab, hatte aber noch ganz beſondere Quellen, aus denen er ſchöpfte.

6. Ein genauer Bericht von den fruchtloſen Verhandlungen der böhmiſchen Geſandten zu Rom 146², die K. Georg dahin ſchickte, um dem Pabſte Gehorſam zu leiſten, und von ihm die Beſtätigung der Compactate zu erhalten. Dieß ſchätzbare Aktenſtück fand ich zu Stockholm. S. meine Reiſe nach Schweden S. 52. Daſ= ſelbe iſt auch in der kaiſ. Hofbibliothek zu Wien im Cod. Theol. 480 zu finden.

7. Paul Zideks Chronik, eine allgemeine Weltgeſchichte nach der damals üblichen Einthei= lung in 6 Zeitalter, für den K. Georg eigens geſchrieben. Sie macht eigentlich von dem Un= terrichte für Könige (Zpráwa kralowſká, Zprá= wowna) den dritten Theil aus. Die älteſte Ge= ſchichte iſt ganz unbrauchbar für uns, die neuere enthält in der Reihe der Kaiſer einige Nachrich= ten, die uns näher angehen. Karl IV. wird ſehr gelobt, ſo wie Wenzel getadelt. Kaiſer Friedrich beſchließt das Werk. Die Päbſte und Heiligen, die Zidek bis auf Paul III. auf die Reihe der Kaiſer wollte folgen laſſen, blieben aus. Balbin hatte die Handſchrift in Neuhaus ge=

funden, die durch Peſſina in die Dombibliothek
kam. Hunc librum alio loco non facile
repereris, ſagt er Boh. d. III. 136. Es
gibt aber jüngere Abſchriften davon. Židek's
Styl iſt zwar natürlich und ungeſucht, aber doch
der großen Eile wegen zuweilen nachläſſig, und
Balbins Lob in ſeiner Boh. d. II. 156 iſt
wohl etwas übertrieben, wenn es heißt: In li-
bro Chronicorum compendium Theolo-
giae recitat tanta proprietate Bohemi-
corum verborum, ut post S. Cyrilli li-
bros slavice scriptos (woran mag wohl
Balbin bei dieſen Worten gedacht haben?) nul-
lum de hoc argumento lingua patria
tam genuine loquentem inveniam. Der
ganze Auszug der Theologie beſteht in der Auf-
zählung und Erläuterung der Eigenſchaften Got-
tes, von denen er vor der Schöpfungsgeſchichte
handelt. Was unſern Balbin ſo ſehr für den
Verfaſſer einnahm, war ſein Eifer gegen die
Ketzer und ſeine Freimütigkeit, dem Könige der-
be Wahrheiten zu ſagen. Wo ſeine Keckheit zur
Unart und Grobheit wird, ſchrieb Balbin am
Rande bei: audax dictum in regem Ge-
orgium. Dieß bezieht ſich auf den derben Aus-
druck: Paſtucha lépe u. ſ. w. Als Probe des

Styls mag hier noch einiges, das unmittelbar vorangeht, stehen. Wo er im 4ten Zeitalter vom David handelt, klagt er darüber, daß ihm niemand eine Bibel, die er nöthig hatte, habe leihen wollen, und nun bricht er in die Worte aus: O králi zleť gest, zleť gest wieru, králi milý, opatř ať gest ginak, a bog se, ať rana boží na tie nepřigde, neb nenie dobře chudince ani dobrým lidem pod tebu než vtiſk weliký, opatř to a nemlč leže w kutie; gižť sem se od= wážil, abych prawdu pſal k twé žadoſti pro twé dobré neb ginak nebyl bych wierný ſlužeb= njk twůg. O králi, o Pane můg miloſtiwý, paſtucha lépe opatřj swé ſtado, nežli twá We= lebnoſt swé kralowſtwie. Bei jeder Gelegenheit sucht er den König zurecht zu weisen. Lächerlich ist es, wenn er dem König auch den Vorwurf macht, daß er nicht ein Kameel habe, da Job ihrer 500 hatte.

8. Die Nachricht von des Bruders Johann Paleček witzigen Einfällen, in einer Handschrift der Dombibliothek unter dem Titel: Pamiet bratra Jana Palečka. Nach der Ribayischen Handschrift heißen diese Erzählungen Artykulo= wé Palečka. Der Buchdrucker Johann Gitčin= ſky führt in der Vorrede zu seinem Tytulář vom

J. 1567 einen Artikel an, und nennt den Bru=
der Paleček den böhmischen Philosophen, der un=
ter König Georg gelebt habe. Sixt Palma ver=
besserte die Sprache dieser Artikel, und gab sie
(um das J. 1610) unter dem Titel: Hystorya
o bratru Palečkowi stawu rytjřského, zu Prag
in 12. heraus. Er eignete sie dem Gregor
Smrček, Primator zu Soběslaw und dessen Frau
Dorothea zu, und begleitete sie mit folgenden
Versen:

Kratochwilná hystorye tato
Můž býti y k naučenj tak mám zato,
Kterážto mezy libmi rozepsaná
Gest ob dáwných času mnohým známá.
Teď nynj w česstině pooprawená
K žadosti některých wytisstěná.

Dem Berliner Nachdruck (um das J. 1756)
gab man den Titel: dwanáct kusů a nebo Ar=
tykulů ꝛc.

·9. Prokops neue gereimte Chronik (Proko=
powa nowá kronyka). Ihr Verfasser ist wohl
kein anderer als Prokop, Stadtschreiber der Alt=
stadt Prag. Wie weit sie reichen mag, läßt sich
aus den Fragmenten (zusammen 72 Verse), die
ich nach dem lateinischen Commentar Karls IV.
in einer Handschrift zu Nikolsburg fand, nicht

ganz gewiß bestimmen. Doch scheint sie mir entweder vor Podiebrads Wahl, oder doch nach dessen Tode abgefaßt zu seyn. Prokop reimt in dem Tone, den Dalemil in der vorigen Periode angegeben

Jakož král Ottokar také
Držie zemie negednaké,
 Czož gich ob Ebanskeho moře,
Blíž až ku Benatské hoře,
Že gest česke pány tupil,
A ge na gich statcziech hubil,
I luczil tiežcze od sebe,
Czizozemcuom swierziw sebe,
Ež gich nemiel ku pomoczi
W bogi, dal sie tak przijemoci,
Horliwu gsa hnut smielostj
Zahynul w bogi s pakostj.
O témž syn geho smyslesse,
Že sie s rakussany pogiesse,
Czehož zemane branichu
Toho sie držal pohrziechu,
Že proto žalostj zhynu,
Neb Czechuow w radu newinu.
Též Waniek mladý syn geho,
Když bogide kniežstwa sweho,
Jakž Durink k nyemu w službu přistupi,
Tak geho zatruti.

𝕾

Radú wſſe to Rakuſkého
W ty cžaſy krale rziſkého.
Zrziž iakt niemci czechuom prziegj,
Sich zlému ſie s placzem ſmiegj.
Seſtřenec byl krali tomu,
Wſſak mu neprzal w geho domu.

In einem andern Fragmente ſchildert Pro=
kop die ſchlimmen Folgen der Anarchie, und mun=
tert zur ſchleunigen Wahl eines Königs auf:

Rucze wolte ſobie krale,
Kral to wſſe zlé pak vwale,
Staw lepſſj w zemi vwede,
A wſſecko dobré přiwede.
K tomu Biſkup y preláti
Budu moci zaſe wſtáti,
Y w gednotu vwedeno
Bude Kniežſtwo genž dwogeno.

10. Des Marko Polo Beſchreibung des Mor=
genlandes, aus dem Lateiniſchen überſetzt, ſammt
Mandevills Reiſe, in einer Handſchrift auf Pa=
pier in 4., die Hr. Hanka beſitzt. Zu Ende des
Marco ſteht die Schlußformel: Dokonal gſem s bo=
zie pomoczi knyhi tyto genž ſlowu Milion Mar=
kuſſowy z Benatek Genž ſprwu tyto wieczi
popſal o obyczegich a polozeni kragin na wzchod
ſluncze A ſu dokonany a pſani na Lethowiczich

w ſobotu po ſwate Markaretie. Die Abſchrift
gehört zwar in die Mitte des XV. Jahrhunderts,
allein die böhmiſche Uiberſetzung ſelbſt mag wohl
älter ſeyn. Sie iſt in 3 Bücher, und jedes
Buch in mehrere Kapitel eingetheilt. Auch
Mandevills Reiſe iſt hier in mehrere Kapitel ge=
theilt, deren Inhalt roth verzeichnet iſt. Dieſe
Handſchrift iſt alſo noch zu N. 16 der vorigen Pe=
riode (oben 165) nachzutragen. Nach der Hand
ward mir noch eine andere vom J. 1472 in 4.
von 121 Kapiteln bei den Kreuzherren vorge=
zeigt. In der literäriſchen Nachricht zu Ende
der zweiten Krameriuſiſchen Ausgabe vom J. 1811
werden noch zwei jüngere Abſchriften namhaft
gemacht, die aber beide nach gedruckten Exem=
plaren verfertigt ſind. Eine bei den Kreuzherrn
nach der Ausgabe 1576 bei Burian Walda, die
andere für den Druck 1687 abgeſchrieben, nach
der Ausgabe vom J. 1600 bei Ulrich Walda.
So wäre denn der fabelhafte Mandeville ſieben=
mal, zweimal zu Pilſen 1510, 1513, und
fünfmal zu Prag 1576, 1600, 1610, 1796
und 1811 gedruckt worden, wo doch dem treuern
Erzähler Marko dieſe Ehre nicht einmal widerfuhr.

11. Ein Tagebuch der Reiſe, die Zdienek
Lew von Rozmital (Roſenthal) um das

J. 1465 durch Europa und einen Theil von
Asien unternommen. Einer von seinem Gefolge, der den Hofnarren (Sfassek) machte, setzte
das Tagebuch in böhmischer Sprache auf. Das
böhmische Original hatte Stanislaw Pawlowsky
vor sich, der es ins Latein übersetzte, und 1577
in 8. zu Olmütz drucken ließ.

12. Martin Kabatniks Reise nach Jerusalem und Aegypten auf Papier in 4. in der
Bibliothek der Domkirche. Er trat die Reise im
März 1491 an, und kam 1492 im November
zurück, wie am Schlusse bemerkt wird. Das
Druckjahr 1491 der ersten Ausgabe beim Regenvolscius, und aus ihm beim Maittaire ist also
ein offenbarer Mißgriff, und selbst das Jahr 1518,
das Kandid in Boh. docta angab, ist mir
verdächtig. Vermuthlich soll das J. 1578 stehen. Ohne Zweifel ist die von Adam Baccalaureus im J. 1542 besorgte Ausgabe von Kabatniks Reise die allererste. Ulrich Präfat, der vor
dem Antritte seiner im J. 1546 unternommenen
Reise den Kabatnik lesen konnte, nennt ihn ausdrücklich in der Vorrede seiner Reisebeschreibung.
Die Ausgabe vom J. 1577 bei Dačicky beträgt 5½ Bogen, und steht im Index S. 226
unter dem Titel: Putowánj. Zu Olmütz ward

ſie im J. 1639 in 8. bei Hrabecky, und 1691 zu Prag, gar oft auch ohne Jahrzahl, nach= gedruckt.

12. Die Beſchreibung der heiligen Orte im gelobten Lande, die Niklas Bakalař zu Neupilſen im J. 1498 in 8. druckte, beträgt nur etwa 2 Bogen, und iſt als Uiberſetzung von viel ge= ringerm Werthe, als Kabatniks Reiſe. Dem Leben Mahomets, das 1498 bei demſelben Niklas erſchien, iſt noch ein Tractat von verſchiedenen Völkern, die zu Jeruſalem und im Morgenlan= de wohnen, angehängt. Eine ähnliche verkürzte Nachricht von neun Verſchiedenheiten der Chri= ſten aus Peters von Braitenbach Traktat ſteht auch hinter Kabatniks Reiſe vom J. 1577.

13. Die Reiſe zum h. Grabe, welche Johann von Lobkowitz und Haſſenſtein von Ka= den aus 1493 mit ſeinem Gefährten Dietrich von Gutenſtein unternommen, und ſelbſt mit altritterlicher Treue kunſtlos um das J. 1505 beſchrieben hat. Eine Abſchrift vom J. 1515 in 4. kam aus dem Auguſtinerkloſter bei St. Wen= zel in die öffentliche Bibliothek, woraus die ganz neue Copie in der fürſtl. Lobkowitziſchen Bi= bliothek abgeſchrieben ward. Dieſe Reiſe hätte vor vielen andern den Druck längſt verdient.

o. Arzneykunde, Astrologie, Land, wirthschaft.

Wenn gleich unsre vaterländischen Aerzte, M. Gallus, Albik, Christann, Schindel, Zidek, in ihren Schriften der lateinischen Sprache den Vorzug einräumten, so fehlt es doch in dieser Periode nicht an böhmischen Auszügen aus beliebten medizinischen Werken. Selbst in ältern Werken kommen schon Pflanzenverzeichnisse mit böhmischen Benennungen vor, wie es Hr. Graf von Sternberg in seiner gründlichen Abhandlung über die Pflanzenkunde in Böhmen an mehreren Stellen richtig bemerkt hat. Vom Magister Gallus haben wir ein regimen sanitatis ad Carolum Imperatorem, einen Traktat de urinis und excerpta de libris Medicorum. Letzterem Werkchen in 8. auf Pergamen (ehedem in der strahöwer Bibliothek) ist ein herbarium angehängt, worin häufig auch die böhmischen Namen der Pflanzen beigesetzt sind. Bei absinthium montanum z. B. steht nechraſt, bei diptamnus trzembala, bei herba S. Philippi lepek, bei nemifar ſtulkep, alias ſtulnik. Was Blatt 93 bis 110 von Salben (o maſtech) vorkommt, ist von etwas jüngerer Hand. Ein ganz ähnliches alphabetisches lateinisch = böhmisches

Pflanzenverzeichniß ist in einer Handschrift der Raudnitzer Bibliothek zu finden, deren Inhalt Hr. Graf Sternberg S. 42 genau angegeben hat. Auch hier fehlt es selbst bei andern Aufsatzen nicht an böhmischen Glossen z. B. contra inflaturam, quae in vulgari Bohemico dicitur prsymnet. Item herba cruciana vulgariter prsymnetne korzeny dicta. — Contra rupturam post partum protyw natrzenynye. So steht neben den böhmischen Worten: Prawy porusnyk mezy swatyma marzyma ryty leczy wsselykaky ob wywynuty bez natrzenye, kdyzz gey rano y weczer kdyzz chczess spat gyty hryzess, am Rande: contra exitum membri de juncturis. Dieses böhmische Rezept reicht gewiß, nach der Orthographie zu urtheilen, noch ins vierzehnte Jahrhundert. Später erscheinen solche Glossen immer häufiger. Selbst Christann von Prachatitz, der 1439 als Pfarrer bei St. Michael zu Prag starb, schrieb sein Kräuterbuch zuerst lateinisch; doch stehen in der Cerronischen Handschrift vom J. 1416 die böhmischen Namen der Kräuter neben dem lateinischen im Texte, die deutschen aber am Rande. Das ganze Kräuterbuch enthält 93 Pflanzen. Mit absinthium peliniek fängt es an, und mit zinziber zazwor schließt es. Als

Mathematiker oder Aſtrolog ſchrieb er in böhmi=
ſcher Sprache eine widerlegende Replik auf ein
Prognoſtikon eines andern, die in der Hand=
ſchrift des Pulkawa bei den Kreuzherren zu fin=
den iſt. Es iſt ſchwer zu beſtimmen, wie viel
und welche Stücke in den böhmiſchen Samm=
lungen mediziniſcher Schriften ihm als eigent=
lichem Verfaſſer zugehören mögen. In Mag.
Schindels lateiniſchem Commentar über den
Macer, in einer Handſchrift der öffentlichen Biblio=
thek vom J. 1424, werden nicht ſelten Pflanzen
und Krankheiten böhmiſch benannt. In der gro=
ßen Encyclopädie des Doctors Paul Žibek, wel=
che auf der Univerſitätsbibliothek zu Krakau auf=
bewahrt wird, ſind mehrere böhmiſche Benen=
nungen der Bäume und Pflanzen neben dem la=
teiniſchen Texte, worin er von Kräutern han=
delt, am Rande beigeſchrieben. Ganz in böh=
miſcher Sprache verfaßte hieher gehörige Aufſätze
ſind mir folgende bekannt.

1. Poklad chudých, d. i. Schatz der Armen,
eine Uiberſetzung im Auszuge aus einer der vielen
mediziniſchen Schriften, die den Titel thesau-
rus pauperum führen. In der ſchönen per=
gamenenen Cerroniſchen Handſchrift nach den böh=
miſchen Rechten S. 60 bis 70. Fängt an:

Agwyn tak rzeczeny myſtr prawy to zagiſto, że każdy człowiek ſſeſteru wyecz czynne zachowá ſwe zdrawne. Nach den diätetiſchen Regeln wer=
den etwa 50 Kräuter beſchrieben. Am längſten
wird bei der Bukwice (Betonica) verweilet.
Zuletzt Zeichen des Todes und der Geſundheit
nach Galienus.

2. Miſtra Krŭiſſtanowa lekařſke kniehy (des
Meiſters Chriſtann Arzneybücher) in einer Hand=
ſchrift der Prager Domkirche in Fol. Der Zu=
ſatz in der Aufſchrift y gine lekarzſke wieczy macht
es zweifelhaft, ob alle Aufſätze darin ohne Aus=
nahme dem Chriſtann zugeſchrieben werden ſollen.
Nach der allgemeinen Diätetik aus dem Akwin=
den Geſundheitsregeln des Peters aus Spa=
nien, dem Unterrichte vom Urin nach Iſak,
einem Sohne des Königs (?) Salomon, der Leh=
re vom Pulſe, von den Kennzeichen der Krank=
heiten aus dem Galienus, Hippokrates, folgen
die Arzneymittel (Lekowe) für alle Krankheiten,
vom Kopfe anzufangen bis zu den Füßen, Bl.
20 — 99. Die letzte Rubrik iſt: komuž ſe
nohy padagij. Hierauf unmittelbar von den
Wirkungen des Eichenmiſtels (o dubowem gmelij).
Die Wundarzney (knihy ranne) macht einen be=
ſondern Theil aus., worauf endlich als der dritte

Haupttheil das Kräuterbuch (Herbarz) folgt, worin die Kräfte der Kräuter nach dem Alphabete beschrieben werden. Angelika macht den Anfang und Zanikl das Ende. Die Bücher von den Planeten und den zwölf Himmelszeichen, Bl. 140 — 190, worin auch vieles lateinisch vorkömmt, beschließen diese Sammlung. In der Stockholmer Handschrift, deren Besitzer im J. 1550 Heinrich von Schwamberg, Hauptmann des Prachiner Kreises, war, steht diese Sammlung nach dem sogenannten Kern (gádro) mit der Uiberschrift: Miſtra Křiſſtana lekařſké knihy y giné lekařſké wěcy. Der Tractat von den Heilmitteln aller Krankheiten ist von jüngerer Hand, und steht erst nach dem Buche von den Planeten.

Die Raudnitzer Handschrift vom J. 1516 in 4. hat die Uiberschrift: Lekařſtwie giſtá a zkuſſená Miſtra Kryſtiana dobre pamieti. Ein Besitzer vom J 1542, der den Inhalt am Rande anzeigte, machte die Bemerkung: drżim zie má byti Kryſtanna, kterayz gſa z Prachatic żiw byl leta 1430 a wypſal pieknie o pauſſtienij krwe. Noch gewöhnlicher ist im Böhmischen der Name Křiſſtan. Die Vorrede lautet: Wſſeliká mudroſt ob pana Boha geſt ꝛc. Die Rubriken der Handschrift sind folgende:

o ctyřech rozdjljch leta, o zdrawie člowieczim (nach dem Akwinas), o zachowanie zdrawj miſtra Petra Hyſpanſkeho, Bl. 1 — 9. O inoczi nach Iſak, Bl. 10 — 25. Der Compilator nennt ſich hier ausdrücklich einen Bruder des Franziſkanerordens: ya bratr zakona ſwat. Frantiſka wybieral ſem to w hromadu, und nennt die Meiſter, aus deren Büchern er geſchöpft, den Hippokrates, Galien, Konſtantin, Bartholomäus, Peter aus Spanien, den Meiſter vom Berge Caſſino, den Gilbert, Ortolf, Akwin. O žilach, Bl. 26 — 29. Znamenj nemocy ſmrtedlná (aus Hippokrates, Galienus) Bl. 29 — 37. O wſſech nemocech od ſameho wrchu aż do paty, Bl. 38 — 168. Ktere wiecy vdům pomahagij, Bl. 168 — 177. O dubowem melij, 2 Blatt. Knihy ranné s weliku pracý z giných wybranné Bl. 179 — 190. O praſſich a maſtech, 4 Blatt. O mocech kořenj, Bl. 194 — 250. Von Angelika bis Zanykl. Zuletzt noch von den ſechs nothwendigen Dingen zur Erhaltung der Geſundheit (aer, esca, quies, repletio, somnus et ira, haec moderata prosunt, immoderata nocent).

3. Eine ähnliche Sammlung, die aber einige Stücke mehr enthält, ohne Chriſtanns Namen,

in einer schönen Handschrift der öffentl. Biblio=
thek in Fol. aus der Mitte des 15ten Jahrhun=
derts, 175 Blatt stark, Nr. 27. Der Kalender
steht an der Spitze, dann folgt von den Einwir=
kungen der Planeten auf den Körper, Vorsichts=
regeln in der Pest (proti ſſelmowemu čaſu), der
chiromantische Traktat des Philo (o rukowie=
dienj), Bl. 6 bis 14. Da unter den Heil=
mitteln gegen die Pest auch ein Pulver des Mei=
ster Kryſtann angeführt wird, so kann dieses
Stück nicht von ihm selbst seyn. Jetzt erst steht
die Vorrede: Wſſelika maudroſt und die übrigen
kleinern Traktate folgen, so wie die Arzneymit=
tel, von dem Franziskanerbruder gesammelt, der
von sich erzählt, daß er ein Mittel gegen die
Narrheit in Brün versucht habe, und der den Mei=
ster Křiſſtan aus Achtung Meister Plato nennt.
Die Wundarzney (knihy ranné) wird hier ver=
miſſet, aber das Kräuterbuch fängt, wie sonst,
mit den Worten an: Angelika aneb ſwateho du=
cha korzenie geſt pomoczno proti czarom ktoz
ge prżi ſobie noſy a wżdy rano hryze 2c. Der
Traktat von den Planeten heißt in der Schluß=
formel Practiken: Skonawagj ſe Praktyky,
die aus den Werken vieler Weisen und Aſtrono=
men verschiedener Länder und Städte, worunter

auch Krakau, Prag, Wien genannt werden, gezogen sind. Ganz zuletzt ein Unterricht vom Aderlassen, die Zubereitung eines Sirops, und die Wirkungen einiger Wässer. Eine stockholmer Handschrift, die sich noch 1604 in der Rosenbergischen Bibliothek befand, enthält weniger und auch mehr. Philo's Chiromantie vom J. 1528 steht gegen das Ende nach dem Traktate von den Planeten und nimmt 8 Blatt ein. S. meine Reise nach Schweden S. 67. Noch genauer kommt die Handschrift der öffentl. Bibl. in Fol. N. 133, um das J. 1498 geschrieben, mit Nr. 27 überein, wenn gleich die Aufsätze nach dem Kalender nicht in derselben Ordnung auf einander folgen. In dem Kalender nahm er die bekannten böhmischen Verse über jeden Monat auf, wovon ich in der Reise nach Schweden S. 54 aus einer ältern Handschrift eine Probe gegeben habe, die ich hier aus unsrer Handschrift fortsetzen kann:

Brzezen nedá krwe leti,
Welj z gara semena sieti.
Duben časy mienj,
A obdrži siolu zemi.
May rosu dáwá
Tráwu a stromy listem obiewá.

Czerwen dáwá jahody,
A secze kosami luky.
Czerwenec źne źyta
A też wiſſnie k ſobe přiwitá.

Alſo hier heißt ſchon der Junius čerweu, der Julius čerwenec, wo dort umgekehrt der Junius črwnec, der Julius črwen hieß.

Der Sammler ſchaltete mehrere lateiniſche Traktate ein, verſah ſie mit eignen Gloſſen, und gab ihnen böhmiſche Uiberſchriften, z. B. o wo= dách rozličných, wo der Aufſatz von verſchiede= nen Wäſſern lateiniſch abgefaßt iſt, und nur die Nahmen der Pflanzen auch böhmiſch vorkommen. O olegich lateiniſch, und vom Roſenöle der Wundärzte böhmiſch. O krwj puſſtienj, latei= niſch und böhmiſch. Von Verminderung des Blutes mit Blutegeln, iſt lateiniſch geſchrieben, endigt aber mit böhmiſchen Verſen, wie man ſich nach der Aderlaß verhalten ſoll:

Po puſſtienj prwnj den
Bud na wečeři ſtřowen.
Weſeliž ſe den druhý,
A odpočjway třetj celý u. ſ. w.

Nach den Arzneymitteln, die der Franziſka= nerbruder geſammelt, ſteht Doktor Arnolfs Traktat von dem geſegneten Eichenbaume an Bi=

ſchof Beghard. Philos Chiromantie wird durch vier Zeichnungen der Handlinien erläutert, worauf die Vorrede Wſſeliká maubroſt, und die ge=wöhnlichen Stücke von den vier Jahrszeiten, von Erhaltung der Gesundheit nach Peter aus Spa=nien, und das Kräuterbuch von 130 Pflanzen fol=gen. Wider die Blattern, Krätze, dann ko=muʒ nohy hnigj. Hier nennt ſich der Interpo=lator einen Apotheker: tak gakʒ ſem ia Appote=kář wibiel a tak mi geſt take kniez Mikulaß pra=wil, daß man alte Fußſchäden nicht gänzlich heilen ſoll, wie es ein Armenier in Krumau ge=than habe. Die Wundarzney (ranné knihy) be=tragen 22 Seiten, und das Buch von den Pla=neten 30 Blatt. Das alphabetiſche Traumbuch (ſnář) nimmt 4 Seiten ein, deſſen Einrichtung aus zwey Beiſpielen einleuchten wird. Berana aneb ſkopce wibieti, potieſſenie znamená. Ʒenu ſtaru pogjmati, nic dobreho znamená. Snowe Jozepha (Träume Joſephs) enthalten Deutun=gen der bloßen Buchſtaben: A wyznamenáwá proſpieſſnoſt a ſtiaſtné wiecy w ʒiwotie ſwem mj=ti. X wyznamenáwá rozmnoʒenj hřichůw.

4. Ein Traktat von den Gebährenden und von Weiberkrankheiten, ferner von den Planeten und Him=melszeichen, 36 Seiten in 4. in einer Certoniſchen

Handschrift gegen das Ende des 15ten Jahrhun=
derts. Am Schluße heißt es: Sanatom a na
planetach dosti bude. Zur Bereicherung unsrer
Wörterbücher dienen die vielen Kunstwörter, die
hier vorkommen. Man stößt noch auf den Dual
sta für gsau. Znamenay že watein ma trži roz=
bjly, prwnj sluwe watein, druhe sutein, třetj
dieloha. Žiwena animal, obogenec herma-
phroditus. Wateň se roztrhne až do bzda=
že bude oboge gedna djra. Der Thierkreis heißt
znamokrot, die Zeichen des Thierkreises zwiero=
czestj, die Planeten biehohwiezdy. Einige Na=
men der 12 Zeichen klingen ganz sonderbar:
Sskopnec, Bykowec, Blizency, Rakonow, Le=
woň, Diewkona, Wahna, Sstieropen, Střelo=
koň, Kozorožec, Wodnář, Rybnář. Benen=
nungen der Temperamente sind prawokrew, wo=
dokrew, kalostud, pienohorkost, und das Tem=
perament selbst ist letora. Die übrigen Aufsätze
in dieser Handschrift, als des Euricius Cordus
Buch von der Beschauung des Urins, die Er=
leuchtung der Aerzte aus drei Theilen bestehend,
allerlei Mittel wider die Pest, wider die rothe
Blatter u. s. w., endlich die Wirkungen einiger
Kräuter und gebrannten Wässer, S. 151 — 557,
sind von jüngerer Hand.

5. Der auserlesene Kern (gábro), aus vielen Arzneybüchern gesammelt, enthält Mittel gegen alle Krankheiten vom Kopfe bis zu den Füßen, und ist noch sehr häufig im 16. Jahrhundert abgeschrieben worden. Siehe den Inhalt der Stockholmer Handschrift in meiner Reise nach Schweden S. 65. In der öffentl. Bibl. sind vier Handschriften, in der Raudnitzer eine vorhanden. Vor mehrern Jahren besaß ich eine Handschrift vom J. 1534; die ich jetzt besitze, ist vom J. 1518. In dieser sind die letzten Rubriken des Kerns: von der Schlangenhaut, von den Kräften der Betonika, vom gebrannten Weine (o wjně zeném), vom Theriak, und ganz zuletzt ein Mittel gegen Schwäche des Magens und Kopfes. Von derselben Hand folgt nun 1) das Christannische Kräuterbuch auf 53 Seiten, das mit Anez anfängt. Die Angellka konnte hier am Anfange ausgelassen werden, weil sie unter Swateho bucha kořenie wieder vorkommt. 2) Ein Anhang vom Pflanzen der Obstbäume auf 8 Seiten. Die Abschrift bei Hrn. Appellationsrath Br. enthält noch die Pferdarzney, die hier einem Ritter Orbanus bei Kaiser Friedrich zugeschrieben wird, nebst einem Auszug aus den secretis mulierum des Aristoteles. Nach

einer Handſchrift vom J. 1554 wird vom Pferd-
arzneybuche (lekařſtwj koňſká) der Meiſter Al-
brecht als Verfaſſer angegeben. Nach den ge-
druckten Exemplaren war dieſer Albrecht Kaiſer
Friedrichs Stallmeiſter und Pferdarzt.

6. Meiſters Johann Arzneybücher (knižky le-
kařſke Miſtra Jana) abgeſchrieben im J. 1525
in 4. in der ſtrahöwer Bibliothek. 273 Blatt.
Der erſte Theil enthält Mittel gegen alle Krank-
heiten, der zweite handelt von Wäſſern, der
dritte von Salben und Kräutern. Wer iſt die-
ſer Meiſter Johann? Entweder Johann von
Blowicz, der 1502 am 3ten Jul. ſtarb, oder
Johann Czerný, der ſchon 1480 zu Prag
im Collegium Reczek einen Commentar über den
neunten Traktat des Raſis in lateiniſcher Sprache
ſchrieb, und ihn 1496 zu Leutomiſchl mit einigen
Blättern vermehrte, davon ſich eine böhmiſche
Uiberſetzung, die der Bakalar Niklas Wra-
na, ſonſt Adelfi genannt, auf Johann Zbor-
ſký, Bürgers und Arztes zu Leutomiſchl, Ver-
langen verfertigte, in einer Handſchrift vom
J. 1566 in Fol. in der öffentl. Bibl. befindet.

7. Die Wundarzney, von großen Meiſtern ver-
faßt, unter denen nur Meiſter Anton von Neapel
genannt wird, in einer Handſchrift der öffentl.

Bibl. aus der zweiten Hälfte des 15ten Jahrh.
330 Blatt in klein 8. Enthält nur vorn hinein
einiges Chirurgische, und geht dann zu verschie=
denen Mitteln gegen Krankheiten über. Häufig
kommen Vorschriften von vaterländischen Aerzten
vor. Nebst Meister Gallus (Hawel), Christan,
Spindel, David von Tabor werden auch Meister
Pžibram, ein gewisser Bartoss, ferner Heinrich
von Olmüß und Arnest von Olmüß angeführt.
Die Salbe der Frau Lesskowec, wenn Pfeile oder
Kugeln aus der Wunde herausgezogen werden,
wird, so wie das Segensprechen der Herrn Le=
sskowec, Wlchowec, Labut, Habart, empfohlen.

8. Die Chirurgie des Rasis, nach den Vor=
lesungen des berühmten Meisters Wilhelm Burgensis
von Congenis, der zu Montpellier über die chirurgi=
schen Bücher des Rasis las. Ein Schüler Wilhelms
brachte sie in Ordnung, und theilte sie in fünf
Theile, deren jeder mehrere Kapitel enthält, und
zwar der erste 62, der zweite 23, der dritte 29,
der vierte 24, der fünfte 19. In einem star=
ken Quartbande bei Hrn. Landrath Schönherr,
worin sich auch folgendes Stück befindet.

9. Die Chirurgie (Rannd lekarzstwie), ver=
faßt von Meister Wilhelm Placentinus von Sali=
cet. Besteht aus 5 Büchern, deren letztes (o pro=

palowánj) nach dem Register 10 Kapitel ent=
halten follte, wovon aber das zehnte fehlt.

10. Alberts des großen Buch von den Heim=
lichkeiten der Weiber (o tagnoſtech zenſkych) ſcheint
ſchon in dieſem Jahrhundert ins Böhmiſche über=
ſetzt worden zu ſeyn, wenn wir gleich nur eine
viel jüngere Handſchrift der Strahöwer Biblio=
thek, worin dieſes und auch ein anderes von den
Kräften der Kräuter, der Steine und einiger
Thiere enthalten iſt, anführen können. Doch be=
zieht ſich Pelzel in ſeinem geſchriebenen Verzeich=
niſſe aller in böhmiſcher Sprache gedruckten Bü=
cher ausdrücklich auf ein Exemplar vom erſtern
Buche um das J. 1500 in der öffentl. Bibl.

11. Kurzer Unterricht vom Pfropfen der Bäu=
me (o ſſtiepowánj ſtromow) in einer Handſchrift
vom Jahre 1447, die ich ſelbſt beſitze, 30 Blatt
ſtark. Nach dem vorgeſetzten Regiſter über den
Inhalt beſteht das Ganze aus 93 Kapiteln, wo=
von aber der Abſchreiber Johann Pitrkaff von
Hradiſſt und Tuchowitz mehrere überſprungen
hat, als das 68te kterak Slamenecz alias ſtro=
wein maſs bielati, das 87te kterak Schalwinik
maſs obielati, das 88te kterak maſs vino obielati
zebzoweho kwietu, das 89te kterak maſs kaſſi
zebzoweho kwietu obielati, das 89te kterak maſs

ſtiepie przeb mrawenczy oprawiti, daß 90te
kteraf maſß varzene vino vdielati dobre proti
kaſſli, das 91te kteraf maſß wino dobre vdie-
lati z plane rozie, beim 92ten wird die Aufſchrift
des 91ten wiederholt, wo doch im Texte vom
Klarmachen des Weines geſprochen wird. Vom
52ten K. an ſind alle übrigen der Behandlung
des Weines im Garten und Keller, die erſten
51 aber der Veredlung der Obſtbäume gewidmet.
Im 25ten K. kommen ſechſerlei Arten zu pfropfen
vor, wovon die dritte Art ſogar in deutſcher
Sprache der böhmiſchen Uiberſetzung vorangeht.
Man findet auch an andern Stellen deutſche Aus-
drücke, als czwieel, knebl, eimerow, wobei
aber doch die Erklärung n e b o w i e d e r ſteht.
Kap. 83. Irhay pelynek wor Sunbenden, to
geſſt o ſſwietiem Janie. — Eine kleinere Schrift
vom Pflanzen und Pfropfen der Bäume, ſiehe
oben N. 5. „Der Unterricht vom Uiberſetzen der
Obſtbäume, vom Pflanzen der Wildlinge und
vom Pfropfen (Zpráwa o ſſtiepich), vom Prieſter
Bohunek zuſammengetragen, in einer Abſchrift
der Raudnitzer Bibliothek, von der Hand des
Herrn Zdiſlaw Křinecky von Ronow, kommt
gegen das Ende mit meinem eben angezeigten
Exemplar ganz überein.

Es gibt eine böhmische Uibersetzung des lateinischen Buches de omnibus agriculturae partibus des Peter von Crescenz, wovon eine saubere Abschrift in 4. beim sel. Krammerius zu haben war. Sie führte den Titel: Petra z Krescencyis kniha o pŭžitcých polnjch, k rozkoffi krále Syeylského a giných k vžitku. Da Krammerius die Sprache derselben schön fand, so ist zu vermuthen, daß diese Uibersetzung nicht in dieser, sondern in der folgenden Periode verfertigt worden sey.

p. Gedichte, Fabeln und Romane.

Die einzelnen geistlichen Lieder dieser Zeit, wovon sich viele in den frühern Gesangbüchern erhalten haben, übergehen wir hier, und berühren nur kurz die gereimte Legende von den 10,000 Rittern (S. 248), die böhmische Uibersetzung der Verse Quatuor ad partes mundi ꝛc., deren Prolog anfängt: tof gest powaha mudreho, že on wždy hledá zdrawi swého, in einer Stockholmer Handschrift, die in meiner Reise S. 54 beschrieben wird. Auch gehört die oben S. 272 angezeigte gereimte Prokopische neue Chronik hierher. Vorzüglich aber folgende Stücke:

1. Die Apologen oder das Fabelbuch, das unter dem Namen Speculum sapientiae, oder quadripartitus apologeticus bekannt ist. Die böhmische Handschrift der öffentl. Bibliothek auf Papier in 4. übersetzt den Ausdruck quadripartitus knihy čtwerohrané, čtwerohranec und čtwerohranacž. Balbin glaubte den wahren Verfasser dieser Apologen in dem slawischen Apostel Cyrill entdeckt zu haben, weil sie bei uns in altslawischer Sprache schon vor 200 Jahren vorhanden waren; er wollte sagen, man habe 200 Jahre vor ihm eine böhmische Uibersetzung davon gemacht, und setzt hinzu: reperiuntur hodieque in veteribus Bohemiae bibliothecis ac nominatim in Crumloviensi nostra vetustissima exemplaria manuscripta. Selbst hierin ist dem Balbin, der gar oft aus bloßem Gedächtnisse schrieb, nicht ganz zu trauen. Er sah allenfalls dasselbe Exemplar, das wir nannten, und kein anderes. Wie hätte er es sonst bei Aufzählung der seltnen Bücher der Krumauer Bibliothek im 3ten Theile seiner Boh. doct. ganz übergehen können. Der wahre Verfasser ist ein gewisser Cyrillus de Qwidenon, laureatus poeta, den ich schon 1779 in einer lateinischen Handschrift vom J. 1402 entdeckt

habe. Guidone ist eine kleine Stadt in der Pro=
vinz Capitana oder Lucera des Königreichs Na=
poli. Die frühern Herausgeber dachten an einen
griechischen Bischof Cyrill; Corderius, der die=
se Apologen aus einer corvinischen Handschrift
zu Wien 1630 herausgab, blieb in Zweifel, ob
er sie dem Cyrill von Jerusalem, oder dem von
Alexandria beilegen sollte, und Balbin schrieb sie
aus Patriotismus dem slawischen Apostel zu,
da sie doch, wie Jos. Desbillons richtig urtheilt,
ursprünglich nicht griechisch, sondern lateinisch
abgefaßt sind. Die böhmische Uibersetzung ist
ziemlich steif gerathen, selbst nach einigen ge=
druckten Blättern zu urtheilen. Mehr hat sich
von einer alten Ausgabe (vermuthlich zu Prag bei
Konač etwa ums J. 1515) nicht erhalten.

2. Aesops Fabeln, wovon ich keine Hand=
schrift kenne, wohl aber 2 Blatt in 4. mit ro=
hen Holzschnitten in der Strahöwer Bibliothek.
Nach dem Zeugnisse des Thomas Mitis, der sich
wieder auf den Cuthen beruft, sollen sie noch
vor der Bibel zu Kuttenberg gedruckt worden
seyn. Allein nach genauer Vergleichung der Let=
tern, mit welchen die Kuttenberger Bibel und
die äsopischen Fabeln, und die Prager Bibel
vom J. 1488 gedruckt sind, muß man die Fa=

beln für einen Prager Druck erklären. W. Kram=
merius veranstaltete im J. 1791 eine Ausgabe
davon, und führt in dem Vorbericht alle ihm
bekannten Ausgaben an.

Die Pilsner in 8. zwischen 1510 und 1520,
enthält nicht Aesops, sondern Cyrills Fabeln,
und ist wahrscheinlich zu Prag gedruckt. Die
Proßnitzer 1557 in 4. war ihm nicht bekannt,
doch schloß er aus den Holzstichen mit der Jahr=
zahl 1556, daß um diese Zeit eine Ausgabe er=
schienen ist. Die Olmützer bei Fried. Milichtha=
ler vom J. 1579 in 4. ist nicht die vierte, son=
dern die dritte, weil die vermeintliche Pilsner weg=
fällt. Die Ausgabe in 8. um das Jahr 1600,
wovon ich einige Bogen besitze, scheint nur eine
Auswahl von Fabeln zu enthalten, und darf al=
so nicht mit gezählt werden. So wäre denn
die Olmützer Ausgabe vom J. 1639 in 8.,
worinn die Holzschnitte der Proßnitzer abermal
vorkommen, die vierte uns bekannte. In dieser
fehlt Aesops Leben, das aber bei andern Buch=
druckern auch einzeln ohne Fabeln herauskam.

3. Rath der Thiere und Vögel, in Prosa und
Versen. Dieß Fabelwerk besteht aus drei Bü=
chern. Im ersten sprechen die vierfüßigen Thiere,

der Löwe, Bär, Wolf u. f. w. Im zweiten
fängt der Adler an, den Menschen zu unterrich=
ten, und die Krähe beschließt die Lehren. Im
dritten lehren die Biene, Laus und Fliege, die
Käfer, Schlangen und Fische. Schon 1495
erwähnt Viktorin von Wssehrd dieser Apologen
unter dem Titel: Ptač̌j raba, und Joh. Du=
bravius las es in seiner Jugend, noch ehe es ge=
druckt worden. Ihm gefiel es so sehr, daß er
es in lateinische Verse übersetzte, zu Krakau
1521 in 4. drucken ließ, und dem König Lud=
wig zueignete. Das böhmische Original erschien
zu Pilsen 1528 bei Johann Pek in 8. mit Holz=
schnitten, einmal ohne Druckort, abermal 1578
Prag bei Georg Melantrych, endlich zu Prag
1814, unter dem Titel: Rada wsselikých zwj=
řat y ptactwa. Der unrichtige Zusatz od Giřjho
Melantrycha z Awentynu rührt vom Setzer her.
Melantrych ist nicht Verfasser des Büchleins,
sondern er machte nur eine neue Auflage davon.
Jeder Lehre, die aus dem Munde der Thiere
in Reimen fließt, wird die Naturgeschichte des
Thieres in Prosa, und die Moral, die oft durch
Schriftterte erläutert wird, vorausgeschickt. Da
unter den Autoren auch Volaterranus citirt wird,

so fällt die Anfertigung dieser witzigen Schrift in
die zweite Hälfte des 15ten Jahrhunderts.

4. Dramatische Vorstellung am Grabe Chri-
sti, nach dem Lateinischen Omnipotens pater
altissime — ad monumentum venimus,
dergleichen man ehedem zur Erbauung des Volks
in Kirchen gab, in einer Handschrift der öffent-
lichen Bibliothek, worin auch die Noten dazu
geschrieben sind. Drei Personen beklagen den
Verlust ihres Meisters. Die Engel trösten sie.
Magdalena und Jesus wechseln singend das Ge-
spräch, die Apostel lassen sich von ihr belehren,
und Peter und Johann gehen selbst zum Grabe,
und schließen das Drama mit diesen Versen:

Gakz marya powyedyela
nenye w hrobye geho tyela
protoz myeyte to za czelo
wyernye zywo bozye tyelo.

Auf eine ähnliche Art wird daselbst die Freude
am Ostertage dramatisch vorgestellt.

5. Das Taboritische Kriegslied, das man von
neuem abgedruckt in Rulik's wěčná Čechya lesen
kann. Nur ist in der zweiten Strophe anstatt
protoʒ sylňte se zmuʒile w srdcy swy)ch zu lesen:
protoʒ posylňte zmuʒile srdcy swy)ch, wie es in

den Hromadkischen Beilagen vom J. 1815 S.
164 richtiger lautet:

Tenť pán welj se nebáti
Záhubch tělesných,
Weljť y žiwot ztratiti
Pro lásku bližnjch swých,
Protož posylůte zmužile srdcj swých.

Es wird also die achtsylbige erste Zeile mit
der dritten, und die sechssylbige zweite mit der
vierten gereimt.

6. Das hussitische Lied, worin der über die
Meisner bei Aussig im J. 1426 erfochtene Sieg
besungen wird. De eo et cantilena, sagt
Lupač beim 26. December, nostrate sermo-
ne composita exstat, vulgoque decanta-
ri est solita. Eine jüngere Abschrift davon
legte man 1612 in den Knopf eines Thürmleins
bei St. Heinrich, die Schaller in seiner Beschrei-
bung der Stadt Prag (Th. 4. S. 189 — 197)
ganz abdrucken ließ. Das Lied besteht aus 53
Strophen, deren erste lautet:

Slussjť Čechům spomjnati
Že gim dal Bůh v Aystj,
Wjtiezstwj nad nepřately,
Když pro swau wjru bog wedli.

Es mag aber, wie es scheint, schon einige Veränderungen durch frühere Abschreiber erlitten haben.

7. Uiber diejenigen Priester, die es durch ihre Ränke 1427 dahin brachten, daß Sigmund Korybut, und einige andere Priester verhaftet und aus Prag verwiesen wurden, ein satyrisches Gedicht von 132 Versen, in einer schönen Hand=schrift des Pulkawa in der fürstl. Lobkowitzischen Bibliothek zu Prag, worin noch ein Gedicht über die Unbeständigkeit der Welt, und ein an=deres über den Tod, nebst zwei ganz kurzen über die Jugend und das Alter (řeč ginocha mladého, řeč kmeta staroho) enthalten sind. Bisher reimte man die nächsten zwei Zeilen, aber schon in dem Taboriten=Liede gibt es einige Abweichungen von dieser Regel. Hier werden in dem dritten Ge=dichte, das aus fünfzeiligen Absätzen besteht, die drei ersten Verse am Ende gereimt, im vierten aber die Hälften, d. i. die zwei Monometer, der fünfte endlich wird mit dem fünften des zweiten Absa=tzes gereimt.

Auwech že sie nelekame
Že tu tak gistu smrt gmame
Genž druh od druha wjdame
Když smrt przigde stonyet poybe

Każdy s kozzy na hrzabu.

W tyt ſie czaſy ſtrzyebro zlato

Oſtuzugie yako blato

Nebozatka pomnyem na to

Że vmrzyety hrziechy gmyeti

Duſſi wiecznu zawadu.

Im vierten Gedichte, deſſen Abſätze aus vier Zeilen beſtehen:

Czoż ſmrt radoſti podawa

Podle radoſtneho prawa

Tak mne radoſt wſſie oſtawa

Pro żaloſtne wzdychanye

werden die drei erſten Verſe gereimt, der vierte aber mit dem vierten des zweiten Abſatzes.

8. Der Maytraum des Hynek von Podiebrad, des jüngern Sohnes des Königs Georg. Lupacius verzeichnet ſein Sterbejahr 1491 beim 10. Jul. und ſagt von ihm: princeps literatus, ingeniosus, prudens. Extant ejus scripta nonnulla, ut somnium majale (Magowey Sen) et alia quaedam. Crugerius, der gar oft dem Lupač wörtlich nachſchrieb, paraphraſirte deſſen Worte ſo, als wenn das erwähnte Gedicht in vielen Händen herumginge: ejus quippe eruditum commentum, Majale somnium dictum), circumfertur. Es

ist leider nicht mehr zu finden, und selbst Cru=
ger hat es nicht gelesen, nicht einmal gesehen.
Unter meines sel. Freundes Fortunat Durich
Excerpten aus der Hofbibliothek zu Wien fand
ich den Anfang eines Gedichtes, den er aus dem
Cod. MS. Theolog. N. 844 in 8. Fol. 24.
abschrieb, worin der May angeredet wird:

Drzyewo sye listem odyewa
Slawiczek w kerzku spyewa
Magi zalugy tobie
A me czye srdcze wemdlobye.

Meczye ist wohl so viel als metĕ, b. i. met
ge. Allein da müßte dieß Gedicht älter seyn,
als der verlorne Maytraum.

9. Die Geschichte des Königs Apollonius, in
einer Handschrift der Dalimilischen Chronik vom
J. 1459 auf Papier in 4. beim Hrn. Gubernial=
rath und k. Fiskus Jos. Krticka, Ritter von
Jaden.

10. Tandarides, in derselben Handschrift, dem
Inhalte nach einerlei mit dem Tandarias in Ver=
sen. S. oben 154.

11. Walter und Griselde, in derselben Hand=
schrift, und in einer andern bei den Kreuzherrn
vom J. 1520 in 8.

12. Briſelibis und der Ritter Rudolf von 14 Kapiteln, in einer Handſchrift bei den Kreuzherren. Dergleichen Romane werden ſeit dem 14ten Jahrhundert geleſen, und noch jetzt häufig gedruckt. In den neuern Ausgaben, wovon ich den König Apollonius 1769, und die Griſelda 1779, beide zu Olmütz in 8. nennen kann, ſind die alten Formen und Redensarten in gar vielen Stellen nach dem neuern Sprachgebrauch geändert worden.

q. Vocabularien.

1. Der lateiniſch = böhmiſche Mammotrectus in 4. auf Papier in der Bibl. der Domkirche unter A. 167 und unter B. 61 mit dem Titel Vocabularius latino - bohemicus. In der fürſtl. Bibliothek zu Nikolsburg mit der Aufſchrift Vocabularius biblicus latino - bohemicus. Mein Exemplar iſt in Fol. Das Glossarium Boh. Vet. Test. Vulg. V. lat. in der Hofbibliothek zu Wien Cod. MS. Theol. N. 532 in 4. iſt eben nichts anders als der für die Kleriſey zur Erklärung der Vulgata beſtimmte Mammotrectus mit beigeſetzten böhmiſchen Bedeutungen, die man aus der vorhandenen böh=

mifchen Bibelüberſeßung entlehnte, um das Werk
für die Böhmen brauchbar zu machen. Zum
Beiſpiele Exodi Cap. I. ſteht neben opprima-
mus ſužimy, illudentes poſpilegicz, famulatu
robotu. Cap. II. neben elegans wyteczny,
fiscella oſſitku, in carecta w rokoti, vagi-
entem kowieka, gemitu ſtonanie. Cap. III.
neben leprosam trubowatu, soceri teſta, sol-
ve zuy. Cap. IV. diversorio obecznicze,
petram ſſkrziblliczy. Cap. V. praefectis
ſtrogiczom, stipula ſtrniſſtie, paleas ſlamu
ſtrniſſtnu, vacatis otio prazdnite.

2. Ein alphabetiſch geordnetes lateiniſch = böh=
miſches kleines Wörterbuch, in der Bibliothek
des Domkapitels zu Olmüß, geſchrieben Anno
2c. LVIII d. i. 1458 für den Prieſter Johann
von Weleſſin. Hr. Joh. P. Cerroni beſißt eine
Abſchrift davon, aus welcher Fort. Durich einen
Auszug machte. A dor myel, allegoria gyno-
wna, antelucanum zabrzezba, antedium
beſeba, benedula lebbuſſe, cadus ſypen neb
korzecz, capsa telma, connubiator ſwat,
comedia piſmotwora, clitella kroſſna, evan-
gelista bobrozwieſt, fructula powidla, idio-
ma hlahol, liga motowuz, metallum leſken,
oda trat, odisator tretelnik, poeta ſkladatel,

u

quiditas cʒoſt, Sclavus ſlowak, stragula teltieha, talamus chyſſe, virago muȝena.

3. Ein lateiniſch-böhmiſches Wörterbuch, in einer Handſchrift der öffentl. Bibl. in 4. Die Verba machen einen Theil aus, die Subſtantiva den andern; beide betragen 73 Blatt. Voran werden Kunſtwörter aus der Grammatik und andern Wiſſenſchaften erklärt. Litera cȝtena, grammatica ſlowocȝtena, vocalis hlaſſa, liquida roȝmiek, consona ȝwucȝna, semivocalis pohlaſſna, syllaba ſrȝiek, weil die Buchſtaben zuſammen ausgeſprochen werden, accentus proȝpiewa, trochaeus prȝewrat, dactylus prſtak, spondaeus dluhak, jambus nawrat, anapaestus roȝraȝ, tribrachus trojan, pes ȝamiera, orizon obeȝrȝet.

4. Ein lateiniſch-deutſch-böhmiſches Lexikon vom J. 1489 in der Hofbibl. zu Wien, Cod. Ms. Philolog. N. 117. Das Böhmiſche iſt ſehr fehlerhaft geſchrieben. Crabatus krabat, ȝrbenij anſtatt ſrbienjn, Sclavus Sklaſe Wynd, Zlowenij anſtatt Slowienin. Metallum iſt noch immer leȝken, wenn gleich das beſſere kow damals ſchon üblich war. Cliens, Edelknecht, panoſſye, opor, Sattelbogen, luk. Natura iſt im böhmiſchen prȝyroda, qualitas kakoſt, quan-

titas ŋakoſt, Lasurum modrzecz, ver wird
ſchlecht genug durch lenecz, und autumnus
ganz falſch durch hromnicz erklärt. Amasones
ſind myletnicze, aloe drakorza, wer mag es
errathen, warum? Vulgus iſt chatra und niti-
dus ladny. Antidotum protydañ iſt ganz
buchſtäblich überſetzt.

Die Vocabula post Mag. Rokycza-
nam Cod. Mſs. Theol. N. 597. chart. 4.
daſelbſt betragen nur 5 Blatt. Nach einem Co‐
piarium von 494 Briefen, das ich beſitze, ſte‐
hen auch einige böhmiſch erklärte Vocabula auf
8 Seiten zum Theile alphabetiſch geordnet.
Defleo placze zelem, wo die erſte Perſon von
zeleti noch auf em anſtatt im ausgeht. Extasis
otrapa, exactio dañ vel ſſos, texo tku für
tkám, extasis viſtup, exactor widrzibuch;
liberta ſhota, vasallus naprawnyk. Hieher
gehören auch die beigeſetzten böhmiſchen Bedeutun‐
gen in lateiniſchen Werken, die man in Schulen
erklärte, als in dem Commento super ver-
sus: Poeniteas cito peccator ꝛc. in der öf‐
fentlichen Bibl. auf Papier in 4. vom J. 1416.
Später überſetzte man dieſen Poenitentiarius
in böhmiſche und deutſche Reime, welche nebſt
U 2

dem lateinifchen Original 1518 zu Nürnberg ge=
druckt worden find.

In dem eben erwähnten Copiarium kommen
fchon 93 böhmifche Urkunden vor, von N. 300
bis 392. Unter den lateinifchen Titulaturen ffe=
hen nur wenige in böhmifcher Sprache, als an
einen Erzbifchof: nayduoflognieyffiemu, an ei=
nen Bifchof: duoftuoynemu, an einen Priefter:
honorabili pocztiwemu, oder Bohoboynemu,
an einen Ordensmann: pocztiwe nabožnofti, an einen
Guardian, Abt, Prior: welebnemu kniezi, an einen
Dechant: cztihodnemu, an eine Aebtiffin: welebne
pannie, pocztiwe nabožnofti, einer Nonne: nabožne.

Ungleich wichtiger ift das Copiarium oder
Diplomatarium, unter König Georg gefammelt.
Auch hier kommen böhmifche Uiberfetzungen von
päbftlichen Bullen, kaiferlichen und königlichen
Briefen, nebft Copien böhmifcher Original=
urkunden, an der Zahl mehr als 100 vor, wor=
unter der Aufruf unter Georg zum Kriege, und feine
Kriegsordnung fehr merkwürdig find. Balbin
benutzte diefen fchätzbaren Codex literarum, wie
er ihn nennt. Jetzt befindet er fich in der fürftl.
Lobkowitzifchen Bibliothek zu Prag. Einen ähn=
lichen zweiten' fchön gefchriebenen Codex befitzt
Hr. Graf Franz von Sternberg.

Noch wichtiger in gewisser Beziehung ist der
Talembergische prächtige Codex im Kloster Ossek,
der uns einigermaßen den Verlust der alten Land-
tafel ersetzt. Er enthält nicht nur sehr vollstän-
dige Auszüge aus den ältesten Landtafelquater-
nionen, vom König Johann anzufangen bis 1508,
sondern eine Menge Copien von Originalurkun-
den, worunter die Wladislawischen die größere
Zahl ausmachen. Dieß als ein Nachtrag zu den
Sammlungen von Rechten, oben 256.

§. 15.

Gedruckte Bücher in böhmischer Spra-
che vom J. 1475 — 1500.

1. 1475. Fol. ein neues Testament, ohne
Druckort.

2. Ohne Jahrzahl, 4. Die trojanische Chronik.
Etwa 1476 zu Pilsen, wo in diesem Jahre die
statuta Arnesti gedruckt worden sind. S.
oben 155.

3. 1478, Prag, Artikel eines utraquistischen
Landtages, böhmisch und lateinisch.

4. Ohne Jahr und Ort, Fol. ein Passional,
d. i. Leben und Leiden der Heiligen. Etwa 1479,
in welchem Jahre ein lateinisches Missal für die
Prager Diöcese gedruckt ward.

5. 1483, Prag, Artikel eines zu Nimburg gehaltenen Landtages der Utraquisten. Man kennt von N. 3 und 5 kein Exemplar. Sstelcar aber führt beide Stücke an.

6.   4. Ein neues Testament, das Hr. Bibliothekar Dlabač genau beschrieben hat. S. Nachricht von einem bisher noch unbekannten böhmischen neuen Testamente, Prag, 1816. Text und Schriftzüge sind von N. 1 ganz ver=schieden. Etwa im J. 1485 oder 1486 gedruckt. Doch glaubt Hr. Dlabač, man würde vielleicht nicht irren, wenn man das Druckjahr dieses N. Test. zwischen die Jahre 1475 — 1480 oder 1481, bis zur Entdeckung eines ganzen Exem=plars, versetzte. Sollte sich etwa Johann Alacraw, der 1484 zu Winterberg zwei la=teinische Traktate druckte, auch an ein böhmi=sches neues Testament gewagt haben?

7. 1487, 4. Prag. Ein Psalter.

8.   . 4. Aesops Fabeln. S. oben 296.

9. 1488, Fol. Prag, eine Bibel.

10. 1488, Fol. Prag, Martinnani oder die römische Chronik, von Benesch von Horowitz übersetzt. S. oben 168.

11. 1488, 4. Prag, die Trojanische Chronik des Guido von Columna. Ein zweiter Abdruck nach

Handschriften, mit ganz andern Lettern als
N. 2.

12. 1489, Fol. Kuttenberg, eine Bibel, durch
Martin von Tiſſnow, mit groben Holzſchnitten.

13. 1489, 4. Pilſen, ein Kalender. Wenn
ſich etwa doch der ſel. Doktor Mayer, der ein
Exemplar in Händen hatte, geirrt und von
LXXXX ein X ausgelaſſen hätte, ſo wäre die-
ſer böhmiſche Kalender doch wenigſtens vom
J. 1499, zu welcher Zeit zu Neupilſen Ni-
klas Bakalař druckte.

14. 1492, 4. Ein Landtagsſchluß, wahr-
ſcheinlich zu Prag. Man kennt nur ein Exem-
plar in der fürſtl. Lobkowiziſchen Bibl. zu Prag.

15. 1493, 8. Prag, des Mag. Wenzel Ko-
randa Traktat vom göttlichen Sakramente.

16. 1495, Fol. Prag, ein Paſſional mit
Holzſchnitten. S. oben 309. 4. Des Niklas
Wlaſenicky Offenbarung und deſſen Prophezey-
ung vom J. 1495, 8. ſind noch zweifelhaft,
weil ſie nur als geſchrieben angeführt werden.

17. 1497, 4. Prag, Artikel des Landtags-
ſchluſſes.

In dem Talembergiſchen Codex der Oſſeker
Bibliothek wird des Beſchluſſes des im J. 1497
abgehaltenen und in das erſte Buch des Wenzel

Hyndrak F. XXX. eingetragenen Landtages ge=
dacht, nach welchem der Druck dieser Artikel ver=
ordnet wird. „A ta ſwolenj a nálezowé wuobec,
aby byla dána tiſknuti, aby ge kaʒbý k ſwe
potrzebie miel a kupiti mohl.‟ Dieß iſt die er=
ſte Erwähnung, die in einer öffentlichen Urkunde
von dem bei uns ſchon ſeit mehrern Jahren ein=
geführten Bücherdrucke geſchieht.

18. 1498, 4. Prag, ein neues Teſtament.

19. 1498, 8. Neu = Pilſen, Mahomets Le=
ben und Irrlehren, A B C D zu 8 Blatt. Die
erſte und letzte Seite nimmt ein Holzſtich ein,
worauf der lehrende Prophet vorgeſtellt wird.
Schlußformel: Tlacʒeno w Nowem Plʒni od
Mikulaſſe Bakalarʒe A to Ceta od porodu
pannenſkeho T CCCCLXXXXVIII Virgo
teutonicis multum celebrata ſacellis: Virgo
quam vngari maximo thure colunt: Hac de
gente ortus precor ſanctiſſima: Me orere
cepto ruere haud ſinas. Niklas Bakalař ſcheint
alſo mit dieſem Stücke den Anfang gemacht zu
haben. Aus ſeiner Preſſe erſchienen noch N. 20,
21, 22, 23 mit gleicher Schrift, in gleichem
Format und in demſelben Jahre.

20. 1498, 8. Traktat o naſledowani pana
Geʒiſſe Kriſta (von der Nachfolge Chriſti). Iſt

das erste Buch des Thomas von Kempen. Schließt mit Leta od porodu panenſkeho X CCCCLXXXXVIII, ohne den Druckort zu nennen.

21. 1498, 8. Neupilſen, Lucidarz o rozlicʒ= nych wietʒech genʒ ſu na nebi na ʒemi y v wodach. A B C zu 8, D zu 6 Blatt. In der Schluß= formel wird Neupilſen und Niklas Bakalař ge= nannt, wie N. 19. S. auch oben 179.

22. 1498, 8. Neupilſen, Beſchreibung des gelobten Landes, wovon nur 8 Blätter noch übrig ſind. Die Schlußformel wie bei N. 19, doch ohne Virgo teutunicis ꝛc.

23. 1498, 8. Neupilſen, von ſieben Schwie= rigkeiten der Sinne, welche der Verſtand des Glaubens beantwortet, in Rückſicht der Gegen= wart Chriſti in der Hoſtie. Davon haben ſich nur noch die letzten 6 Bl. erhalten, mit der Schlußformel: Tlacʒeno w Nowem Plʒni od Mi= kulaſſe Bakalaře Leta ꝛc. wie N. 20. Nebſt die= ſen 5 Stücken befinden ſich noch drey andere, mit denſelben Schriften gedruckt, in derjenigen Samm= lung, die ehedem der fleißige Literator Joſ. Bartſch beſaß, und jetzt in der Bibliothek des Stiftes Strahow aufbewahrt wird. Das Leben Adams und der Mutter Eva von 17 Blatt hat keine

Jahrzahl; der Albertan vom ordentlichen Reden und Schweigen von 16 Blatt ist im J. 1502, und die Nachricht von der neuen Welt etwa erst 1503 oder 1504 gedruckt worden.

24. 1499, 8. Kniha chwal božſkých (ein Pſalter), wahrſcheinlich zu Pilſen.

25. 1500, 4. Prag, die Wladiſlawiſche Landesordnung (Nálezowé).

Mit den Prager Schriften, wie ſie in der Bibel vom J. 1488 und noch ſpäter vorkommen, ſind mir noch zwei gedruckte Stücke ohne Jahrzahl bekannt.

a) Zwei Briefe des Marſilius Ficinus, der erſte von den Pflichten der Menſchen von allerlei Stande an Cherubin Quarqualio, der zweite an den Cardinal Rafael Riaro von den Pflichten der Prälaten und Fürſten, beide betragen A B, d. i. 16 Blatt in 8.

b) Die Compactata des Baſler Kirchenraths, 18 Blatt in 4.

§. 16.

Fortgesetztes Verzeichniß der gedruckten böhmischen Bücher von 1501 — 1526.

1501.

a. Petrarcha's Bücher de remediis utriusque fortunae, von Gregor Hruby von Gelenie übersetzt. Prag, Fol.

b. Pjsnička, ein Gesangbuch, mit dem böhmischen Kalender, der dem lateinischen Cisio Janus nachgebildet ist. Prag, 8.

c. Knihy čtwery, vier Bücher: zwey Reden des Chrysostomus und zwey Stücke aus Cyprian. Pilsen, 8. S. oben 240.

1502.

a. Albertan vom ordentlichen Reden und Schweigen. Pilsen, 8. S. oben 241.

Marnotratnjch zrcadlo vom J. 1503 ist zweifelhaft.

1504.

a. Der böhmischen Brüder zwey Briefe an den K. Wladislaw (Bratrům list prwnj a druhý), ohne Druckort, vermuthlich zu Nürnberg, 32 Blatt in 8.

b. Barlaam. Pilsen, 8. bey Niklas Bakalař. S. oben 244.

1505.

a. Traktát o mladency, der sonst Pán raby genannt wird. Prag, 4. 18 Blatt, mit 19 Holzschnitten.

b. O čtyřech stežegných ctnostech. Neupilsen, 8. bei Nik. Bakalář. S. oben 178.

1506.

a. Die ganze Bibel. Venedig, Fol. bei Peter Lichtenstein.

b. Zrcadlo (Spiegel des christlichen Lebens). Venedig, 8. 21 Blatt.

c. Des h. Bernards Tractätchen vom Streite des geistlichen Jerusalems (o Bogi buchownjho Geruzalema). Venedig, 8. 13 Blatt.

1507.

a. Philipp Beroalbs Historie von der unglücklichen Liebe zweier Verliebten. Prag, 4. skrze Mikulasse pisarze hor winitznych okolo Prahy a Jana Wolffa. Ist der Roman Quiskard und Gisimunda.

b. Zwei Dialogen Lucians. Prag, 4. 20 Blatt. Nicolaus de Lacu et Johannes Wolff impresserunt. Der Drucker Niklas (na luži, an der Pfütze oder Lache) ist zu=

gleich der Uiberſetzer davon, der damals Schrei=
ber beim Weinbergamte war.

c. Apologie der Brüder: Spis doſti činjch
z wjry w Norberce prwé Imprymowán. Ohne
Druckort, 4. Von A bis K. Auf der erſten
Seite des letzten Blattes ſteht Mikuláſs
Klaudýan. S. unten das J. 1517 und 1518.

d. O bozi duchownieho Geruzalema s Babi=
lonſkými. 8. Pawel z Mezyrzičij.

e. Rozmlauwánj ducha člowiečjho s duſſi o
připrawie k ſmrti. 8. Bei demſelben.

f. Epiſſtola Cypriana M. o Záwiſti a Nená=
wiſti. 8. Bei demſelben, na hořee Oliwetſké.
So hieß der Berg zu Leitomiſchel, wo ehedem
das Prämonſtratenſer=Kloſter ſtand.

g. Liſt tento od bratřj pſaný králi Wladiſla=
wowi, 8.

h. Liſt tento od bratřj dán na Rathauz
w ſtarem M. Pr. Panu Podkomořjmu y wſſem
panům auřednjkům, 8.

i. Prwnj Cedule bratra Ssimonowa, kteruž pſal
panom ſtarſſjm Hranickým, 8. Simon war
Vorſteher der Brüderverſammlung (Zpráwce zbo=
ru) zu Weißkirchen in Mähren.

1508.

a. Odpowěd na Artykule gakého Doktora Augustyna, 8. A — G. 52 Blatt.

b. Prokopa rodem z Ginďřichowa Hradce otázka sluſſili křeſtianom mocij ſwietſkau newiernee neb bludne k prawé wjře přinucowati, 8.

c. Kniehy žalmowce. Pilſen, 8. bei Niklas Bakalář.

1509.

a. Knizky tyto ſepſal Miſtr Jan Hus proti kněžy, kterýž prawil — že Hus horſſy než ktery Diabel, 8. per Paulum in monte Oliveti.

1510.

a. Huſa ſepſanj o ſſeſti bludjch, 8. Bei demſelben.

b. Czeſká Kronyka, des Aeneas Sylvius Geſchichte von Böhmen von Niklas Konač überſetzt und gedruckt. Prag, 4. mit rohen Holzſchnitten.

c. Mandevill's Reiſebeſchreibung. Pilſen, 8. bei N. Bakalář. S. oben 165.

1511.

a. Jana Boſaka z Wodnian Wokabularz Lactifer (ein lateiniſch = böhmiſches Wörterbuch). Pilſen, 4. bei Nik. Bakalář.

b. Lift pſaný Bratrům w pokuſſeni. Na ho=
ře Oliwetſté, 8. Durch Paul von Mezyřič.

1512.

a. Iſokrateſa napomenutj k Demonykowi, von
Wenzel Piſecký aus dem Griechiſchen in
Italien überſetzt. Prag, bei Johann Moravus.
Weleſlawin verbeſſerte die Sprache der böhmiſchen
Uiberſetzung und gab ſie nebſt einer lateiniſchen
1586 in 12. heraus.

b. Kniha welmi nábožná genž ſlowe Barlaam,
in zwei Kolumnen. Pilſen, gr. 8. bei N. Baka=
lář. 2te Ausgabe. S. oben 1504, b.

c. Naučenj prawee modlitby ſ wýkladem na
modlitbu Panie. 8. Per Paulum in monte
Oliveti, d. i. Leitomiſchel.

1513.

a. Nowý zakon, neues Teſlament. Prag, 4.

b. Sniem, Landtagsſchluß. Prag, 4.

c. Jana Miroſſe, Faráře v S. Kříže
w Praze, ditky pokřtiené magj býti k ſtolu Pa=
nie připuſſtieny. 8. Zweifelhaft. S. unten 1520.

d. Jana Antonia Campanſtého
knihy o tom, kterák má zprawován býti vrzad,

von Gregor Hruby übersetzt. Prag, 4.
Jan Ssmerhowsky. 17 Blatt.

e. Listowé a Compactata zboru Bazylegsľého.
4. Magister Paul von Saaz, Administrator der
Utraquisten, begleitete sie mit einer vorläufigen
Nachricht.

f. Desselben Pauls Traktat von der Commu-
nion der kleinen Kinder.

g. O wjře swaté, kteruž Čzechowee a Mora-
wanee držj, ti kteřjž se zakonem paně zprawugj,
toto wyznanj gest. 8.

h. Kniha o wssech skutzjech welikeho Alexan-
dra. 8. Pilsen, bei N. Bakalář. S. oben 167.

i. Johann Mandevills Reisen. 8. Pilsen, bei
demselben. 2te Ausgabe. S. 1510. c.

k. O způsobu žiwota křestiansteho. 8.

l. Dictionarius trium linguarum, lati-
ne, tewtonice, boemice potiora voca-
bula continens, peregrinantibus apprime
utilis. 4. Vienne, 10 Blatt.

1514.

a. Žiwotowee a mrawnaa naučenije mudrtzuo
przyrozenych. 8. Venundantur Pragae a
Nicolao impressore in lacu.

b. Pamphila mladence rozprawka o Sercia=
pelletowi Pijſařy obetznem. 8. Pragae ad for-
tunam in Lacu Nicolaus excussit.

c. Na žalm Dawiduo: Smiluy ſe nademnau
Bože, wyklab bratra Jeronyma (Savanarola's
Auslegung des 50ten Pſalms). 8. 32 Blatt.
Pragae ad fortunam anno 14. Nicolaus.

d. Odpowied bratřj na ſpis, kterýž včinien
geſt a wytiſkowán w Praze proti bratřjm. 8.
A — N, ohne Druckort, vermuthlich Leitomiſchel.

1515.

a. Sgezd Cyſarzſke Welebnoſti w Wijbni a na=
Jaſňeyſſych trzij kraluo gich miloſtij (Zuſam=
menkunſt dreier Könige in Wien). 8. 16 Blatt.
In majori Praga — Nicolaus.

b. Dyalogus, w kteremž Czech s Pikhartem
rozmluwa, že ſu ſe bratrzij Waldenſſtij wſſeteč=
nie a ſſkobliwie od obu ſtran oddělili. 8. 24
Blatt. W welikem mieſtie Prazſkem — v Mat=
ky Božij na Luzy Mikulaſs. Der Verfaſſer
N i k l a s K o n á č eignete ihn dem König Wla=
diſlaw zu.

c. O klaňenij welebne Swatoſti oltaarznij
proti pikhardſkym bludom z trzetijch kněh Sta=
niſlaydowych wybranije. 8. 24 Blatt. Pragae

X

in lacu Nicolaus Konaček cum gracia ꝛc. Sein Druckerſchild ſind zwei Druckerballen. Er überſetzte dieſen Dialog zwiſchen Ulixes und dem Bruder Lorek (Laurentius, Wawřinec) aus dem dritten Buche des Prieſters Johann Staniſlaides von Tauß, dem zu Ehren Wenzel von Namieſt, der geiſtlichen Rechte Doctor, fünf ſaphiſche Strophen verfaßte.

d. Artikel des im J. 1515 Mittwochs vor dem Pfingſtfeſte abgehaltenen Landtages, die ſo an= heben: Nayiaſnieyſſy Knieže a Pan pan Wladiſlaw Wherſky Czeſky Král. 4. 11 Blatt. Die königl. Deputirten zu dieſem Landtage waren Staniſlaw Biſchof von Olmütz und Karl Herzog von Mün= ſterberg.

1516.

a. Enea Silvia Poethy o Sſtieſtij y di= wny y vžitečny Sen (wunderbarer Traum vom Glücke), dem oberſten Hofrichter Wenzel Kolo= wrat vom Uiberſetzer und Buchdrucker Niklas Konač von Hobiſſkow zugeeignet. 8. Prag (v Matky Boži na Lužy).

b. Snátz, ſedm Planet, kteru hobinu ktera panuge, wychod ſlunce a polednе w kolik hobin, kby platny neb neplatny ſen. 8. Prag, bei und von Niklas Konač, der sich in einem lateinischen von ihm 1516 gedruckten Werkchen Sermones XII in Apologiam Waldensium facti unter= schrieb : in antiqua Praga Nicolaus Finitor.

c. O smrti welmi wtipný, potřebný, v̓ži= tečný, též y hrozný spolu y kratochwilný Trak= tatec̓z. 8. Prag, bei demselben. In der Vor= rede heißt es, wenn du fragen wirst, wer es ver= faßt habe, so wird dir es Paul Waniš sagen. 2te Ausgabe bei Dačicky um 1580.

1517.

a. Swolenie a smluwa wssech trzy stawuo przy Sniemie kteryž drzan byl wo swatym Waczla= wie na hradie pražžkem, (der Wenzeslaivertrag). 4. Prag, 18 Blatt. Nach den Schriftzügen zu urtheilen, in der Druckerey beim weißen Löwen, aus welcher wir mehrere Stücke seit 1488 bis 1523 besitzen.

b. Kniha lekařžka kteraž slowe Herbarz a neb Zelinarz, welmi vžiteczna, z mnohych knieh latinskych wybrana. Fol. Nürnberg bei Hierony= mus Hölzl. Verfasser davon ist Johann Czerny, Doktor der Arzney zu Leitomischl, Herausgeber aber und Corrector, der auch die Holzstiche zu den Abbildungen der Kräuter be=

X 2

forgte, Niklas Klaubian, Arzt zu Jung=
bunzlau, beide Glieder der böhmischen Brüder=
gemeine. Letzterer lernte bei dieser Gelegenheit,
wo nicht schon eher, das Setzen und Drucken,
und machte das Jahr darauf zu Bunzlau Ge=
brauch von der erlernten Kunst. In diesem Jah=
re fing Franz Skorina von Polozk, Doktor der
Arzneykunde, an, einzelne Theile der russischen Bi=
bel hier zu Prag auf der Altstadt zu drucken, wo=
von der Job als das erste Stück 1517 am 10.
September geendigt wurde. Einige andere Thei=
le sind mit der Jahrzahl 1518, 1519 bezeichnet.

1518.

a. Landkarte von Böhmen auf einem großen
länglichen Blatte, wozu Niklas Claubian ver=
muthlich schon zu Nürnberg, als er daselbst mit
der Ausgabe des Kräuterbuches beschäftigt war,
im Jahr 1517 die Formen schneiden ließ, weil
dieses Jahr bei dem Namen Mikulaſs Klau=
bian ausdrücklich da steht. Die angebrachten
Wappen böhmischer Herren und mancherlei Sprü=
che dienen zur Verzierung, und das Ganze war,
wie es scheint, zu einem Neujahrsgeschenk be=
stimmt. Uiber den zwei Schildern der Heraus=
geber stehen die Buchstaben N. C. und V. K.

Unter den Schildern aber die Jahrzahl 1518.
N C. bedeutet Nicolaus Claudian, V. K.
weiß ich nicht zu deuten. S. den neuen Abbruck
der bloßen Karte ohne Nebenstücke bei der Bile-
jowskischen Kirchenchronik (Prag 1816, bei
Vetterl). Königliche Städte werden darauf
durch Kronen, Schlösser durch Thürme, Städte
und Städtchen durch eigene Zeichen angedeutet.
Die päbstlichen Schlüssel und der Kelch bezeich-
nen die Parteien unter einer und unter beiden
Gestalten.

b. Nowý Zákon, 4. Jungbunzlau bei Niklas
Klaudian. Auf dem Titelblatte liest man die
merkwürdigen Worte: cum gratia et privile-
gio reverendissimi Generalis in ordine.
Dieser hochwürdige General kann doch kein an-
derer seyn, als der erste Vorsteher unter den
Aeltesten der Brüdergemeine. Beim Regenvols-
cius (Systema eccles. Slavonic. S. 323.)
heißen sie Primi in ordine, quos vulgo illi
Praesides vocant. Von 1518 bis 1528
war Lukas von Prag, ein Bakalar, ihr er-
ster Vorsteher, den sie zprávce nannten.

c. Spis dosti cžinieczý z wiery, kterýž latin-
sku rzecži Apologia slowe w Nornberce prw

wytiſſowan. 4. 90 Blatt. Mikulaſß Klaubyan. Tlaczeno w Boleſlawi mladem nad Gizeru.

d. Lactantius Firmianus. O prawe po= cztie božij, dabei Auszüge aus dem Seneca vom Zorne. 4. 6½ Bogen zu 6 Blatt. Bei demſel= ben. Neue Ausgabe, Prag 1786. 8.

e. Knieha kteraž ſlowe Paſtyrz nebo Ermaſß — nikda prwe yazykem cžeſkym newytiſſowana. 4. 69 Blatt. Jungbunzlau an der Iſer bei demſelben. S. oben 246.

f. Mikulaſſe Klaubyana ſpis o prawbách wjry. 4. Ebendaſelbſt.

g. Lukáſſe Spráwa člowieku wiernemu pra= cugjcýmu k ſmrti, gedne Pani poſlaná. 4.

h. Předmluwa z ſpiſu latinſkeho wyložená, co nynj w mieſtie Rzjmie o Turcých na obecnjm ſniemie gednáno bylo. 4. bei N. Klaubian.

i. Penitentiarius, oder das Poeniteas cito peccator, in lateiniſchen, böhmiſchen und deut= ſchen Verſen. 4. Nürnberg durch Hieronymus Hölzel. S. oben 300.

Ob das 1518 zu Nürnberg gedruckte En- chiridion, seu Manuale Curatorum, dans praedicandi modum tam latino, quam vulgari B o e m o sermone, omnibus cu- ratis cum utile, tum necessarium, 8. auch

Beispiele in böhmischer Sprache enthalte, kann ich für gewiß nicht sagen. Johann Mantuanus von Pilsen eignete dieß Handbuch dem Matthäus von Schwihau zu. Die Schilder der Verleger sind mit J. M. und H P. bezeichnet. J. M. ist Johann Mantuanus, und H. P. Hans Peck, der nach einigen Jahren zu Pilsen mehrere Werke druckte.

1519.

a. Welmi piekna nowa Kronyka, a neb Historia wo welike milosti Kniežete a Kraale Floria a geho milee pannie Biantzeforze, s vtiessenymi figurami. Fol. mit 59 Holzstichen. Prag, bei Johann Ssmerhowsky, Amtmann bei der Gewürzwage. Zweite Ausgabe ohne Holzstiche 1600. 8.

b) Mikulásse Klaudyana zprawa a naucženie zienam tiehotnym a babam pupkorzeznym 4. 23 Blatt. Jungbunzlau an der Iser. Das Schild mit N. C. bezeichnet. Ist das erste in böhmischer Sprache geschriebene Hebammenbuch, das den Arzt und Buchdrucker Niklas Klaudian zum Verfasser hat.

c. Matiege Paustewnjka napomenutj Prazanům. 8.

d. Prenoſtyka z tee geſſto latinſkym gazykem w Normbergku geſt wytiſſtiena. 4. 1 Bogen. Zu Weißwaſſer, böhmiſch Biela. Auf der letzten Seite iſt des Druckers Schild, oder ſein Wappen zu ſehen. Zwiſchen zwei kreuzweiſe geſtellten Schwertern ſtehen oben und unten Ringe, über dem Helm WoL. Z. MNI. d. i. Wolbřich z Mnichowa.

e. Przevtieſſena a mnoho proſpieſſna knieha Erazyma Roterodamſkeho o Rytierzi krzeſtianſkem. 4. W Biele nakladem a peczij Wolbrziicha Welenſkeho z Mnichowa. Auf dem Titelblatte iſt eine Druckerpreſſe abgebildet mit der Uiberſchrift: plum (lies praelum) Uldricianum. Zweite Ausgabe 1787. 8. Iſt der Miles christianus des Erasmus von dem Buchdrucker Ulrich Welenſky ſelbſt überſetzt, und dem Herrn Johann Sſpetl von Janowitz und auf Pöſig (Bezdiezy) zugeeignet.

1520.

a. Jana Huſa Wyklad: Huſſens Auslegung der 12 Artikel des chriſtlichen Glaubens, der 10 Gebothe und des Vaterunſers. Fol. ohne Druckort, 108 Blatt. Auf Verlangen des wohlge=

bornen Herrn Johann, vermuthlich Sspetl von Janowiß, der sich zur Brüdergemeine bekannte.

b. Kazanij welebneho a nabozneho otcze Martina Luthera na besatero přikazanj bozj, kterez libu obecznemu zgewnie w miestie Witeberce kazal gest. 4. Prag. Luthers Predigt über das Zehngeboth, die zuerst in deutscher, dann in lateinischer Sprache war verbreitet worden, übersetzte M. Paul Přibram ins Böhmische, und ließ sie auf seine Kosten drucken, starb aber noch vor dem beendigten Drucke. Das Wappen der Stadt Prag mit der Beischrift Arma C. P. und die Form der Lettern selbst deuten auf die Druckerey beim weißen Löwen hin, die ein Eigenthum der Altstadt seit 1488 gewesen zu seyn scheint.

c. Knieze Jana Mirosse, Faraře v S. Křjze w starem miestie prazskem, dwa Traktaty, prwnij: djtky pokřtiene nepotřebugj skussenj, magj byti k stolu Panie připusstieny, druhy: mjra nesmjrneho poslussenstwj Papezskeho. 8. 5 Bogen. Prag. Beide Traktate waren schon im J. 1513 geschrieben, sind aber erst nach des Verfassers Tode im Jahre 1520 von Johann Podusska, Pfarrer an der Theinkirche, und M. Wenzel

Rozdialowſky, Dekan an der Prager Univerſität, herausgegeben worden. S. 1513. c.

d. Wyklad na modlitbu Panie kdeſ y prwee w poloſenij kratčiem, gakoſ předmluwa oznamuge, wytiſkowan gt. 4. Paulus Olivecensis. Ehedem 1512, jetzt verbeſſert und vermehrt.

e. Dyalog. To gt Rozmluwanie ducha ſ buſſij genſ ſlowe připrawa k ſmrti, kterýſ prwee w poloſenij kratčiem wytiſkowan geſt. 4. Paulus Olivecensis. Ehedem 1507, jetzt verbeſſert und vermehrt.

f. Sepſanie důwodůw z neygiſtčjch Pijſem ſwiedectwij obogjho y praweho rozumu gijch o klanienj a klekanj před ſwátoſtj tiela a krwe Boſj. 4. Weißwaſſer bei Ulrich Welenſky von Mnichow.

g. Rokowanie dwu oſob Paſſkwilla a Cyra: Paſſkwilluſ pro Rzimſkeho dworu nerzady z Rzima k ſwatemu Jakubu putowati magic ſ Cyrem na ceſtie ſetkal ſe. 4. 9 Blatt. Weißwaſſer. Aus dem Lateiniſchen von Ulrich Welenſky überſetzt.

h. W tomto ſebranie o tiechto wieceh porzadně ſe poklada.

Spiß wtipny Marſylia Ficynſkeho, kterak prawda k Kardynalu Ryarowi prziſſla o vrzadu Karbynalſkem.

Dwanactera Sprawa boge kreſtianſkeho od Jana Piky hrabieti Mirandulanſkeho.

Dwanactera zbroy Ryticrzſtwie krzeſtianſkeho.

Dwanacte powah prawie milugicyho. 4. 2 Bogen. Zu Weißwaſſer von Ulrich Welenſky überſetzt und gedruckt.

i. Kratochwilni ſpolu y požitečni liſtowee a zaloby chudych a bohatych przed Saturnem na ſebe obmienüe tužicych od Lucyana Rzeczſkeho mubrce duomyſlnie popſanie. 4. 2 Bogen. Weißwaſſer. Aus der lateiniſchen Uiberſetzung des Eraſmus von Ulrich Welenſky ins Böhmiſche überſetzt.

k. Zahrádka duſſie pieknymi modlitbami a figurami ozdobena. 12. Nürnberg bei Johann Stichs auf Koſten des Verlegers Johann Schimar von Augſpurg. Mit Holzſtichen, die in dem bekannten Hortulus animae vorkommen.

1521.

a. Doktora Martina Lutera Kazanij o nowem Zakonie a nebo o poſlednjm kſſafftu Kryſta Pana

— to geſt o mſſi ſwate w Witmberce včʒyniene.
4. 47 Blatt. Prag.

b. D. Martin Luther przeb Welebnoſtij Czi=
ſarʒſku y przebewſſemi knijʒaty rʒiſſe — k napo=
menutj gich obwolati knijhy pob gmenem geho
wybane — obpowieb bawa. 4. 6 Blatt. Prag.

c. D. M. Lutera pro kteru pṙičinu papeʒſke
knihy ſpalil. 4. Prag. Lyceumsbibliothek ʒu
Olmüß.

d. Liſt ob papeʒe Lwa, kterak Lucyperowi
pſal. 4. Wenzel Domek von Kubin überſeßte
dieſen Brief aus dem Deutſchen.

e. Knjʒka ſrbečnj, babei noch ʒrcablo téhobnj.
4. Prag, bei Niklas Konáč. Handelt von den
vier leßten Dingen. Weleſlawin fügte noch ei=
nen britten Tractat: prawiblo ſſlechetneho a
kṙeſtianſkeho ʒiwota, bei. Erſt nach ſeinem To=
be kamen alle brei unter dem Titel Ceſta ʒiwota
1602 in 8. heraus. Die Zuſchrift der Wittwe
Anna iſt vom J. 1600.

f. Mikulaſſe Tyčky Spis o prawem pokanj
kṙeſtianſkem. 4. Prag, beim weißen Löwen.

g. Liſt pana Jana Przemyſſlenſkeho kterýʒ geſt
napſal ke wſſem ſtawuom, kbyʒ ſe byli ſeſſli do
Kolege: o nerʒabu kṙeʒſkem. 4. Ohne Druckort.

Dieser Brief ward auf Verlangen des Heinrich Sspetl gedruckt.

h. Petra Chelčickeho Siet wiery, d. i. Glau=
bensneß. 4. Skrze ſnaznau peči Chwala Du=
bánka — na klaſſteře Wylimowſkem. Die Dru=
ckerei zu Wilimow unweit Czaſlau war nicht
bleibend. Außer diesem Buche, das die Gebrü=
der Wenzel und Heinrich von Perknow auf ihre
Koſten drucken ließen, mag etwa der unter g.
angeführte Brief des Johann Přemyſſlenſky an
die utraquiſtiſchen Stände noch da gedruckt wor=
den ſeyn.

Eine andere Schrift des Peter Chelčicky
unter dem Titel: Řječ na zgewenj S. Jana
z kap. XIII o ſſelmie y obrazu gegjm, erſchien
ohne Jahrzahl in 4. A — D.

i. Spis doſti czinicij otazce protiwnikow géb=
noty Bratrſke proč křeſt po ſlužebnoſti ob kněze
Řzimſkeho ſwiecenj ſtalee wnie ſe opietuge, d. i.
Genugthuende Antwort auf die Frage der Gegner
der Brüdereinigkeit, warum die von einem Prie=
ſter römiſcher Weihe verrichtete Taufe wiederholt
werde. 4. Weißwaſſer, bei Ulrich Welenſky. Ei=
ne zweite verbeſſerte Ausgabe dieſer Schrift vom
Jahre 1521 mit dem Namen des Druckers
Paulus Olivecensis beſchreibt Wenzel Sturm,

und macht noch einer dritten von demselben Jahre Erwähnung.

1522.

a. Sniem obecny w pátek o swátosti. 4. Prag, beim weißen Löwen.

b. Knieze Waclawa Mirjnskeho Pisnie stare, gruntownj a welmi vtiessene. 8. Prag, durch Niklas Konač beim weißen Löwen.

c. Petra Chelčickeho spasyteblnij wykladowee na cztenie nebielnij. Fol. Prag, bei Paul Severin. Zweite Ausgabe bei demselben 1532.

d. Weyklad slawneho D. M. Luthera o Antykrystu na widienj Danyelowo w 8. Kapytole. 4. Altstadt Prag, von Ulrich Welensky ins Böhmische übersetzt und gedruckt.

e. D. M. Lutera o swobodie křestianske knižka. 4.

f. Naprawa skrze knieze Martina faraře v sw. Gindřicha w Praze wydana do toho listu a spisu, kterýžto vdielaw Mik. Konač z Hobisskowa smiel poslati za dar noweho leta Krali geho milosti. 4.

g. Odpowied na spis w nowie wydany ob knieze Mikulasse faraře v sw. Petra na Poříčj w Praze. 8. 16 Blatt. Ohne Druckort.

h. Spis tento o půwodu y o prawdie kniez=
stwj trogjho y wssech zřizenych přisslussnostech
w pozjwanj pořadnem. 4. Bei Georg Sstyrsa.
Impressum in recentiori Boleslavio.

i. O půwodu Cierkwe swate w prawdie swa=
tosti gegie. A teež o půwodu Cierkwe zlostni=
kuow. 4. Mit dem Druckerzeichen des Georg
Sstyrsa.

k. Spis dosti činici tomu proč při přigimani
k swatostem zawazkowe degi se. 4. 13 Blatt.
Georg Sstyrsa. (Jungbunzlau).

Eine von Georg Sstyrsa auf dem Berge
Karmel zu Jungbunzlau gedruckte gegen Luther
gerichtete Schrift unter dem Titel: Spis tento
wegmeno Panie včinieny, w niemžto nynieyssych
nowowiercuow neplna a necela anobrž kusa wiera
— se vkaže, mit der fehlerhaften Jahrzahl 1500,
gehört ganz gewiß entweder auf das Jahr 1522
oder 1523. S. Böhm. Lit. I. 144.

1523.

a. Cztenie a Episstoly nedelnij, strzednij, pa=
tečnij, postnij. 4. 116 Blatt. Prag, beim
weißen Löwen. Der aufrecht stehende weiße Löwe
in der Einfassung des Titelblattes mit einem
Schilde, worauf sich zwei Druckerballen kreuzen,

deuten auf die Druckerey, und den Drucker Ni=
klas Konač. Derselbe hat die sonntäglichen Evan=
gelien auch schon früher, da er noch auf der La=
che (na luži) druckte, herausgegeben.

b. O wolenj prawych sluzebnikům w Cyrkwi
swate. 4. Vermuthlich derjenige Brief, den Lu=
ther an die böhmischen Landstände 1522, am
15. Jul. schrieb, von welchem Balbin S. 586
seiner Epitome sagt: haec epistola typis
edita Bohemice multum attulit turbarum.

c. Spiß Martina Lutera, w niemž vkazuge
co se mu při bratřjch zdá za prawee a pochybnee,
a to z přičiny otazek dietinsſkych. 4. 14 Blatt.
Ohne Jahr. Paulus Olivecensis.

c. Odpowied na spiß Martina Lutera, kterýž
niemeckym yazykem wytisſknuti dal — načež mu
zase zprawu poblee pisem swatych sluſſnu činie.
Z Čzech a z Morawy. 4. 45 Blatt. In monte
Oliveti. (Leutomischeł).

d. Spiß tento otazek trogich. Prwnj yako
počinagicych, druhe prospiewagicych, třetie do=
konaleyſſich, totiž dietij, mladencuo y zmužilych,
o wieře obecne křeſtianſke gedine. 4. 133 Blatt.
Georg Sſtyrſa. (Bunzlau.)

e. Spiß welmi vžitečny a potřebny o ſtawu
swobodnemu a manzelſkem počina se ſſtiaſtne. 8.

110 Blatt. Olivecensis. Der zweite Theil
(Tento ſpiſ o manželſtwie) 74 Blatt. Verfaßt
war dieſe Schrift ſchon im J. 1509, aber zum
Drucken dem Buchdrucker in Jungbunzlau erſt
1523 übergeben.

f. Spiſ tento genž geſt poċtu wydanj, nay=
prw o mocy ſwieta a puowobu y o přiċinach
zřizenie gegieho y o prawb'e gegie w nowem ſwie=
bectwi. — Tež y o přiſaze. 4. 80 Blatt. Na
podolcy. Podolec iſt eine Vorſtadt zu Jung=
bunzlau.

g. Odpowieb na ſpiſ Kalenců, w ňemž wſſe=
ċky napořab potupuge y obſuzuge na zatracenj
ſmiele a to neywjc bratřj a Lukaſſe zegmena, na
ňegž ſluſſny odpiſ gemu zaſe ċinj. Z Boleſla=
wie. 4. Olivecensis.

h. Spiſ tento o pokani. Nayprw coby to
w ſobie neſto ſlowo pokanie. Potom o puowo=
du pokanie. Potom o rozdiele pokanie. 4. 56
Blatt, bei Georg Sſtyrſa auf dem Podolec.

i. Odwolánj odpablſtwj, Přjklab a nawrá=
cenj ſe ob Antykryſta. Ohne Ort. Die Jahr=
zahl 1523 im Index iſt wohl dabei unrichtig
angegeben, oder ein Druckfehler.

Y

1524.

a. Spis o potřebných wěcech 'křestianských, kterýž gest od niekterých knieži Pražských wydaný, proti wystawowanj swatosti těla Kristowa w Monstrancy. Spiet giny že mše nenj obět. Giny kterak Kristus gt podstatniegi w czlowieku dobrem milostj swou, než w swatosti oltařni. Spiet o poswieowanj těla a krwe Panie že má byti gazykem rozumnym. 4. 8 Blatt. Von beiden Seiten des Kelches auf dem Titelblatte stehen die Worte: Bibite ex eo omnes, wadije se o to podnes. Druckerschild des Georg Sstyrsa.

b. Spis o sprawedliwosti podle rozličných promienitedlnostj a rozdieluo, tež y o sprawedlnosti z wiery co by byla — damit ist verbunden: Spis o lasce. 4. 161 Blatt. Auf der Vorstadt von Jungbunzlau an der Iser. Georgius.

c. Odpis proti obtržencom genž se malu stranku nazywagj na spis wydaný pod gmenem Kalencowým. 4. Auf der Vorstadt Podolec.

Wypsanj z praw bratrských a odpowied Kalencowa scheint von diesem Odpis nicht verschieden zu seyn.

d. Spis otázek trogich 2c. 4. Auf der Vorstadt zu Junzbunzlau an der Iser. Ist die zweite Ausgabe. S. 1523. d.

e. Ob bratřj liſt králi Ludwikowi poſlany und die im Index verzeichnete Confeſſion der Waldenſer oder Bunzlauer Brüder ſcheint eine und dieſelbe Schrift zu ſeyn.

f. Zřizenj o aučincych na ſniemu. 4. Iſt ein Landtagsſchluß.

Der Prieſter und Prager Bakalar Auguſtin Networičky gab in dieſem Jahre eine Schrift wider Luther, die Brüder und einige Prager Magiſter heraus, und eignete ſie dem Emauſer Abte Johann Rozička zu. Sie war (nach Paprocky I. 197.) Clypeus fidelium, Paweza wiernⱬcych betitelt. Allein man weiß nicht, da kein Exemplar vorhanden iſt, in welcher Sprache ſie abgefaßt war.

1525.

a. Nowy Zákon. 4. Jungbunzlau auf dem Berge Karmel. Skrze mné Giřjka Sſtyrſu w mladem Boleſlawi nad Gizerau na hoře Karmeli.

b. Kniežka tato geſt o gruntu wiery obecne křeſtianſke s giſtymi důwody proti odporům Antykryſtowym wydana od Bratřj. 8. 24 Bogen. Olivecensis.

c. Sniem obecny na hrabie pražſkem držan. 4. Prag, beim weißen Löwen.

Y 2

d. Jakož fpiß geſt tiſſtieny vdielan kteryž ſe takto tiemito flowy začjna Letha Panie MCCCCXXV w ſtřebu před ſwatym Marti= nem — tito Artykulowe bule pſanj w Kolinie, nad Łabem před ſe zwati ꝛc. 4. 18 Blatt. Es ſind Artikel des um Martini zu Kolin gehalte= nen Landtages nebſt den Antworten darauf. Pelzel führt die Artikel beim Jahre 1525 und die Antworten erſt 1526 an, weil er voraus= ſeßte, daß die Artikel vor den hier beigefügten Antworten, wie es der ſonderbare Eingang wahr= ſcheinlich macht, für ſich gedruckt worden ſeyn. Allein man kennt kein anderes Exemplar, als das hier angeführte.

1526.

a. Sniem na hrabie pražſkem zawřjn den ſw. Frantjſſka. 4. Prag.

b. Spiß proti obporům žeby ſwátoſt tiela a krwe Pánie znamenjm toliko a ne prawdau byla. Inder 250.

c. O niemecke mſſi. S. Kázanj o wečeři Panie 1544.

Sichtbar ist nun aus diesem Verzeichnisse
die Verbreitung der Buchdruckerkunst in Böh-
men. Zu Prag kommen neben der alten Dru-
ckerey beim weißen Löwen auf der Altstadt im
J. 1507 Nikolaus Konač und Johann Wolf,
auch Moravus genannt, zum Vorschein. Dieser
verschwindet nach 1512, N. Konač aber druckt
noch einige Jahre bei der lieben Frau auf der
Lache (Matka božj na luži) in einem Hause zum
Glücke (ad fortunam) genannt, fort, und über-
nimmt seit 1522 die Druckerey beim weißen
Löwen. Neben ihm zeigt sich Johann Ssnerhow-
ský im J. 1513 und 1519, Paul Severin im
J. 1522, und zugleich Ulrich Welenský, der
jetzt die Hauptstadt dem Städtchen Weißwasser
vorzog.

Zu Pilsen setzt Niklas Bakalař seine Ar-
beiten fort, die er da schon 1498 angefangen
hatte. Er lieferte meistens gangbare Volksschrif-
ten bis 1513.

Zu Leutomischel (in monte Oliveti) tritt
Paul von Mezyřič, sonst auch Paulus Olive-
censis genannt, schon im Jahre 1507 auf.

Zu Jungbunzlau errichtete Niklas Klaudian,
der schon 1507 die Apologie der böhmischen Brü-
der zum Drucke beförderte, und bei dem in Nürn-

berg 1517 gedruckten Kräuterbuch den Corrector
machte, im J. 1517 eine Druckerey, aus der
1518 das neue Testament, Lactantius, Hermas
und andere Schriften, 1519 aber nur noch sein
Hebammenbuch ans Licht traten. Nach ihm
druckte daselbst Georg Sstyrsa, der sich durch
schöne Schriften auszeichnete.

Weißwasser, in der Nähe von Bunzlau,
wählte sich Ulrich Welensky von Mnichow. Ge=
wöhnlich druckte er seine eigene Uibersetzungen.
S. die Jahre 1519, 1520, 1521. Im Jahre
1522 begab er sich nach Prag, wo er sich aber
später gar nicht mehr zeigt.

Nach Wilimow scheinen die Gebrüder von
Perknow den Chwal Dubanek, den man
sonst nicht weiter kennt, im J. 1521 bloß
darum berufen zu haben, um des Peter Chel=
čicky Glaubensnetz, ein von den böhmischen
Brüdern sehr geschätztes Werk, drucken zu lassen.

Aber auch an einigen Orten außer Böhmen
kamen böhmische Werke aus der Presse. Zu
Nürnberg ließen die Brüder im J. 1504 die er=
ste Apologie ihrer Glaubenslehre drucken. S. auch
die Jahre 1517, 1518.

Nach Venedig mußten sich die drei Bürger
von Prag, Johann Hlawsa, Wenzel

Sowa, Burian Lazar, als Verleger an
den berühmten Buchdrucker Peter Lichtenstein von
Köln wenden, um eine so prächtige Auflage der
Bibel zu besorgen, als die daselbst im Jahre
1506 auf schönem Papier gedruckte wirklich ist.
Die zwei böhmischen Correctoren, die man da=
hin schickte, Johann Gindricky von Saaz,
und Thomas·Molek von Königgrätz, ließen
es an Fleiß nicht ermangeln, die alte Uiber=
setzung ihren Zeitgenossen verständlicher zu ma=
chen, indem sie an vielen Stellen die veralteten
Flexionen nnd Formen nach neuerm Sprachge=
brauch abänderten. Es kam auch das ganze 3te
(sonst 4te) Buch Esdrä hinzu, wovon in den
frühern Ausgaben nur ein kleiner Theil zu finden
war. Ungeachtet diese Auflage von Utraquisten
besorgt ward, fanden auch strengere Katholiken
nichts Anstößiges darin. Zum Besten der Bi=
bliographie, sagt Ungar, bemerkten diese sonst
scharfsichtigen Herren (die Indermacher) vor dem
6ten Kap. der Offenbarung den Holzschnitt nicht,
auf welchem der Pabst in der Hölle liegend vor=
gestellt wird.

Wenn Lupač beim 24. März, wo er von
dieser Bibel Nachricht gibt, die Worte typis
nondum per id tempus in Boëmiam in-

vectis fallen läßt, so ist es ein arger Gedächt=
nißfehler, indem er beim 26. September der
zu Prag 1488 gedruckten Martinischen Chronik,
davon er selbst ein Exemplar besaß, gedenkt.
Nicht also, weil man noch keine Druckerey in
Böhmen hatte, besorgte man den Druck dieser
Bibel zu Venedig, sondern weil man eine präch=
tige Auflage zu haben wünschte, die gerade im
J. 1506 zu Prag niemand unternehmen konnte.
Das folgende Jahr 1507 ließ auch Wenzel
Kaplißer, ein Böhme, das Missale se-
cundum chorum Archiepiscopatus Pra-
gensis ecclesiae auf seine Kosten bei Peter
Lichtenstein zu Venedig drucken, so wie die frü=
hern Missale alle außer Böhmen gedruckt worden
sind. Das erste vom J. 1479 erschien ohne
Angabe des Druckortes. Das zweite vom
J. 1489 zu Bamberg. S. Vogt über den Kalen=
der der Slaven. Das dritte vom J. 1498
(nicht 1497, wie Panzer es dem Denis und
dieser mir nachschrieb) zu Leipzig.

§. 17.

Beschluß der vierten Periode
1501 — 1526.

Unter Wladislaw bildete sich der böhmische Geschäftsstyl aus. Alle Verordnungen werden aus der königlichen Kanzley in böhmischer Sprache erlassen. Die Archive sind voll von böhmischen Urkunden aus dieser Zeit. Die Stellen bei den Behörden werden nur mit Böhmen besetzt, den Deutschen ist es durch erneuerte Gesetze verwehrt, sich anzusiedeln. Wiktorin von Wssehrd rechnet es den Herren von Postupiß zum Patriotismus an, wenn sie die Verbreitung der Deutschen aus allen Kräften hinderten. Wie er sich in seinem viel gelesenen Werke von den Rechten des Königreichs Böhmen über die Deutschen äußert, mag wohl nicht ganz billig seyn, aber so dachte um diese Zeit der größte Theil der Eingebornen. Má také Komorník, so schreibt er B. 3. K. 18, býti prawý přirozený Čech, ne Niemec, ne giný Cyzozemec, neb netoliko w žadný vřad zemſký od neywyšſſiho až do neyniżſſiho vřadu žadný Cyzozemec a Niemec zwláſſtie nemá wſazen a přigat býti podle práwa: ale také Niemcy nikdyž nemagi trpjni býti, než gako geſt za ſwaté pamieti knjžat, za oſwjceného a ſwatého Spitihniewa, za Břetiſla= wa otce geho, a za oſwjceneho a S. Sobieſlawa bylo a za giných knjžat a králůw potomnjch, Niemcy magj wen z zemie hnáni býti, gakož Kronyky čeſke wſſecko vkazugj a ſwiedčj. Neb kajdý král čeſky, gakož geſt Kogata prwnjmu králi čeſkemu Wratiſlawowi odewſſj zemie powic= diel, že máſs ob ſwých Čechůw a Zemanůw čeſt, ob Niemcủ a Cyzozemcủ nemáſs gedno leſt? Neb žadmý pro dobré zemſké Cyzozemec do čeſké zemie ſe neobracý, než pro zlé obecnj, aby pod tjm ſwého vžitku mohl doſýcy. A byliliby w kterých vřadech Niemcy, magj s nich ſsazowáni býti, gakož ſe geſt nedáwno za naſſj pamieti gednomu y druhému ſtalo, že ſau oba s vřadůw komor= nictwa pro gazyk ſsazeni, z té přjciny Niem= cům y wſſem Cyzozemcům zapowiedjno geſt, aby ſobie w zemi čeſké žadných zboži ani zamků, twrzý, mieſt ꝛc. ani diedin nekupowali. Pakliby co přes to který Niemec ſobie w zemi kaupil, má gemu to nejprw odgato býti, a potom ſám z ze= mie má wyhnán býti. Na to nález w třetjch Ondřegowých B. I. Nejgaſniegſſi ꝛc.

Vor den Gerichtsbehörden durfte man ſich keiner andern, als der Mutterſprache bedienen.

Als etwas Ungewöhnliches merkt Lupač beim
11. May an, daß die Gesandten Kaiser Karls V.,
die nach König Wladislaws Tode 1516 nach
Prag kamen, auf dem Landtage (am 12.
May) ihre Vorträge in deutscher Sprache ge=
macht hätten. Bei dem böhmischen Landge=
richte würde man eine solche Ausnahme nie zu=
gegeben haben.

Matthäus von Chlumčan bekam
1501 von den zur Untersuchung der auf dem
Schlosse Karlstein aufbewahrten Privilegien und
Urkunden ernannten Herren, worunter sich auch
Bohuslaw Hasyssteynsky von Lobkowitz befand,
den Auftrag, alle Urkunden ordentlich zu ver=
zeichnen. Er nannte diesen in böhmischer Spra=
che verfaßten vollständigen Inder zřjzenj Prywi=
legij koruny Králowstwj českeho und versah ihn
mit einer lesenswerthen Vorrede, die eigentlich,
da sie an K. Wladislaw gerichtet ist, eine Zueig=
nung heißen sollte. Seltner wird dieser Inder,
den Balbin aus Versehen dem Bohuslaw Lob=
kowitz zuschreibt, deutsch gefunden. Ein ähnli=
ches Verzeichniß, das aber mit keiner Vorrede
oder Einleitung versehen ist, fängt im Talember=
gischen Coder mit den Worten an: w Truhlicze
pomykaczy s takowym znamenjm (hier das Zei=

chen) Listowe: Magestat Czysarze Karla 1347.
Alle Truhen und Schachteln waren mit allerlei
Figuren bezeichnet. Es geschieht daselbst auch
von einer frühern Durchsuchung der Rechte und
Briefe Meldung, die im J. 1466 Zdeniek von
Sternberg mit andern Herren unternommen.

Zu vertrauten sowohl, als Geschäftsbriefen
hatte die Sprache jetzt Biegsamkeit genug. Man
sehe die vielen böhmisch abgefaßten Briefe unter
K. Wladislaw im Talembergischen Codex zu Ossek,
den Brief der Martha von Bozkowitz an den König
sammt den Briefen der Brüder, für die sich Mar=
tha 1507 eifrig verwendete, in der geschriebenen
Geschichte der böhmischen Brüder, worin auch
K. Wladislaws Briefe an die Johanna von Kra=
gek und Katharina von Kolowrat vom J. 1512
zu lesen sind; ferner sechs Briefe des Karthäusers
Bruno zu Gamink in Oestreich, davon fünf an
das Fräulein von Klinstein in den J. 1526,
1527 geschrieben sind, der sechste aber an seinen
Bruder Johann von Raupow gerichtet ist, in
einer Handschrift bei den Minoriten (K. I.);
endlich die Abschriften von Sendschreiben (lisiů
poselachch) Wilhelms von Pernstein von den Jah=
ren 1520 und 1521 in einer Handschrift zu
Raudnitz, der vielen in Archiven aufbewahrten

Originalbriefe nicht zu gedenken. Bartoſs nahm
mehrere Briefe in ſeine prager Geſchichte auf.
Merkwürdig iſt derjenige, welchen der Kirſchner
Mathias, ſonſt Einſiedler genannt, im J. 1525
an den Adminiſtrator Czahera ſchrieb, der ihn
anſtatt einer Antwort in den Kerker ſtecken ließ.
Deſſelben Bruders Mathias Brief aus dem Ker-
ker an den Bruder Laurenz vom J. 1526, fer-
ner einen Brief des Pfarrers von St. Galli Hie-
rónymus an den Bruder Mathias, und deſſen
Antwort darauf, der königlichen Briefe nicht zu
erwähnen. Von einem böhmiſch geſchriebenen
Briefe des Johann Sſlechta urtheilte Bo-
huſlaw von Lobkowitz, gewiß ein ſtrenger Richter
im Fache der ſchönen Literatur, daß er ihm nicht
blos der gegebenen Nachrichten, ſondern auch des
ſchönen Styls wegen gefallen habe. Etsi lite-
rae tuae vernacula lingua scriptae fue-
runt, redolebant tamen graecae latinae-
que orationis ornamenta, quare cum ob
idipsum his delectatus sum, tum maxime,
quia nova quaedam insperataque affere-
bant. Weniger zufrieden würde er mit ſeinem
eigenen Briefe an Peter von Roſenberg geweſen
ſeyn, wenn er deſſen böhmiſche Uiberſetzung,
die von lateiniſchen Phraſen ſtrotzt, geleſen hätte.

Hr. J. M. Zimmermann hat ihn erſt neulich aus einer Handſchrift, die mehrere Uiberſetzungen des Gregor Hrubý enthält, herausgehoben und zum Drucke befördert. Den Uiberſetzer einiger ſeiner lateiniſchen Verſe ſchilt er einen Eſel und Barbarn. Er gießt ſeine Galle über ihn in der 4ten Elegie des 1ſten Buches aus:

> Transtulit in patriam quidam mea carmina
> linguam.
> Haec Proceres, populus, nobilitasque legit.
> Irascor facto bipedis vehementer aselli.

Und weiter:

> In messem ne, quaeso, meam, mi Barbare, falcem
> Insere: non etenim scripsimus illa tibi.

Hier mag die Schuld an dem ſchlechten Uiberſetzer gelegen haben. Es gab wohl noch Andere, die den böhmiſchen Schriften gar nicht hold waren. Darüber klagt Konač (1507) in der Vorrede zu ſeinem Lucian: Owſſem nepochybuge o tom že ginym na wobie pſáti budu. A zwláſſtie tiem, kterež tak weliká a iakás wztekla nenáwiſt przyrozeného drží yazyku, že mnohokrát z omylenj tzeſſé pjſmo w ruce ſwé wezmuže, hned rychle zaſe ne ginak než yako horké vhlé wypúſſtiegj. Takowét ya mezy tiemi, kteriž poſmije-wanije gſu neyhodnieyſſij, potzitam. Ne takowuť giſlie Niemtzy nenáwiſt (wſſetzky giné pro vkratzenij pomina) k ſwému drſnatému yazyku magij. Auch dieſe Abneigung hatte vielleicht ih=ren Grund in den erſten mißlungenen Verſuchen. Sind doch des Konač frühere Uiberſetzungen ſelbſt noch ſehr ſteif. Fließender iſt die Sprache in ſei=ner Judith, ob ſie gleich in Verſen geſchrieben iſt.

Auf der andern Seite fehlte es nicht an war=men Freunden, an eindringenden Empfehlungen der Mutterſprache. Niklas Konač ſchmeichelt ſich, daß derjenige, den er nur mit milý Pane, ohne ihn zu nennen, anredet, dem böhmiſchen Lucian eine Stelle unter den koſtbarſten böhmi=ſchen Büchern, deren er vor andern eine große Menge beſitze, einräumen werde. (Ale o tobiě wjru mam že Lužyana Mudrže przirozenu ſepſa=neho rzetzij ne toliko od ſebe neobwrzeſs, ale take mezy naydrazſſymi kniehami Czeſkymi gichž nad gine hoynoſt maſs, mijſto daſs.) Ihn ſelbſt habe die Liebe zur Mutterſprache und der lehr=reiche Inhalt, wie er ganz zu Ende den Leſer verſichert, dazu bewogen, dieß Geſpräch von allerley Ständen zu überſetzen. Er hoffe alſo, daß nur derjenige, der beiden abgeneigt wäre, ſeine Mühe gering ſchätzen werde. (Wjru tehdy mam že žadny gedine ktož k obemu neliboſt ma,

Lucyana milowati a pratze me malo ſobie waʒyti nebude. Ktoʒ tʒijeſti budeſs dobrʒe ſe miey a nedoſtatky ne Mikulaſſowi ale molemu wtipu prʒypiſuy opiet proſym.)

Wenzel Piſecky, der den jungen Sig= mund Gelenius nach Italien als Lehrer begleitete, aber in ſein Vaterland nicht mehr zurückkam, indem er zu Venedig 1511 ſtarb, ſchickte Sig= munds Vater, dem Gregor Hruby Gelenſky (von Gelenie), dem größten Liebhaber ſeiner Mutter= ſprache, die böhmiſche Uiberſetzung von Iſokrates Ermahnung, die er in Italien verfertigt, zum Zeichen ſeiner Freundſchaft zu. Er begleitete ſein Geſchenk mit einem Briefe an Gregor, worin er mit Enthuſiasmus von den Vorzügen der böh= miſchen Sprache ſpricht, indem er ſie mit der Griechiſchen verglich. Aus Beſcheidenheit ließ Gregor den Brief mit dem Iſokrates 1512 nicht abdrucken, er iſt aber in einer Handſchrift der öffentl. Bibliothek ganz zu finden, aus welcher wir ihn hier mittheilen.

Wáclaw Piſecky Rʒehořowi Hrubému poʒdra= wenje wʒkaʒuge.

Nenj mne tayno pane Rʒehoři ʒe y mnoʒy y roʒličnj ſe ku přátelom darowe poſſelagj, wedlé

rozdjlné libj a nebo chuti, a nebo powahy,
niekdy také možnosti y zaslúženj. Tak krále
mohútným panuom netoliko drahé ssatstwo, ale
y zámky znamenité za dar wjdámy dawati, pro=
to že y wonino s to mohú snadnie býti, a tito
snad toho zaslúžili. Tak dobré koně tiem, kteřjž
ge sobie welmi wážj, tak rozličné ptactwo tiem
kteřjž po niem stogj w slussném daru se niekdy
posielá, když ljbosti a chuti libsté wybornie se
přirownáwá. Tymž biehem y kniehy darowány
čteme a nepřjliss za marný a newdiečný dárek.
Neb gest tak toho kterýž bral, yako kterýž dar
dáwal, powaha k tomu a náchylnost dobře přileže=
la. Gistie y hrst wody s wochotnostj onomu králi
(Artaxersowi) od chudého člowieka podané za dar
tak prossla, že gest s možnostj tak chaterného člo=
wieka dobře se srownáwala. Já pak pochtiew
k tobie přjteli mému nieco také za dar poslati,
ani wedlé bohatstwj mého kteréhož nemám, ani
wedlé slussnosti kterájby k tobie příslussela, ne
wedlé zaslúženj twého, ale podle mé powahy tu=
djež y možnosti toto tobie cožkoli gest, yakéžkoli
gest, s wochotnostj aspoň a rád posielám. Ačkoli
když sem prohlédal ne k mému toliko včenj, ale
y k té kteráž ty maš chuti, nemohlť sem nic
přihodniensssjho nynj nad toto poslati. Neb po=

niewadž včenj mé nynj w řečtinie geſt: twé pak
vſylowánj giž od dawnjch čaſuow geſt při zwele=
benj a množenj Čžeſkého yazyka, wibielo mi ſe
doſti zaſluſſné, abych tuto řeč Iſokrata wonoho
v rzekuow w wymluwnoſti welmi znamenitého,
a vtieſſeného z yazyku řeckého nynj w čeſko pie=
loženú tobie yazyku čeſkeho milownjku a mſtiteli
obdal. To ſem pak včinil ne tjm vmyſlem, yako=
by ty tiechto Iſokratſkých potřebowal napomenutj,
ale aby poruzumieti mohl, yak rozdjlnj a yak
mnohem vžitečnieyſſj ſú řecnicy řecſſtj nad la=
tinſké, zwlaſſtie k naprawenj mrawuo, což mla=
dencuom geſt naypotřebnieyſſj. Neb že ſú mno=
hem wymluwnieyſſj, nepotřebj mnie o tom mlu=
witi. Poniewadž y Latinjcy ſami w tom gim
poſtupugj. Aby také znal, w yakých mudrcých
Zygmund twuoy giž čjtati muoʒe, s yakým ne=
toliko při wymluwnoſti ale y při ctnoſtech pro=
ſpiechem, včinil ſem toto také a z přebnj temieř
příčiny, abych ſe týmž bichem při včenj mém
cwičil, yako niekdy y Kraſſus y Cycero y Pli=
nius potom činil, a Kwintilian tak radj; přis
to, abych zkuſyl, zdali čeſky yazyk tak hoyný
geſt, aby bez žebroty budto niemeckého ſſwerkánj,
budto latinſkého promieſſowánj ſam obſebe tauž
wiec wymluwiti mohl, kteraužby y řekowe wy=

ſpali. Seznamenal ſem pak, že netoliko latinſké
pomocy nepotřebuge (o niemčinie mlčjm s kterauž
nic nemám činiti) ale poniekud gi wywyſſiti
muože, tak niekde geſt náchylnieyſſj k lahodnoſti
řecké a k lepotie nežli latinſký, že při mnohých
w mluwenj ozdobách, při lepém ſlow ſkládanj,
kdež yazyk latinſký řeckeho a neb proſtie nemuože,
a neb s tiežkoſtj a welmi neſnadnie náſleduge:
tu yazyk čeſký tauž lahodau a gednoſtaynj témieř
krátkoſtj wſſecko wyſlowiti muože. Ačkoli znám
co geſt giž yazyk latinſký w ozdobie a co čeſký,
ani mne tayno nenj, že tento pilnoſtj libſkau giž
geſt vſſlechtileyſſj nežli náſs čeſký. Ale mluwjm
o přirozenj a zpuoſobu obegjho yazyka, tak wo
tom drže, že kdyby též pilnoſti při okraſſlowánj
ſwého yazyka prwieyſſj Čechowé byli vžjwali
a nebo nynieyſſj geſſtie toho hledieli yako niekdy
Řjmané, yazyk čeſký co ſe tkne ſwietloſti, řecké
lahody, lepoty, nabto y ozdoby y ſlow ſkládanj,
bylby nad latinſký w tom mnohem y ſſtiaſtnieyſſj
y hoynieyſſj. Abych pak nemnožil řeči při wie-
cech giných, nechtie z toho gedno za duowod toto,
Neb toho čemuž řekowé omiocatalexin řjkagj
Čechowé pak mohliby řjcy podobné ſkonánj,
latina gſucy coš hrubſſjho, neráda trpj, Čeſſti-
na pak též yako řecſſtina welmi jjm oſladčuge a

Z 2

libé činj mluwenj. Wčemž y Gorgias wonen leontinſký y Polux Agrygentynſký welmi čaſtý geſt, k tomu Rythmen, což Čechowé rym gme‐ nugj, latina proſtie nenáwidj, ale čeſſtina s řeč‐ tinau netoliko tjm řeč ſwú ozdobuge, ale y lahod‐ nau činj. Při kterémž ozdobowánj Jzokrates tento tak weliké a tak vſtawičné vžjwal pilnoſti, že ſe y vtezky tak přjliſſného vſylowánj neuwaro‐ wal. Neb y Philonikuſs y Jeronym mubřec w tom ho yako neſſazugj ač při giném ho (doſti) wy‐ chwáliti nemohau. Pro tyto tehdy přjčiny, ač ſú geſſtie y giné welmi mnohé, rad ſem na ſebe tu prácy wzal abych tuto řeč Jzokratowu kterauž nieyakého Demonika a ſkrze nieho wſſecky mla‐ dence k ctnoſtem napomjná, wedlé mé možnoſti, geſtliže ne tak ozdobnie yak ſám geſt w ſobie neb to nenj možné, aſpoň wiernie w čeſſtinu přeložil, a tobie za znamenj a záwdawek naſſeho přatel‐ ſtwj obdal, kterauž že wdiečnie přigmeſs nepo‐ chybugi. Neb y to ſnab za dar nieyaký muoze pogjti, zwláſſtie že geſt ſkutek řečnjka takového, kteréhož řeči, yakož mluwj Dioniſius Alikarnaz‐ ſký, kromie toho že ſu wýmluwnoſti y welmi vtieſſené y welmi libé, gſu ſamy doſtatečné tiem, kteřjžby mieſta řádnie zprawowati chtieli. Přig‐ miž tehdy toto ne tak pro mne kterýž ſem wyložil, yako pro toho, kterýž geſt ſložil, za yakýž takýž bárek, ačkoli mnozj ſe nynj nalezagj, kterjž ſe ſnad tomu ſmiegj. Ale wſſak za prwnieyſſjch čaſuow netoliko páni a nebo wuodce nieyacý ale y králowé y Cyeſařj welmi toho ſſanowali, když ne bohatſtwjm a marnau pychau, ale ſſlechet- noſtj, ale vmienjm giné wywyſſowati chtieli, coż geſt wonēn nadewſſjm témieř, ſwietem wjtiezytel weliký Alexander Ariſtoteléſſowi včiteli ſwému pſáti ſe neſtydiel. Mnie pak doſti za prácy bude: geſtliže kto z Čechuow toto cozkoli geſt yakéžkoli geſt niekdy aſpoň přečte. Mieg ſe dobře. — Piſſie k tobie biehem přátelſkým, zanechaw rácenj, mi- loſtj a wámkánj: neb mi ſe to ſamému neljbj.

Der Pilſner Buchdrucker Bakalař ſetzte die aus Wſſehrd (oben 209) entlehnten Worte: neb iazyk čeſký nenie tak vzký, ani tak nehladký — řeckým nebo latinſkým, zur Empfehlung der Mutterſprache auf das Titelblatt des 1511 her- ausgegebenen lateiniſch = böhmiſchen Wörterbuches. Jetzt würde man mit deſſen Hülfe die Schriften der lateiniſchen Kirchenlehrer verſtehen, und in die böhmiſche Sprache überſetzen können. Denn dieſe ſey eben nicht arm und ungeglättet, ſondern ſo reich, daß alle griechiſchen und lateiniſchen Bü=

cher in dieselbe übersetzt werden könnten. Es
fehlte auch wirklich nicht an mancherley Versuchen.

Seitdem Bohuslaw Hassenstein, der gebil=
detefte Böhme seiner Zeit, und andere beffere
Köpfe die schönen Wissenschaften bei uns eifriger
pflegten, Hieronymus Balbus Vorlesungen über
die schönen Redekünste in Prag hielt, unsre ade=
lichen Jünglinge Studien halber häufiger Italien
besuchten: mußten die Böhmen mit den klaffi=
schen Werken der Griechen und Römer immer be=
kannter werden. Auch brachte man mehrere
Schriften der Neuern von befferm Geschmacke
nach Hause. Und wenn gleich die Gelehrten ih=
ren literarischen Ruhm darein fetzten, ein schönes
Gedicht, eine zierliche Rede, oder auch nur einen
guten Brief in lateinischer Sprache abzufaffen,
konnte es doch nicht fehlen, daß nicht andere
patriotisch gefinnte Böhmen dadurch aufgefordert
worden wären, böhmische Uiberfetzungen befferer
Schriften zu unternehmen. Mit philofophisch=
moralischen Schriften glaubten sie am leichtesten
bei ihren Landsleuten Eingang zu finden. Die
Briefe des Marfilius Ficinus, deren wir
oben S. 314 und wieder S. 331 erwähnten,
mögen der erste Versuch gewesen seyn. Den
Uiberfetzer davon kennen wir nicht; es ist aber

zu vermuthen, daß es entweder Victorin Corne=
lius Wſſehrd oder Gregor Hruby von Gelenie
war. Von Wſſehrd berichtet Lupacius beim
30. Jänner, daß er einige Schriften (nonnulla
scripta) des Biſchofs Jſibor ins Böhmiſche über=
ſetzt habe, beim 21. September aber, an welchem
Tag Victorin im J. 1520 ſtarb, nennt er dafür
nur ein gewiſſes Buch (librum quendam),
das er gedruckt geſehen haben will. Wohl mag
Lupacius, wenn er aus dem Gedächtniſſe ſchrieb,
ſich geirrt haben. Wir kennen nur von ihm Uiber=
ſetzungen kleinerer Schriften des Chryſoſtomus und
Cyprians. S. oben 208, 240.

Gregor Hruby, ſonſt auch Gelenſky
(von Gelenie) genännt, ein anſehnlicher Bürger
zu Prag, wandte ſeinen Fleiß und ſeine ganze
Muße bis zu ſeinem Tode, der am 7. März 1514
erfolgte, dazu an, ſeinen Landsleuten böhmiſche
Uiberſetzungen auserleſener Schriften in die Hände
zu liefern. Dieſen regen Eifer, dieſe warme Liebe
zur Mutterſprache lobte auch Pjſecky an ihm, da
er ihn den Retter (mſtitel, vindex) derſelben
nannte, deſſen Bemühung ſeit langer Zeit die
Verherrlichung und Verbreitung der böhmiſchen
Sprache ſey. Twé pak oſylowánj, ſagt Pjſecky
in ſeiner Zuſchrift, ob darvnjch čaſův geſt při

zwelebenj a mnojenj čeſteho gazvka. Deßhalb glaubte er ihm mit den böhmiſch überſetzten Iſokrates ein angenehmes Geſchenk zu machen. Er begleitete es mit einem lateiniſchen epigramma dodecastichon, worin es unter andern heißt:

Utque Isocratico venus attica culta lepore,
  Quae fuerat graiis iam male nota viris,
Celsa Boemorum translata in menia, tandem
  Dignetur patrio adsuescere verba modo.

Balbin räumte dem Sigmund Gelenius billig einen Platz in ſeiner Boh. docta ein, bei wel= cher Gelegenheit er gleichſam im Vorbeigehen des Vaters Gregor erwähnt, und blos Petrarcha's Bücher de remediis utriusque fortunae vom J. 1501, die er ſehr trefflich überſetzt habe, anführet, wo er doch beim Lupacius noch zwey andere ungedruckte Stücke von ſeinen Uiberſetzun= gen finden konnte, das Encomium Moriae des Eraſmus, und W. Piſecky's Diſputation mit einem Mönche in Italien über die Communion unter beiden Geſtalten, welche Gregor überſetzt und mit gelehrten Anmerkungen begleitet hat. Beide letztere Schriften ſind nebſt vielen andern in einem ſtarken Foliobande der öffentlichen Bi= bliothek enthalten, die hier von neuem verzeichnet

zu werden verdienen, da der zweite Herausgeber
der Boh. docta, Pater Candid, der das Glück
hatte, diesen schätzbaren Coder für sein Kloster
zu kaufen, in seinem Verzeichnisse vier Stücke
ausgelassen hat.

1. Joh. Anton Campan's de regimine
reipublicae. Dieß hatte Gregor Hruby dem alt-
städter Magistrat gewidmet und 1513 drucken
lassen. In der Handschrift aber sind zur Erläu-
terung einige Sprichwörter aus Erasmus bei-
gefügt.

2. Agapets Ermahnung an Kaiser Ju-
stinian.

3. Jovian Pontan's Bücher vom Könige.

4. Bohuslaws von Lobkowitz Brief an Peter
von Rosenberg, Landeshauptmann von Böhmen,
über die Verwaltung des Königreichs. Der
Brief ward etwa 1497 lateinisch geschrieben,
Hruby scheint ihn übersetzt zu haben, da er
hier mitten unter seinen Übersetzungen steht.

5. Isokratis Ermahnung an Dämonikus, von
Wenzel Pisecky in Italien übersetzt, und an Hru-
by nach Prag geschickt. Sie kam mit Pisecky's
Epitaph in böhmischen Versen 1512 zu Prag,
und abermal 1586 heraus.

6. Magister W. Pisecky's Disputation von Hruby aus dem Lateinischen übersetzt und mit einem Vorbericht und mit Zusätzen erläutert.

7. Das Lob der Narrheit von Erasmus, mit einer Zuschrift an den Prager Magistrat vom J. 1513. In der Abschrift, die er dem Magistrate übergab, waren noch andere zwei Stücke (N. 8 und 9) beigelegt.

8. Joh. Jovian Pontans Gespräch, Charon betitelt.

9. Laurenz Valla's Abhandlung von der Schenkung Constantins.

10. Petrarcha's Briefe, 16 an der Zahl. Nebst diesen noch ein einzelner Brief vom Geize an Hannibal Bischof von Tusculum. Dazu gehören noch Cyprians Brief von den Priestern, Auszüge aus Platina's Leben der Päbste zur Erläuterung des Valla.

11. Joh. Jov. Pontans fünf Bücher vom Gehorsam.

12. Desselben Schrift von der Wohlthätigkeit (de beneficentia, o dobročinnosti.)

13. Cicero's Lälius. Am Ende stehen einige lateinische Briefe, die Wenzel Pisecky aus Italien schrieb.

Der Lälius, den Hr. Zimmermann neben dem lateinischen Original erst neulich (Prag, 1818. 12.) zum erstenmale herausgab, befindet sich auch in einer Handschrift der öffentl. Bibl. in 8. nebst dem Isokrates und andern Stücken. Nach dem Lälius folgen Cicero's Paradoxa, und zwar das erste, zweite, fünfte und sechste. Paradoxa sind dem böhmischen Übersetzer, wahrscheinlich unserm Gelenský, knsowe hobni podiweni a genž zdanie lioſſé přewyſſugj. Hruby liebt dergleichen Umschreibungen, und erklärte sich ausdrücklich für die paraphrastische Art zu übersetzen, um nicht unverständlich zu bleiben. Seine Verlegenheit, für jedes lateinische Wort von bestimmter Bedeutung, wie für virtus, auctoritas, munus, institutum, oraculum, studium einen überall passenden böhmischen Ausdruck zu finden, ist sichtbar. Daß er augur auch im Böhmischen beibehielt, ist erträglicher, als wenn er consuetudo durch spolubýwánj, oder humanitas durch ljtoſt übersetzt.

Vermuthlich sind auch die zwei Reden in derselben Handschrift von Hruby übersetzt. Die erste ist vom h. Gregor, wie wir uns im Glücke und Unglücke verhalten sollen, die zweite vom h. Basilius vom Neide.

Die Rede des Chryſoſtomus, daß niemand verletzt werden kann, außer von ſich ſelbſt, die er 1497 dem Niklas von Černičic widmete, ward mit einigen Uiberſetzungen des Vict. Wſſehrd 1501 gedruckt. S. oben 240.

Joh. Jov. Pontan's Bücher de fortitudine (o ſtatečnoſti) an König Alfons von Aragonien in einer Handſchrift der öffentl. Bibl. vom J. 1511 in 4., die Balbin in Krumau ſah, und Boh. docta III. 172 beſchreibt, darf man ohne Bedenken dem Gregor Hruby zuſchreiben, da Pontanus ſein Lieblingsautor war. Wahrſcheinlich iſt dieſe ſchöne Abſchrift einem Herrn von Roſenberg zugeſchickt worden, wenn er gleich vor der Dedication nicht genannt wird. Balbin überſetzte o ſtatečnoſti lateiniſch de magnanimitate, wo es de fortitudine heißen ſoll.

Die Vitae SS. Patrum scriptae anno 1510, deren Balbin am a. O. gedenkt und hinzuſetzt: utinam prodirent in typo! certe cum utilitate maxima legerentur, ſind unſtreitig von ihm. Er ſcheint mehr als einen Mäcen Abſchriften von ſeiner neuen Uiberſetzung von dem Leben der Altväter zugeſchickt zu haben. Die er dem damaligen oberſten Kanzler Ladiſlaw von Sternberg vor dem J. 1514, in welchem

Hruby ftarb, überreichte, kann nicht die prächs
tige mit Gemälden gezierte erft im J. 1516
verfertigte Handſchrift der öffentlichen Bibliothek
geweſen ſeyn. S. oben 249.

Mit gleicher Liebe zu ſeiner Mutterſprache
betrat Niklas Konáč die literäriſche Laufbahn im
J. 1507, die er erſt 1546 mit dem Leben ver=
ließ. Er druckte durch ganze 20 Jahre gar
mancherley ältere und neuere Schriften, vor=
züglich ſeine eigenen gelehrten Ausarbeitungen und
Uiberſetzungen. Er überſetzte zwei Dialogen Lu=
cians, namentlich den Charon und Palinurus,
Terpſion und Pluto, eine Erzählung Beroalds
von zwei Liebenden, des Aeneas Sylvius Ge=
ſchichte von Böhmen, deſſelben Traum vom
Glücke, und druckte auch alle dieſe Werke ſelbſt.
S. oben im Verzeichniſſe die Jahre 1507, 1510,
1516. Das Spiel aus dem Boccacio, worin
das Glück, die Armuth und das Unglück in Ver=
ſen ſprechen, ward mit der Komödie Judith,
die er aus dem Deutſchen entlehnte, ſeinem Bu=
che Hořekowánj ſprawedliwoſti (Klage der Ge=
rechtigkeit) angehängt, und erſt nach ſeinem To=
de 1547 gedruckt. Dieſes, ſo wie die Bücher
Dimne und Kelila unter dem Titel: Pra=
widlo lidſkého ziwota, Prag, 1528. Fol., aus

dem lateinischen Directorium vitae humanae
Joannis de Capua übersetzt, gehören in die
fünfte Periode. Lupacius zählt in Coronide
S. 11 seine böhmische Chronik, und ein Buch
Mrawisst'ko betitelt unter Koxač's ungedruckte
Werke. Inter quae, sagt er, et Chronicon
est rerum Boëmicarum, judicio pruden-
tiaque singulari conscriptum: Item liber
Mirmecia cui Boëmica lingua titulum
praefixit Mrawisst'ko, in quo plurima, pe-
tita ex historiis et virtutum et vitiorum
recenset exempla. Letzteres könnte wohl
mit dem Buche Horčkowánj einerlei seyn,
da Lupacius nicht ein gedrucktes zu nennen wuß-
te, und ersteres ist wohl nichts anderes, als die
böhmische Uibersetzung des Aeneas Sylvius, die
Weleslawin nach 75 Jahren, weil sie nach seinem
Ausdrucke nach Archaismen und Latinismen roch),
verbessern mußte, um sie in Verbindung mit
Kuthens Chronik herauszgeben zu können. Sie
erschien 1585. 4. wovon im J. 1817 die Kra-
meriusischen Erben eine neue Auflage unternah-
men, die in einzelnen Blättern der böhmischen
Zeitung noch immer beigelegt wird. Die Nach-
ahmung lateinischer Perioden und Versetzungen
ist in seinen frühern Versuchen nicht zu verken-

nen. Z. B. im Lucian sind: ziwot webu swůg, kratochwilné webu bny, nowé vsazowati danie, hořký wssak potom také žiwota meho konec sem nalezl, wietssjmi také obtiezowány bywagj nebostatky, lateinische Stellungen. Durch seinen Dialog wider die verhaßten Pikarden, den er als Neujahrsgeschenk dem K. Wladislaw zuschickte, mochte er sich als gemäßigter Compactatist bei Hofe wohl empfehlen. In der Zueignung erzählt er, daß er einer scherzhaften Praktik wegen ins Gefängniß gekommen wäre. Er ist der erste, der das saphische Metrum zu böhmischen Versen wählte. In der Geschichte kommen sechs Strophen im Anfange und zwey am Ende vor. In der 6ten Strophe redet er seine Leser die Böhmen, Slowaken, Mähren und Polen an:

Protoz gye sobie neobtiezuy tzijesti
Nebt muoze tobie vzytek przinesti
Czechu, Slowaku, Morawtze, polaku
            Ehwijsti wsselyaku.

Seiner Fehler wegen will er entschuldigt seyn:

Ktoz budess tzicsti tu Czessku kronyku
Pamatuy sneesti, kdezby najssl mylku
Snes trpieliwie, pomiň dobrotiwie
            A odpust mile

Wieku mladeemu, mnohych nebostatkuo
A wtipu mdleemu, takee ginych zmatkuo
Pomni každy tžas, že sam newsseho znaaß
Prawirnt Mikulaaß.

In diesen Spielereien, die größtentheils der richtigen böhmischen Aussprache ganz zuwider sind, gefiel sich unser Konáč so sehr, daß er sie häufig bei den von ihm gedruckten Werken anzubringen suchte. Sieh das Leben der Philosophen vom J. 1514, den Landtagsschluß vom J. 1515. Er wählte zwar später in seiner Judith den eilfzeiligen Vers (Hendecasyllabicum), gab aber das saphische Sylbenmaß nicht ganz auf, da noch in der an den Vicelandrichter Johann Hodiegowsky, Aeltesten von Hodiegow, gerichteten Vorrede zu seinem Hořekowánj, die er auf seinem an der Moldau neu erbauten Hofe Skrownietin 1545 unterschrieb, dergleichen vorkommen. Die ersten zwei Strophen des Horazischen Integer vitae scelerisque purus lauten bei ihm:

Newinný člowěk swědomij celého,
Nepotřebuge Sšýpu nižadného,
Maukeninsského, neb gedowatého
Saulu ssfobného.

Kdyby na wýchod w poſtech ceſtu činil,

Neb w nebezpečných mjſtech puolnočnijch byl,

Neb kdež Afrika a Idaſpes řeka:

Hrozná mjſta ta.

Jedes böhmiſche Ohr muß fühlen, daß hrozná mjſta ta nicht ‒ ◡ ‒ ‒ ◡ ſcandirt werden könne. Nach dem Tone, welcher der Proſodie zum Grunde liegen muß, würde der Schluß lauten: mjſta ta hrozná.

Ulrich Welenſký vón Mnichow machte ſich um ſeine Mutterſprache vorzüglich durch die Uiberſetzung des militis christiani von Erasmus, ungeachtet ſie Próchazka in der Vorrede zur neuen Ausgabe (1787) nicht ganz billigt, verdient. Des Marſilius Ficinus Brief an Cardinal Riaro, des Grafen Picus von Mirandola drey kleinere Aufſätze, die Klage der Armen und Reichen aus dem Lucian faßte er zuſammen; und gab ſie zu Weißwaſſer 1520 heraus. S. auch im Verzeichniſſe die Prognoſtik 1519, Pasquills Geſpräch 1520 und Luthers Predigt 1522.

Von Handſchriften, die wenigſtens Auszüge aus Klaſſikern oder beſſern neuern Schriften enthalten, gehöret hierher Petraichs Dialog zwiſchen einem Weiſen und Idioten (mezy Mudrcem a Nedovkem) ehedem in der Krumauer Bibliothek. Balb. Boh. d. III, 172. Ferner die moralischen Lehren aus Seneca, Petrarcha, und Andern, in einer Handschrift in 4. der öffentl. Bibl. Bei Balbin: Ethica. Complectitur illustres sententias variorum Authorum: Senecae, Petrarchae etc. Scripta an. 1509. Libellus typo dignissimus. Boh. d. III, 173.

Der eigentliche Titel ist řeči Mudrcůw, Reben der Weisen. Die prächtige, aber jüngere Handschrift der öffentl. Bibliothek auf Pergamen in Fol. vom J. 1562 ist mit einer alten Vorrede versehen, die auch schon in der Pilsner Ausgabe vom J. 1529 bei Johann Peck zu lesen ist. Darin werden genannt Plato, Sokrates, Diogenes, Aristoteles, Heraklitus, Homerus, Merkurius Trismegistus, Pythagoras, Demokritus, Zeno, Cicero, Anaxagoras, Seneca, Petrarcha und in den Uiberschriften der Auszüge kommen noch mehrere Nahmen vor. Burian Walda gedenkt in seiner Ausgabe von 1579. 8. einer frühern, etwa der zweiten. Prochazka besorgte 1786 die letzte.

Schon im J. 1499 trug Pabst Alexander VI dem Propste von Klosterneuburg und dem Inquisitor Heinrich Institoris durch ein Breve

auf, sich nach Mähren und Böhmen persönlich
zu verfügen, um die Waldenser Ketzer daselbst zu
bekehren, und die ketzerischen Bücher verbrennen zu
laffen. Dieß wiederholet der Pabst in dem zwei=
ten Breve an H. Institoris vom J. 1500, wor=
in des Buches Copita ausdrückliche Erwähnung
geschieht. S. oben 229. Institoris säumte nicht,
einige Sermones zur Vertheidigung der römi=
schen Kirche zu Olmütz 1501 herauszugeben. Er
gibt den Brüdern, die man schon allgemein Pi=
karden, Waldenser nannte, die gräulichsten Irr=
thümer Schuld.

König Wladislaw wollte sie nun durchaus
ausgerottet wissen. Es ergingen die schärfsten
Verordnungen im J. 1503 und 1504 wider sie.
Die guten Leute, zu sehr eingenommen für die
Wahrheit ihrer Lehrsätze, glaubten durch Apolo=
gien sich zu retten. Dadurch reizten sie ihre
Gegner noch mehr. Wladislaw wiederholt und
verschärft im J. 1508 seine frühern Verordnun=
gen. Ihre Bücher sollen verbrannt werden, kein
Herr und Ritter, keine Stadt soll zugeben, daß
dergleichen Bücher gedruckt oder verkauft werden.
Item wssecka vcenj, so lautet der königliche Be=
fehl, a psanj gegich bludůw, zgewná y tegná
magj zaslawena byti a slazena, knihy gegich

wseckny spaleny tisskeně y psané. A žádný Pan,
rytjřsky člowěk y měsso těch knčh, takowých trak=
tatůw psáti, a tisknauti pod sebau dopussiti
nemá, ani probáwati, a kdožby přincss kde,
a v něho byly nalezeny má skutečně trestán býti,
wedlé vznánj panůw a saudců zemských. Die
königlichen Städte befolgten diese Befehle, aber
bei einigen Herren fanden die Verfolgten Schutz,
von andern wurden sie wenigstens geduldet. Von
ihren gedruckten Vertheidigungsschriften stehen
doch mehrere oben im Verzeichnisse S. 315 — 339.
Von ungedruckten sind viele in der geschriebenen
Geschichte der Brüder verzeichnet. Bruder Tho=
mas (Tůma Přelaucský) schrieb an Albrecht von
Sternberg im J. 1502 vom göttlichen Ursprunge
der Brüdereinigkeit. Der rüstigste Schreiber un=
ter allen war B. Lukas, von dem wir schon
(oben 238, 239) einige Schriften anführten. Im
J. 1501 schrieb er eine Auslegung über die Of=
fenbarung Johannis, 1502 von der Hoffnung,
1503 einen Abschiedsbrief, als er Prag verließ
und nach Bunzlau ging, 1504 Auslegung des
3ten, 6ten und anderer Kapitel Johannis, 1505
legte er das Buch der Psalmen aus. Auch an
der Ausgabe des Gesangbuches für die Brüderge=
meine 1505 hatte er den größten Antheil. Die

meiſten gegen die Brüder gerichteten Streitſchrif=
ten hat er, als einer der gelehrteſten unter ihnen,
beantwortet. Nach ihm zeichnete ſich der Bruder
Laurenz Kraſonicky aus, mit dem ſchon der In=
quiſitor Inſtitoris ſeine Noth hatte. Prokop's
von Neuhaus Frage: Iſt es den Chriſten erlaubt,
Ungläubige oder Irrgläubige durch die weltliche
Macht zum wahren Glauben zu zwingen? die er
1508 aufwarf und beantwortete, mußte Aufmerk=
ſamkeit erregen. Die Kinderfragen (dietinſké
otázky) vom J. 1505 ſind der erſte Catechismus
der Brüder. Auf einen durch den Druck zu Pil=
ſen herausgegebenen Tractat, wovon aber weder
Bartſch, noch Pelzel, noch jemand anderer ein
Exemplar nachweiſen kann, gaben ſie 1505 eine
doppelte Antwort, eine kürzere und eine längere.
Vom neuen Teſtamente beſorgten ſie zwey ſchöne
Auflagen zu Bunzlau. S. das Jahr 1518
und 1525.

Man verlor die verhaßten Brüder auf einige
Zeit aus den Augen, als Luther mit ſeiner neuen
Lehre Aufſehen erregte. Anfangs fand er ſelbſt
bei den Utraquiſten, denen die freyern Grundſätze
der Pikarden ein Greuel waren, Beifall und ei=
nigen Anhang. Die Schlicke zu Elbogen, die
Salhauſen zu Tetſchen nahmen die neuen Wort=

diener willig auf, weßhalb sie bei dem König
Ludwig vom katholischen Administrator Johann
Žak verklagt wurden.   Für die nicht Deutschen
besorgte man seit 1520 bis 1523 böhmische
Uiberseßungen von manchen Schriften Luthers.
Allein es währte nicht lange, so kamen könig=
liche scharfe Befehle aus Ungern, der Verbrei=
tung der Pikardischen und Lutherischen Lehre Ein=
halt zu thun.   M. Johann Passek von Wrat,
ein altstädter Rathsmann und der utraquistische
Administrator Gallus Czahera ließen es sich an=
gelegen seyn, die Anhänger neuer Lehren aufzu=
suchen, in Verhaft zu nehmen, aus der Stadt
zu verweisen, einige auch zu foltern und zu ver=
brennen.   Vier Jahre dauerte diese heillose Ver=
folgung.   Als man einen gewissen Niklas 1526
zum Scheiterhaufen führte, schafften die Henker
auch viele Bücher, die ihm gehörten, herbei, und
warfen sie zu ihm ins Feuer, um sie mit ihm
zugleich zu verbrennen.   Dieß ist wohl eine Ur=
sache der großen Seltenheit von Büchern aus
dieser Zeit.   Unter den Artikeln, die auf dem
Landtage vom 29. Januar 1524 angenommen
worden sind, billigt zwar der zehnte das Lesen
der Bibel allgemein.   Doch verordnete in demsel=
ben Jahre der Prager Senat, daß von den

Administratoren, wie es vor Zeiten gehalten wor=
den, auch ferner alle in der Muttersprache ge=
schriebenen Tractate durchgesehen, und die ketzeri=
schen auf das Rathhaus gebracht werden sollen.
Ganz zu Ende des Jahres 1524 wurden 26 neue
Artikel bekannt gemacht, worunter der 14te die
Büchercensur noch näher bestimmt. Alle irrgläu=
bigen und ketzerischen Schriften werden verbothen;
der solche verkaufet, verliert Güter und Leben, oder
wird verwiesen. Die Tractate selbst werden ver=
brannt. Bringt jemand eine neue Schrift in die
Stadt, so soll sie dem Consistorium zum Durchlesen
übergeben werden. Was von diesem und zugleich
von dem Bürgermeister genehmigt wird, darf erst
dann feil gebothen werden. Es konnte also nur
den Brüdern, die außer Prag ihre Druckereyen
angelegt hatten, ohne sich diesen Censurgesetzen zu
unterwerfen, gelingen, manche Schrift ans Licht
zu fördern, welcher die Prager Censoren die Er=
laubniß zum Drucke gewiß versagt haben wür=
den.

Noch sind einige Handschriften, die in den
Zeitraum von 1501 bis 1526 fallen, hier nach=
zutragen.

1. Evangelien und Episteln sammt dem Ka=
lender, von Bruder Aegidius (Gilgj) von Rati=

bof, Prediger zu Neupilfen für den Herrn Lacz=
law von Sternberg 1505 abgeschrieben, auf
Pergamen in 4. mit Gemälden, goldnen Ver=
zierungen, in der gräfl. Waldsteinischen Biblio=
thek zu Dur. Eine der schönsten böhmischen
Handschriften. Von ganzen Bibeln, oder auch
nur neuen Testamenten ist mir kein Exemplar be=
kannt, das nach 1500 geschrieben wäre. Man
hatte doch schon zwey gedruckte Bibeln, drey
neue Testamente, wodurch man des mühsamen
Abschreibens enthoben worden ist.

2. Ein Psalter, von Wenzel von Wobnian
für die Johanna von Trčka 1511 auf Pergamen
in 12. geschrieben. Oeffentl. Bibl.

3. Gebethe, meistens aus dem Anselmus ent=
lehnt, 1521 auf Pergamen in 4. schön geschrie=
ben. Bibl. der Domkirche. Schön geschriebene
Bethbücher kommen auch noch später häufig vor.

4. Zwey Reden des h. Chrysostomus, zwey
kleine Schriften des h. Cyprian (gerade die vier
Stücke, knihy čtwery, die im J. 1501 in einem
Bande zu Pilsen gedruckt worden. S. oben 240).
Dabei des Priesters Gira Predigt von der Ge=
burt Christi, und Anselmus, oder die ihm von
der h. Jungfrau Maria gemachte Offenbarung
über das Leiden Christi. Dieser Gira hier ist

wohl derselbe, dem Victorin von Wssehrd 1495 seine Uiberseßung einer Rede von Chrysostomus gewidmet hat.

5. Von den vier leßten Dingen, Fol. 1514, in einer Handschrift der öffentlichen Bibliothek, in die sie von Krumau kam, wo sie ehedem Bal= bin sah, und Boh. d. III. 173 beschrieb: MS. volumen — venusto charactere exara- tum. — Liber est valde doctus et spiri- tualis, publica luce dignus. S. oben 332. e. Knjžka srdečnj.

6. Des Franciskaners Johann von Wodnian, aus dem Kloster der hh. Engel zu Horaždiowiß, Dialog zwischen Heinrich und Johann über die unbefleckte Empfängniß Mariä, in der öffentl. Bibl. auf Papier in 12. 1509 abgeschrieben. Balbin fand zu Krumau zwey Exemplare Boh. d. III, 174. Dieser Barfüßer Johann, sonst auch Aquensis genannt, ist der Verfasser des oben 318 verzeichneten lateinisch = böhmischen Wörter= buches, das zu Horaždiowiß 1508 vollendet, 1511 aber zu Pilsen gedruckt worden ist. Um das J. 1529 schrieb er noch wider Luther.

7. Eines ungenannten Franciskaners Leben der h. Katharina, nebst einigen Gesängen zu ihrem Lobe. Multa rara hic liber continet, sagt

Balbin Boh. d. III, 61, imprimis vitam aliquot Procerum Sswambergicorum, deinde Magdalenae de Sselenberg.

8. Bonaventura's Leben des h. Franciskus, in der öffentl. Bibl. auf Papier in 4. Das letzte Kapitel handelt von der sel. Agnes. Der Abschreiber hieß Simon, und war ein Kaplan. Die Heiligen Cyrill und Method nennt er Hroznata a Strachota, sonderbar genug, da Hroznata eben so, wie Strachota auf Metudius (von metus) hindeutet. In einem auf Pergamen geschriebenen sogenannten Žaltář (dem großen Rosenkranz mit Gebeihen), den Simon 1527 in 12. abschrieb, nennt er sich Ssimon kaplan Petrlikowsky.

9. Br. Lukas Schrift von der Erneuerung der Kirche in der Brüdereinigkeit, (Spis o obnowenj Cyrkwe w gednoté) im J. 1510 verfaßt, in einer Handschrift der öffentlichen Bibliothek auf Papier in 4. Da er hier schon ältester Vorsteher in der Einigkeit der Bunzlauer Brüderversammlung genannt wird, starssj Sprawce w gednoté zboru Boleslawskeho, so kann diese Abschrift nicht vor dem J. 1518 gemacht worden seyn. Sonst heißt diese Schrift o skutcych Krysta Pana, in der geschriebenen Brüdergeschichte Spis

o dwanácti let poble památek ſkutkú kryſtowých. In derſelben werden nach dem J. 1510 noch mehrere Schriften und Briefe dieſes eifrigen und gelehrten Bruders angeführt. Beim J. 1511 ein Brief von ihm an die älteſten Vorſteher, ein zweyter an alle Brüder. Beim J. 1513 ein Schreiben deſſelben von der Hoffnung. Beim J. 1514 ſeine Antwort auf eine Schrift der Prager Magiſter durch den Magiſter Martin von den Pikardiſchen Irrthümern, die ſie (die Magiſter) haben drucken und von Predigern vorleſen laſſen. S. oben 321. d, Beim J. 1515 ſeine Apologie (počet wjry), warum er bei der böhmiſchen Partey von beiden Geſtalten nicht geblieben iſt. Da es heißt ſepſal a wydal, ſo muß ſie wohl gedruckt worden ſeyn. Ferner ein Schreiben aus dem Gefängniß an die Brüdergemeine (k zboru); ein anderes an Peter Suda von Janowitz, als er aus dem Gefängniſſe kam. Beim J. 1517 eine Antwort der Brüder, von Lukas verfaßt, auf die Schrift des Olmützer Domherrn Bernhard Zaubek von Zdietin. Eine Schrift von den ſechs allgemeinen Urſachen des Irrthums gegen die in Prag 1516 gedruckten zwölf Predigten (sermones) des Prieſters Corambus zu Leutmeriz. Wir lernen alſo hier

den Verfaſſer des oben 323 genannten Werk⸗
chens Sermones XII. kennen.

10. Kurze Nachricht von den 12 Sybillen,
in Fol. Oeffentl. Bibl.

11. Moraliſcher Unterricht, den Johann von
Lobkowitz und Haſſenſtein für ſeinen Sohn Ja⸗
roſlaw verfaßte, und im J. 1504 ſchreiben ließ.
Nach der Handſchrift in dem Raudnitzer Archiv
iſt er überſchrieben: Brozeny Pán, pán Jan
z Lobkowicz a z Haſyſteyna dal toto ſynu ſwému
Panu Jaroſlawowi, Správu a naučenj gemu
w tom, co činiti a co nechati, a kterak ſe a pob⸗
lud w čem zachowati má, ſepſati. Erſt 1796
ward dieſer Unterricht unter dem Titel: Prawo⸗
diwy čeſky Mentor, in 8. zu Prag bei Johann
Beranek gedruckt.

Wo von der Züchtigung der Töchter geſpro⸗
chen wird, behauptet die Ruthe ihren Rang:
mrſkeyte, byte, nelitugic metly. Zur Kenntniß
der Sitten jener Zeit dient manche Aeußerung.
Wo es vom Gelde heißt, daß man dadurch Ver⸗
räther dingen könne, ruft dieſer Morallehrer aus:
O!, co gich Král Matyaß byl ſwymi penězy
w Čechách nadělal, y tež w Morawě a ginde.

12. Ein in Verſen verfaßter Unterricht für
Eltern, wie ſie ihre Kinder erziehen ſollen, in

einer Handschrift in 16. im Kloster Hohenfurt.
Ludwig von Pernstein als kleines Kind spricht
und gibt den Eltern die Art, auf welche er er=
zogen zu werden wünscht, an die Hand. Neben
der Muttersprache will' der adelige Knabe auch
im Deutschen und Latein unterrichtet werden.
Eine lange Digression über die Communion der
Unmündigen, welche hier mit vielen Gründen
bestritten wird, läßt vermuthen, daß der Ver=
fasser dieses didactischen Gedichtes ein gemäßig=
ter Compactatist war, der sich in diesem Stücke
nach dem allgemeinen Gebrauche der Kirche rich=
ten wollte.

13. Ein Kräuterbuch mit illuminirten Abbil=
dungen der Pflanzen, auf Pergamen in Folio
geschrieben, wovon Hr. Bibliothekar Dlabač am
Strahow einen Bogen, der zum Einbinden ver=
braucht war, noch glücklich gerettet hat. Der
Text ist zum Theil eine wörtliche, zum Theil
etwas abgekürzte Uibersetzung des Maynzer Her=
barius vom J. 1485. Es ist nicht zu entschei=
den, ob es dem zuerst in der Handschrift ent=
worfenen Kräuterbuche des Johann Czerny vor=
anging, oder nachfolgte. Zu Raudnitz befindet
sich eine Abschrift in 8., durch Johannes Stadt=
schreiber zu Deutschbrod im J. 1537 vollendet,

also volle 20 Jahre nach der Nürnberger Aus=
gabe, nicht aus dieser, sondern aus einer ältern
Handschrift des ersten Entwurfes genommen.
Sie ist nach S. 1 überschrieben: Lekarzste kniž=
ky mistra Jana Prostieyowskeho, nach S. 2
aber: Erbarz z wykladu mistra Jána lekaře,
und darüber ist noch beigeschrieben: Prostieyow=
skeho, nach seinem Aufenthalte zu Proßniß in
Mähren.

14. O čtwero přirozenj neb Temperamentů
člowieka, podle základu Aristotela, s wsseliky=
mi Recepty, z mnohých latinských kněch, (von
den vier Temperamenten des Menschen nach Ari=
stoteles, mit verschiedenen Recepten aus vielen
lateinischen Büchern). Die Handschrift ist dem
Exemplare des böhmischen Kräuterbuches vom
J. 1517 in der Raudnißer Bibliothek beige=
bunden.

15. Eine böhmische Alchymie, ausgezogen aus
verschiedenen Autoren, von 616 Blatt auf Pa=
pier in 4. Nur der älteste Theil davon, der
bis Blatt 121 reicht, gehört in diesen Zeitraum.
Bl. 141 ist im J. 1535 geendigt worden. Noch
jünger sind die folgenden Auszüge. Das erste
Rubrum ist: Ecce nos Magos Bl. 1., wor=
auf die Vorrede folgt. Das zweite: wie man

ſich zu dieſer Arbeit bereiten ſoll. Bl. 2. Gedno nechtiepte ſe vchylowati naprawo, ani nalewo. Ale wedle naſſeho nauczenij ſwe dijlo konapte. Nebot gſme to vmienij wybrali a wypſali z knieh wſſech welikych mudrczuow, geſſto gſu byli wier= nij a prawij nalezatelee toho vmienij. Hier werden nun ſechs Vorſchriften gegeben: Prwnij aby dielnijk toho vmienij byl mlczedliwy. Dru= he aby miel duom ſwuoy. A wniem komory dwie nebo trzy zwlaſſtie, aby mu tam ziadny nechodil. A tu aby wnich mohl puoſobiti dijla ſwa: Kalczynowati, Rozpuſſtieti, Dyſtylowati, Sublimowati. Jakoz o tom potom dame nauczenij. Das fünfte Rubrum: wie das lutum sapi=entiae (Bláto maudroſti) gemacht werden ſoll. Bl. 4. Blatt 16, S. 2 fängt ein neuer Traktat an, betitelt: knizky menſſij Alchymii. Bl. 22, S. 2 wird des wahren Weges (Geſty prawe) ge=dacht. Bl. 33 heben die Auszüge aus den Bü=chern des h. Thomas Aquinas von den Weſen (o bytech) an, mit einer Vorrede an den König Robert. Bl. 41, S. 2 Almichie (lies Alchimie) miſtra Alberta welikeho. Bl. 56, S. 2 dijlo chudych a ſlowe hwiezda tulawych stella vaga-rum. Aus dem Dual Bl. 58, dwie zeleze, kteraſto gdeta na proſtrzed hrncze, läßt ſich ei=

nigermaßen auf das Alter dieser Uiberſetzungen und Auszüge ſchließen. Bl. 74 Miſtr Arnoldus de Novavilla tato ſlowa prawij. Ein anderes Rubrum: In collegio magno ex libro antiquissimo scriptum est: Bl. 109 Nawrat Tielu duſſi gehio a když wnij weybe bube ſe rabowati. Das letzte Rubrum von der ältern Hand iſt: Czynobrz takto ſe biela. Die meiſten Kunſtausdrücke ſind aus dem Lateiniſchen und Deutſchen entlehnt.

Einige Zuſätze.

Zur Seite 58.

3. Ein Fragment von einem ſlawoniſchen mit glagolitiſchen Schriftzügen geſchriebenen Martyrologium. Ein Blatt Pergamen in Fol., worein ein Buch eingebunden war, bei Hrn. Gubernialſekretär Joh. Cerroni zu Brün. S. das beiliegende Kupfer, worauf die erſten fünf Zeilen daraus geſtochen ſind. Das Alphabet aber, mei=

ſtens aus Majuſkeln beſtehend, iſt aus einem glagolitiſchen Brevier auf Pergamen vom J. 1359, den Hr. Graf Franz von Sternberg in der Ver= ſteigerung der Palmiſchen Bibliothek erſtanden hat, entlehnt. Die beigeſetzten lateiniſchen Buch= ſtaben ſind der böhmiſchen Orthographie gemäß auszuſprechen. Da ſich kein je im ganzen Pſal= ter des Breviers finden ließ, ſo mußte es aus dem Fragmente geborgt werden. Die fünf ab= gezeichneten Zeilen deſſelben ſind ſo zu leſen:

Amosa proroka. Vrime svate albini devi. de-
ſteri kvirina mučenika. V africe svatich. diodo-
la. i anezija. April ima dni. 30. luna. 20 i 9.
KL aprila. Vrime mučenie blaženie teodor-
i. sestri blaženago ermeta mučenika. Togozd-

Zur S. 109, III.

Zwiſchen 1 und 2, oder zwiſchen 2 und 3 iſt einzuſchalten:

Eine Sammlung lyriſch = epiſcher ungereim= ter Nationalgeſänge, die alles übertreffen, was man bisher von alten Gedichten aufgefunden, wovon ſich aber nur 12 ganze Blättchen Perga= men in 12. und 2 ſchmale Streifchen erhalten haben. Hr. Wenzel Hanka, nachdem er den rühmlichen Entſchluß, unſre alten Gedichte

herauszugeben, gefaßt, und mit dem erſten Bänd=
chen ſchon ausgeführt hatte, war ſo glücklich, die=
ſe ſchätzbaren Uiberreſte in einer Kammer an der
Kirche zu Königinhof unter verworfenen Papieren
zu entdecken und vom nahen Untergange zu ret=
ten, zu deren Ausgabe ſchon Anſtalt getroffen
wird. Nach der Schrift zu urtheilen, fällt die
Sammlung zwiſchen die Jahre 1290 und 1310.
Einige von den Gedichten ſind in Rückſicht ihres
Urſprunges auch wohl noch älter. Deſto mehr
iſt der unerſetzliche Verluſt von dem bei weitem
größern Theile derſelben zu bedauern. Die
ganze Sammlung beſtand aus drei Büchern, wie
man aus den Uiberſchriften der übrig gebliebe=
nen Kapitel des dritten Buches, da das 26te,
27te und 28te genannt werden, ſicher ſchließen
kann. Das erſte Buch mochte etwa gereimten
Liedern geiſtlichen Inhalts, das zweite vielleicht
längern Gedichten, und das ganze dritte kürzern
ungereimten Volksliedern gewidmet geweſen ſeyn.
Wenn jedes von den abgängigen 25 Kapiteln
auch nur 2 Gedichte enthielt, ſo ſind blos vom
dritten Buche 50 Gedichte in Verluſt gerathen.
Aus dem Uiberreſte des abgeſchnittenen erſten
Gedichts läßt ſich deſſen Inhalt gar nicht ange=
ben. Das zweite fängt an: Zuola B... ver=

muthlich Boleſlaw. Davon hat ſich doch
noch die zweite Hälfte erhalten. Wyhoñ Dub
fordert den Herzog Udalrich auf, die Polen aus
Prag zu vertreiben. Es gelang ihm im J. 1003.
Das dritte hebt an:

ai ti slunce ai sluneczko
tili si zalostiuo

Beneß, Hermanns Sohn, vertreibt die Sach-
ſen aus Böhmen, die von Görlitz bis an die
Troſken vordrangen. Dieß geſchah im J. 1281.
Mit den Worten:

zuiestuiu uam pouiest veleslaunu
o uelikich potkach lutich boiech

beginnt das vierte Lied, worin Jaroſlaw's Sieg
über die Tataren bei Olmütz beſungen wird.
Da Kublai im J. 1241 noch nicht Groß-Chan
war, und der Erſchlagene im Gedichte Kublai's
Sohn genannt wird, ſo muß der Dichter nach
der Begebenheit, alſo nach 1241 gelebt haben.
Des fünften Inhalt gibt ſchon der Anfang an:

Neklan kaze wstati kuoinie
kaze kniezeciemi sloui
protiw Vlaslauu wstachu woie.

Neklans Feldherr, den Dalimil Sſtjr
nennt, heißt hier Cestimir, Cmir. Die Begeben-
heit fällt ins 9te Jahrhundert. Im ſechſten wird

ein Turnier am Hofe eines Fürsten jenseits der Elbe beschrieben:

znamenaite starzi mladi
o potkach i o siedani
biese druhdi kniez zalabski
kniez slauni bohati dobri.

Das siebente besingt zweier böhmischen Helden Zaboi und Slauoi Unternehmen, den Feind aus dem Lande zu jagen. Es wird darin eines frühern Dichters Lumir gedacht, von dem es heißt:

. iako lumir
ki sloui i pieniem biese pohibal
Visehrad i wsie wlasti
Es beginnt mit den Worten:
Sczrna lesa vistupuie skala
na skalu uistupi silni zaboi
obzira kraiini na wsie strani.

Nebst diesen längern Gedichten, in denen, nenne man sie poetische Sagen, Romanzen, Balladen, oder wie man will, der Ton des nationalen Volksliedes nicht zu verkennen ist, sind noch acht kleinere in dem erhaltenen Fragmente ganz, und vom neunten nur der Anfang zakrakoci w hradie wr... zu lesen. Sie sind voll Zartheit und Anmuth. Auch als Probe der alten

Orthographie mögen die erſten Verſe eines jeden hier ſtehen:

a. Poletoua holub se drzieua
   na drzeuo zalostno wrka.

b. Vieie uietrzieczek s kniezeckich
   lesow.

c. Ide ma mila na iahody
   na zelena borka.

d. Biehase ielen po horach
   po wlasti poskakoua.

e. Ach ty roze krasna roze
   ciemu si mnie rozkwetla
   rozkwetuci pomrzla.

f. W sirem poli dubec stoii
   na dubci zezhulice.

g. Pleie dieua konopie
   u panskeho sada.

Wen ſollten dieſe kleinen Proben nach dem vortrefflichen Ganzen, das ſich durch Leich=tigkeit des Vortrags, Reinheit und Correctheit der Sprache, durch Kraft und Anmuth aus=zeichnet, nicht lüſtern machen? Die Erklärung dunkler oder ganz unverſtänblicher Wörter über=laſſen wir dem Herausgeber, und bemerken nur, daß hier welche vorkommen, die in andern alten böhmiſchen Schriften nicht zu finden ſind. Luna

ist der Mond, wie im Altslawonischen, chra-
brost die Tapferkeit, iarota Heftigkeit, Zorn,
tuca der Hagel, wie noch in andern Mundar=
ten, vtery ist der zweite, daher das noch üb=
liche vterý, auterý der Dienstag, als der zweite
Tag nach dem Sonntage. Drseuo hat im
Plural drseuesa. Nedoziram ist das Par=
ticipium possivum im Präsens. Cie ist wohl
wie če zu lesen, da der Slowak noch čo spricht,
und auch der Böhme in nač, proč, zač, načež,
pročež, začež č und če für sein co gebraucht,
und selbst die übrigen Endungen (čeho, čemu,
čem, čjm) noch auf če zurückführen. Eine grö=
ßere Probe der Orthographie aus dem angezeig=
ten Fragment gab Hr. Hanka in dem 2ten Thei=
le der alten böhmischen Gedichte S. X. XI.

Zur S. 124. N. 7. S. 129. N. 9. S. 149. N. 2.

Den Druck der Gedichte aus den genannten
Handschriften verdanken wir Hrn. Wenzel Han=
ka, der sie unter dem Titel: Starobylá Sklá=
danie. Památka XIII. a XIV. wěku z nay=
wzácněgssjch rukopisôw wydaná od Wáclawa
Hanky. Djl prwnj. W Praze 1817. 12. Djl
druhý. Djl třetj 1818. herausgegeben hat. Es

war schon verdienstlich, die alten oft kaum leſer=
lichen Handſchriften richtig abzuſchreiben. Noch
verdienſtlicher war es, die veralteten Wörter in
ein Verzeichniß gebracht, und ſie gut erläutert zu
haben. Auch die ältern Flerionsformen ſind in
der Vorrede ſo dargeſtellt, daß ſie dem unge=
wohnten Leſer dienen können, den Sinn leichter
zu faſſen. Aus der Handſchrift N. 7. S. 124,
bei Hrn. Hanka hrabecký rukopis, ſind bereits al=
le Stücke abgedruckt worden, und zwar im erſten
Bändchen: die Legende vom h. Prokop, die ze=
hen Gebothe, das Ave, der reiche Praſſer, der
Fuchs und der Krug. Im zweiten: Maria Mag=
dalena, der Apoſtel Johann, die Satyren auf
Schuſter u. ſ. w. Ein Kupfer ſtellt hier die
Schriftzüge der Handſchrift dar. Im dritten:
die neun Freuden Mariä, die Paſſion, das Wei=
nen der Jungfrau Maria.

Aus der Handſchrift N. 9. S. 129 iſt der
Alexander im zweiten Bändchen abgedruckt.

Aus der Handſchrift N. 2. S. 149 iſt der
böhmiſche Alanus im erſten Bändchen abgedruckt
worden. Im zweiten: Die ſieben Freuden Ma=
riä, die Himmelfarth Mariä, Seufzer zur h.
Maria. Im dritten: die ſieben und zwanzigerlei
Narren, die ſechs Quellen der Sünde, der Mee=

resſtern, die h. Dorothea, der Anſelmus, An=
rufung der Maria, Cato mit dem lateiniſchen
Original.

Ferner ſteht im erſten Bändchen das Lied
an Wiſſehrad, aus einem Blatte Pergamen.
S. oben 109. Im 2ten Bändchen einige Sa=
tyren aus einem Fragmente der öffentl. Bibl.
Im 3ten Bändchen das Grab Chriſti, aus einer
Handſchrift, die oben 299 angezeigt wurde; die
Unbeſtändigkeit der Welt, der Tod, die Rede
eines Jünglings, die Rede eines alten Greiſes,
aus einer Handſchrift der fürſtl. Lobkowiüiſchen
Bibliothek. S. oben 301. Ein Fragment einer
Predigt; der Brief vom Himmel, deſſen oben
S. 111 gedacht wird.

Zur S. 153.

Das juvenile consilium, wie es Lupa=
cius nannte, deſſen Verfaſſer Flaſſka war,
hieß böhmiſch nowá raba. Victorin Wſſehrd
hatte dieſen neuen Rath zur Hand, und führt
im neunten Buche von den Rechten des König=
reichs eine lange Stelle daraus aus. Nach ihm
war der Verfaſſer ein angeſehener Mann unter
den erſten im Lande. B. 9. K. 7. heißt es:
znamenitý z prwnjmi w zemi české Pan Jan

Flaſſka w ſwých knihach o ſaudjch zemſkych takto geſt napſal, gakoż y toho napřed dotčeno:

Diwocet' hledjme z kukly,
Na kohoż bychom ſe śhukli
Tohoť wěz būh zapomene,
Ať' ſe nám w ruce doſtane.

Nach den B. 9. K. 1 angeführten Verſen, deren Anfang lautet:

Budauli kde gacy ſyrotcy
Od čehoż gſau w bcách zmatcy,

ſagt Wſſehrd: To geden z prwnjch někdy a w zemi čeſké přednj z Panůw w ſwých knihách n o w é rady o zmatcých při dſkách a ſaudu zemſkém napſal. Und weiter noch einmal: O kterýchž geſt ſwaté a dobré paměti ſtarý Čech Pan Fla= ſſka w knihách ſwých nowé rady na mnohých mjſtech nenic wypſal. B. 5. K. 17 wird ſeine Schrift nur r a d a ohne Beiſatz genannt: kteréž (zmatky) geſt dobré paměti ſtarý Pán zemſký Pán Flaſſka w ſwe radě dkám wlaſtně připſal. Wir ſehen daraus auch, was er eigentlich in ſeinem Rathe rügte.

Zur S. 161.

Die Rechte der Stadt Prag. Einen Codex in 4. auf Papier beſitzt auch Hr. Dominik Kinſky,

Profeſſor der Geſchichte zu Brün, der unſre Lite=
ratur durch einige gute Uiberſetzungen bereichert
hat. Die Prager Stadtrechte darin nehmen
55 Blatt ein. Voran gehen, wie gewöhnlich,
die Satzungen für den Rath (Statuta consilii),
die mit den Worten anfangen: Naiprwe ze wſſe=
liky Conſſel ma poſluſſen byti purgmiſtra. Blatt
3 die Uiberſchrift: sequuntur Jura civilia
pragen. civit. Et primo de Vsuris. Dem
Münzverfälſcher wird die Wahl gelaſſen, wel=
chem von den drei Gotteöurtheilen (Ordalien)
er ſich unterziehen möge: neb horke zelezo neſti
w nahe rucze. Anebo v wruczy kotel hmatati az
do lokte, a nebo na wodu puſtiti. Als Probe
der Sprache und Orthographie ſtehe hier ein
kurzes Kapitel: O ſwadie kbi by zena muze po=
padla za nadobie. A ſwarzitali dwa a chczeta
na ſie a tiech gednoho zena przibiehnuczi chcze
ſwemu muzi pomoczy y popadne onoho muze
za geho nadobie mezi nohama mozeli ten muz
ma gie ruku vrzezati bez litowanie neb gey
chtiela zahubiti.
    Damit verbunden ſind Jura appellationum
Orteluow von einer andern Hand zu Biſchoftei=
nitz (in horsouiensi Tyn) 1461 abgeſchrie=
ben, 149 Blatt. Eine Sammlung von Rechts=

fällen in deutscher Sprache, deren Anfang lau=
tet: Ezrou sweſtern ebenburtig von Vater und
von Muter ſint kommen vor Recht u. ſ. w. Doch
ſind die Summarien böhmiſch abgefaßt: Geden
vrzednik, ſo lautet das erſte, byl obzalowan
przed ſudem otkonſſelow kterzijz ono leto na rad=
die ſedieli, ze vbielal trzi puſſy y dal gednu krali
a dwie ſobie ſchowal ꝛc.

Zur S. 163.

Die Krönungsordnung in böhmiſcher Spra=
che iſt auch im Talembergiſchen Codex zu Oſſek
zu leſen, und nimmt darin 23 Seiten ein.

Zur S. 204.

Wegen der Seltenheit der böhmiſchen In=
ſchriften auf Steinen iſt diejenige vom J. 1475
hier nachzuholen, welcher Schaller in der Be=
ſchreibung von Prag, B. 3, S. 538 erwähnt,
und die er zum Theile, ſo weit ſie zu leſen war,
mittheilte. Aber auch wir können ſie zur Zeit
nicht vollſtändiger geben, hoffen aber doch, daß
wir ſie mit Hülfe ſehr ſcharfer Augen einſt ganz
entziffern werden.

Zur S. 212.

Daß der 3te von den übrigen nicht mehr vor=
handenen Bänden der böhmischen Bibel, welche
die Mönche des slawonischen Klosters in Emaus
mit glagolitischen Buchstaben 1416 abgeschrieben
haben, zum Einbinden anderer Bücher verbraucht
worden ist, beweist ein Fragment von 2 Blatt,
das der sel. Prof. Steinsky in Prag besaß. Sieh
Slovanka S. 224.

Zur S. 230.

In dem Bücherkatalog des sel. Institoris,
Predigers zu Preßburg, ist ein im J. 1584 von
Johann Cadaverosus, sonst Kaučimský, geschrie=
benes Exemplar verzeichnet, das den Titel fuhrt:
Weykladowé a kázanj na čtenj nedielnj přes cely
rok dobré a slawné pamieti Mistra Jana Ro=
kycána.

Zur S. 234. N. 11.

Zu Nürnberg erschien durch Georg Kregbla
ohne Jahr: Eine lustige Disputation eines ein=
fältigen Bauern mit Namen B. Nikolaus in
einer Synode, geschehen in Böhmen Anno 1471
mit den Pfaffen der römischen Seiten von dem

Blute Jesu Christi, daß es den Leyen auch soll gereicht werden. Aus der böhmischen Sprache verdeutscht durch Martinum Peonium.

Zur S. 242.

Albertans erstes Buch ward abermal 1528. 8. zu Pilsen bei Johann Peck gedruckt.

Zur S. 271.

Regenvolscius macht den **Johann Pa-lecek** zu einem böhmischen Bruder. Erat tum Pragae, sagt er S. 170, quidam Johannes Palecius, ex illa fraternitate vir nobilis et perfacetus. Is in regia interque clerum vitam agens, singulari quadam industria, salibus suis pietate et gravitate conditis, dabat veritati testimonium; eoque nomine afflictis fratribus non parum animi addebat et solatio erat. Errores ecclesiae pontificiae ita carpebat libere, ut eum non modo ferrent, sed et charum haberent. Exstant sales ejus satis arguti et acuti, duodecim numero, in lucem editi a Sixto Palma.

Zur S. 289.

Noch ein Exemplar von dem auserlesenen Kerne in 8. besitze ich nun, zu dessen Besitz ich durch Kauf gelangte. Ein anderes in 4. ist in der fürstlichen Fürstenbergischen Bibliothek vorhanden. Hawel (Gallus) Trawnička von Přibram, Rektor bei Johann von Chlum auf Dobrowicewes, schrieb es 1534 ab.

Zur S. 310.

Abauct Voigt will einen gedruckten Landtag vom J. 1486 gesehen haben. Denn er sagt im Geiste der böhm. Gesetze ausdrücklich: „die älteste gedruckte Auflage davon, die mir zu Gesichte gekommen, ist vom J. 1486."

Berichtigungen.

S. 13. Der gelehrte Däne Temler. Der dänische Staatsrath Temler war von Geburt ein Deutscher.

S. 18. Zeile 5 von unten lies wes' anstatt weš.

S. 24. „Den Gebrauch des Artikels haben nur germanisirende Mundarten, die wendische in beiden Lausitzen, die windische in Kärnthen, Krain, Steyermark angenommen." Um nicht mißverstanden und einer falschen Behauptung in Rücksicht des Windischen beschuldigt zu werden, will ich auf Herrn Kopitars Grammatik verweisen, wo er S. 214 die merkwürdigen Worte aus Bohoritsch anführt: nam quod vulgo in loquendo (des Städters, nicht des Landmanns, schaltet hier Kopitar ein,) usurpatur articulus a Carniolanis, fit id solum germanicae linguae prava imitatione et non necefsitatis causa: siquidem omnia plane et significanter sine articulo efferri possunt etc. Hr. Kopitar fährt nun fort: „Wunderbar! und doch ließ Bohoritsch in Dalmatins Bibel, deren Correctur er mitbesorgte, so viele germanistische ta, ta, tu stehen, daß dadurch Dobrowsky bewogen wurde, in seiner Geschichte der böhmischen Sprache 1792 zu sagen: Der Slave kennt keinen Artikel. Germanisirende Dialekte, als der Windische in Krain, und der Wendische in der Lausitz machen hier eine Ausnahme. — Nicht unser Dialekt, nur unsere ungeweihten Schreiber germanisiren." In

der beigefügten Anmerkung fragt er: „Was ma=
chen wir jedoch mit folgender Ausnahme, wenn
wir einen Stock = Krainer den andern so fragen hö=
ren: ktiro kravo fi drajfhi prodal, to pi-
fano al to zherno? (welche von den zwei Kühen
haſt du theurer verkauft, die gefleckte oder die ſchwar=
ze?) Hier iſt to doch kein Pronomen, ſondern
wirklich Artikel." Joh. L. Schmigoz übergeht
zwar in ſeiner Windiſchen Sprachlehre den Ar=
tikel, konnte ihn aber in ſeinen Geſprächen doch
nicht gänzlich vermeiden. S. 231 werden Sie
mir die Ehre erweiſen, bójo mi to zhaſt ská-
ſali, die Ehre wäre auf meiner Seite, ta bi
moja zhaſt bila. S. 227 zeigen Sie mir
das dunkelgrüne Tuch, to mrazhno seleno
ſukno. S. 216 heute iſt der dritte, dans je
ti tretji. So hätte ſich denn doch der Artikel in
das Windiſche eingeſchlichen, und zum Theile
ſchon ſo feſtgeſetzt, das er durchgängig nicht mehr
vermieden werden kann, wenn ich gleich zugeben
muß, daß der gemeine Krainer ihn viel ſeltner
gebraucht, als der Städter, und die erſten Schrift=
ſteller und Uiberſetzer Truber und Dalmatin. So
blieb er auch im neuen Teſtamente von 1804
viel häufiger weg, als in Japels Uiberſetzung
von 1786.

S. 44. Zeile 12 ist Helmolb statt Hel=
mond zu lesen.

S. 80. Zeile 2 und 3 von unten lies: Da=
tiv des Duals statt: Dual.

S. 109. Zeile 3 von unten ist pycye nach
veselo einzuschalten.

S. 113. Z. 4. ist statt Benignus K.
zu lesen Dominikus Kinsky, Priester der from=
men Schulen.

S. 115. Z. 11. lies: ze für že, und lytu.
gyes für lytugyčs.

S. 152. Z. 9. lies: hanba für hauba.

S. 154. Z. 13 lies: 9000 für 2000.

S. 192. Z. 7. lies: auch schon für: die
ersten. Die ersten sind diese Hexameter nicht,
da wir ältere oben S. 174 angeführt haben.
Auch S. 164 scheint Poskocz buohable at tebe
hamba nenye ein Pentameter zu seyn.

S. 205. Z. 3. Nach einer andern bes=
sern Copie der Tafel zu Pobiebrad ist für
MCCCCLVIII. XIII. die zu lesen
MCCCCXLVIIII. XIII. die. — Aber

immer noch October, wofür beim Lupaciuß und
Weleſlawin der XIX. November vorkommt.

S. 221. Z. 2. von unten für Gottl.
lies Gottfrieb.

S. 389. Z. 16. ſoll ſtehen: g. Ach wi
lesi tmaui lesi lesi miletinsii.   Dann erſt
h. Pleie dieua konopie.

Sprachproben.

I.

Klage über einen gebliebenen jungen Helben,
aus dem Hankiſchen Fragmente.

Biehase ielen po horach
po wlasti poskakoua
po horach po dolinach
krasna parohi nosi
krasnima parohoma
husti les proraze
po lese skakase
hbitimi nohami
Aita iunose po horach chodiua

dolinami chodiua w lute boie
hrdu bran na sobie nosiua
braniu mocnu rozraze wrahow shluki
nenie iuz iunose w horach
podskoci nam zdie lstiuo luti wrah
zamiesi zraki zlobu zapolena
uderi tieznim mlatem u prsi
zewzniechu mutno zalostni lesi
wirazi ziunose dusu dusicu
sie uiletie pieknim tahlim hrdlem
z hrrdla krasnima rtoma
ai tu leze tepla krew
za dusicu tecie za otletlu
sira zemie wrsielu krew piie
ibi w kazdei dieuie pozalnim srdece
leze iunose w chladnei zemi
na iunosi roste dubec dub
rozklada sie w suki sirs i sirs
chazieua ielen skrasnima rohoma
skacie na noziciech ruciech wzhoru
w listie piena tahle hrrdlo
sletaiu sie tlupi bistrich krahuicew
zeusia lesa siemo na sien dub
pokrakuiu na dubie wsici
pade iunose zlobu wraha
iunose plakachu wsie dieui.

2.

Ein Brief des Mag. Hieronymus von Prág aus einer gleichzeitigen Handschrift der Karthaus zu Dolan unweit Olmütz (liber domus vallis Josaphat ordinis Cartusiensis), welche Hr. Cerroni in Brün besitzt.

Sluzba ma naprzeb vrozeny pane myli a dobrodiecze moy zwlastny. Dawam twey my=losty nawyedomye zet sem zyw a zbraw w kon=stancy. a slyssym ze by drahna burze byla y wczechach y wmorawie profmrt mystra hussowu iakobi bil krzywye obsuzen a kwaltem vpalen. Protoz totot zdobrey wole pyssy iako swemu pa=nu. abi wyediel kczemu sye przyczynyti. Protoz tyemto pifmem prosym negymayz sye toho. abi sye kde oto zaftawowal. iakoby mu sie krzywda stala Bczynyenot gest przynyem mym wiedomym cszozt gest myelo vczyneno biti. A nemny pane bicht toto znuze psal aneb bicht proktery strach geho odpadl. hrubiet sem brzan v wyezeny. a mnohot gest semnu welykych nystrow praczowalo. a nemohlit gfu mnu hnuty zumysla toho. a mnyelt sem tez bit sye gemu krzywda dala a kbyzt gfu my dany bili ti kuffy geho kohledany. prokterezto gest potupen. Ohledaw ge welmy pil=

nye. a rozmytaw wrozumu y ſem y tam neſgeb=
nym myſtrem vplnye ſem to ſhlebl ʒe ʒtiech ku=
ſſuow. nyekterʒy gſu kaczyrʒſſczy. nyekterʒy blub=
ny. a gnny ʒpoſſowynwy k pohorſſeny a ſſkobly=
wy. Ale geſſcʒe ſem wʒby nyekterak pochibowal
negmage ʒato. bi geho nebozcʒynka ty kuſſowe
bili. ale nabal ſem ſye. ʒebi vrubkowe byli rʒe=
cʒy geho a vtonkowe kterʒyʒby ſmyſl geho ʒmye=
nyli. y poczal ſem ſtati pilnye o wlaſiny knyhy
geho. y balo my kohlebanye concilium geho
wlaſtny ruku pſane. A tak ſmyſtry pyſma ſwate=
ho welebnymy ti kuſſy prokterez vpalen geſt. ſro=
wnal ſem a prʒyrownawal k knyham geho wlaſt=
ny ruku pſanym. a naleʒl ſem ti wſſecʒkvrny
kuſſy tak vplnye a wtiech ſmyſlech ſtati w kny=
had) geho. a protoʒ nemohut rʒecʒy gynak ſpra=
weblywye. neʒ ʒet geſt nebozcʒycʒek mnohe kuſſy
pſal blubne a ſſkoblywe. na ktery ſem bil prʒy=
tel geho: y ſwymy vſty obrancʒe cʒli geho nawſſe
ſtrany. ſhlebaw toho bluduow tiech nechcʒyt o=
brancʒe biti. iakot ſem take bobrowolnye wyʒnal
prʒebewſſym ſborem wſſyrſſich ſlowich a nynye
mnoho cʒynytig mage nemohlt ſem pſati tak ſſy=
rocʒe. Ale mam ʒato ʒet bohba ſkoro ſwe biehy
ſſyrocʒe ſpyſſy y poſſly myloſty twe. A ſtyem ſye
twe laſcʒe poruczycm. pſano mu wlaſtny ruku

w konſtanczy ten cztwrtek naybluzſſy podny na=
rozenye matky bozye.

Myſter Jeronym zprahy waſß wzdy y wſſuby.
Copia literae magistri Jeronimi de
praga ꝛc. quam scripsit manu sua pro-
pria dominis Laczkoni Czenkoni et
Boczkoni baronibus et aliis dominis si-
militer sicut istis talem literam sicut
est ista ꝛc.

Iſt wohl dieſer Verſicherung zu glauben?
Sollte ſich in keinem Archive ein Original von
des Mag. Hieronymus Hand mehr ſinden, oder
iſt der ganze Brief von den Karthäuſern zu Do=
lan gleich zu jener Zeit erdichtet worden.?

3.
Zizka's Brief, aus dem Originale zu Taus.

Pozdrawenye wam ob boha otcze a pana
naſſeho ihu ra genz ſye gt dal zanaſſye hrzie=
chy a netolyko za nas ale zaweſſken ſwyet aby
nas ztohoto ſwyeta zloſtneho wyſwobodyl gemuz
gt czeſt a chwala nawyeky wyekow amen. Za=
doſt wſſeho dobreho w panu bohu bratrzye mily
A wyebnetyt wam dawam zet mne gt zprawyla
nebozcze Eucztaynowa zena zedworcze ze gt dala
ſchowaty perzyny a ſſacztwie ſwe tu vwaz Sſpro=

chowy Protoʒ was proſym abyſſte gy to propu=
ſtily czoʒ ǧt gegyeho.

Jan Ƶiʒka ſkalychu zpraweze lydu
Taborſkeho w nadyegy Boʒy.

Aufſchrift: Heytmanom J wſſie obcze myeſta
Domaʒlyczkeho bud tento liſt dd.

4.

Giſkra's Brief, aus dem Originale zu Taus.

Mudrym a Opatrnim Panom Purgmiſtru a Con=
ſielom Mieſta Domaʒlicz Przatelom milym.

Sluʒbu ſwu wykaʒugi Mudrʒij a Opatrny
Pany A przietele mily wʒneſt geſt namie ſluʒeb=
nik muog Ʒigmund lappka Aʒprawugie mie kte=
rak by bil Sſeſtry ſwe a diety neboʒczie ʒey dlo=
wich porucznik naywiſſy A zprawen geſt ʒe by
ſeſtrʒie gieho y tiem ſyrotkom ſtatek giegich die=
diczni obiat bil Y ʒadal mie geſt abich gieho
domuow odpuſtil ʒe by chtiel oto ſtati kczemu
by Sſeſtra gieho a ſyrotczy zprawedlywy bily
aby ſie gym krziwda nedala a Ya ninie pro ſwe
pilne potrzeby nemohu gieho pricz odpuſtiti Ale
proſſym waſs abiſte to wdielaly promu ſluʒbu a
ſeſtrʒie gieho a ſyrotkom krziwdy nedaly wczinity

ale fczemu by fprawedlywy byly abiſte gich przi-
tom nechaly nebct gich Zigmund wniczemz nemy-
nie opuſtiti Aia Zigmunda yakozto ſluzebnika
ſweho wtiech y ginich wieczich opuſtiti nemy-
nym Datum Wine fferia Quinta ante Martini
LXI°.

Jan Giſkra z Brandiſa Hrabie Sſa-
riſſky Haitmann wrchnich kragin
kralowſtwie vherſſkeho Neywiſſy A
haitman Zemie Rakuſſke.

Inhalt.

D b

Inhalt.

Inhalt.

Inhalt.

Inhalt.

Inhalt.

Inhalt.

Inhalt.

Inhalt.

Inhalt.

Inhalt.

Inhalt.

Inhalt.

Inhalt.

Druck:
Customized Business Services GmbH
im Auftrag der
KNV Zeitfracht GmbH
Ein Unternehmen der Zeitfracht - Gruppe
Ferdinand-Jühlke-Str. 7
99095 Erfurt